Representação artística, meramente ilustrativa.
VOGUE SQUARE
LIFE EXPERIENCE
bodytech

by Ricardo Amaral

Sérgio Conde Caldas

Alexandre Accioly
bodytech

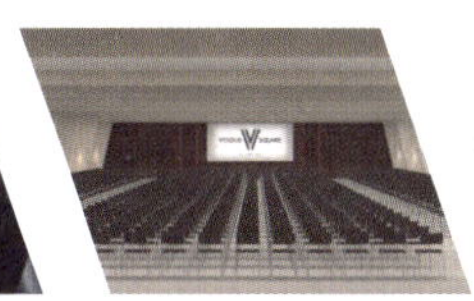

BONI & AMARAL

O RIO É UMA FESTA!

RIO 450

BONI & AMARAL

O RIO É UMA FESTA!

2015

ESTÁ DISPONÍVEL TAMBÉM EM E-BOOK COM
PROCURA DETALHADA E LINK PARA OS ESTABELECIMENTOS.
ACESSE **www.guiabonieamaral.com.br**
E ESCOLHA A LIVRARIA DE SUA PREFERÊNCIA.

*IS ALSO AVAILABLE IN E-BOOK WITH
DETAILED SEARCH AND LINK TO THE ESTABLISHMENTS.
ACCESS* ***www.guiabonieamaral.com.br***
AND SELECT THE BOOKSTORE YOU PREFER.

RESTAURANTES · BOTECOS, BARES & AFINS · COMIDINHAS & OUTROS

BONI & AMARAL

O RIO É UMA FESTA!

2015

RIO 450

RARA

Casa da Palavra

Foto: Marco Terranova

EQUIPE · *STAFF*

BONI & AMARAL

O RIO É UMA FESTA!

2015

AMARAL & BONI

AUTORES

JUAREZ BECOZA

CURADOR BOTECOS,
BARES & AFINS

BRUNO AGOSTINI

CONSELHO
REDAÇÃO

PEDRO MELLO E SOUZA

CONSELHO
EDIÇÃO DE TEXTO
E REDAÇÃO

PAULO MUSSOI

EDITOR ASSISTENTE
E REDATOR

BERG SILVA

FOTOS

EDUARDO SOUZA LIMA

REDAÇÃO

CAROLINA BARBOSA

REDAÇÃO

RIO 450

BONI & AMARAL

O RIO É UMA FESTA!

Conselho Guia O Rio é uma festa! ADRIANO VAZ, BRUNO AGOSTINI, BRUNO BONI, CHICÔ GOUVEA, J.B.B. OLIVEIRA (BONINHO), JUAREZ BECOZA, MARTHA RIBAS, MIGUEL PIRES GONÇALVES, PEDRO MELLO E SOUZA, RICK AMARAL, ROBERTO D'AVILA, SERGIO MOREIRA DIAS, UAJDI MOREIRA
Curador RICARDO AMARAL
Curador Botecos, Bares & Afins JUAREZ BECOZA
Editora MARTHA RIBAS
Coordenação editorial BÁRBARA ANAISSI
Edição de texto e redação PEDRO MELLO E SOUZA
Editor assistente e redator PAULO MUSSOI
Redação BRUNO AGOSTINI, CAROLINA BARBOSA E EDUARDO SOUZA LIMA
Pesquisa BRUNA ALMEIDA, JOÃO PEDRO ARAÚJO & MARIANA ROGICK
Fotos BERG SILVA · ILUSTRAÇÕES AROEIRA
Publicidade JOÃO PEDRO ARAÚJO
Fotos de capa e aberturas MICHAEL KOELLREUTER *(coordenação)*, JOAQUIM NABUCO *(fotos)*, CHEF HEAVEN DELHAYE *(modelo)*, DEYSY KRIEGER *(produção)*, ANA LYDIA COSTA & ANDRÉ MUX *(make up)*, ITALO LUZ & ANDRÉ MUX *(hair)*
Agradecimentos BUMBUM IPANEMA
Equipe editorial FERNANDA CARDOSO, BEATRIZ SARLO, LEANDRO DITTZ & BRENO BARRETO
Projeto gráfico e diagramação ANGELO ALLEVATO BOTTINO, FERNANDA MELLO & NATALI NABEKURA
Versão para o inglês RICKY GOODWIN
Copidesque ELISA NOGUEIRA
Revisão LUÍZA CÔRTES

Casa da Palavra Produção Editorial
Av. Calógeras, 6, sala 701, Centro · Rio de Janeiro – RJ – 20030-070
Tel.: (21) 2222-3167 | Fax: (21) 2224-7461
divulga@casadapalavra.com.br · www.casadapalavra.com.br

RARA Cultural
Rua Gal. Garzón, 22, sala 504, Jardim Botânico · Rio de Janeiro – RJ – 222470-010
Tel.: (21) 2512-0348 · rara@raracultural.com.br

SUMÁRIO · *SUMMARY*

BONI & AMARAL

RIO IS A PARTY!

INTRODUCTION

A GUIDE DEDICATED TO RIO *de Janeiro and its most intimate surroundings – from beaches to mountains.*

Boni and Ricardo Amaral, joined by hand-picked experts, give you the view of those intimate with the city, who follow step by step, fork by fork, its traditions, novelties and trends.

Rio's gastronomy is represented here in all its diversity, divided among three categories: RESTAURANTS; BOTECOS, *BARS & THE SORT; TIDBITS &* OTHER TREATS. *A selection of 298 spots, from sophisticated cuisine to the most authentic suburban dive, passing through confectionaries, ice cream parlors and wine houses. Pull up a chair, join the conversation and make your choice! French delicacies or* feijoada *buns? Imported wine or premium beer? There are tips for all tastes!*

RIO 450

BONI & AMARAL

O RIO É UMA FESTA!

APRESENTAÇÃO

UM GUIA DEDICADO AO RIO de Janeiro e seus arredores mais íntimos – da praia e da serra.

Boni e Ricardo Amaral, acompanhados de experts escolhidos a dedo, dão a visão de quem tem intimidade com a cidade e seguem passo a passo, e garfo a garfo, suas tradições, novidades e tendências.

A gastronomia carioca está representada em sua diversidade, dividida em três categorias: RESTAURANTES; BOTECOS, BARES & AFINS; COMIDINHAS & OUTROS. Uma seleção com 298 locais, da culinária sofisticada ao mais autêntico pé-sujo suburbano, passando por confeitarias, sorveterias e casas de vinho. Puxe uma cadeira, entre na conversa e escolha! Iguarias francesas ou bolinho de feijoada? Vinhos importados ou cervejas especiais? Tem dicas para todos os paladares!

NÃO FIQUE SÓ OLHANDO.
Experimente as delícias de todo o mundo.

Hotel Urbano
Viajar é possível
Viaje com o **Hotel Urbano** e escolha entre mais de 180 mil opções de hotéis no mundo.
Tudo em até 10x sem juros.
www.hotelurbano.com

A RECIPE FOR USING THIS GUIDE

TABLE OF CONTENTS

It's all separately organized for a quick search!

Attention! The same place can be listed in one, two or more indexes!

TOP PICKS AND ENTRIES

EACH CATEGORY (*RESTAURANTS;* BOTECOS, *BARS & THE SORT; TIDBITS & OTHER TREATS) is separated into* ***top picks*** *and* ***entries****.*

Top picks *are those preferred by the Boni & Amaral Guide and there are one or more reasons for this, such as:*
CARIOCA INSTITUTIONS *The city's gastronomy heritage.*
CARIOCA REFERENCES *If you wish to know the gastronomy that suits Cariocas, don't miss out on any of these.*
NOVELTIES *places hot out of the oven in 2013 and 2014 that started off creating a racket and a name for themselves!*
RECOMMENDED *The Boni & Amaral team is always there – go for sure!*

The ***entries*** *make up the list of what's worthwhile in Rio. Each with its own feature, its own trend, in its own way!*

SPECIFICATIONS

EACH ESTABLISHMENT *is presented with a description of its setting and its cuisine, with commentaries, including its specifications with address, phone number, site and opening hours. Breakfast is considered to be around 8 am to 11 am, lunch from noon to 5 pm and dinner from 6 pm to 11 pm.*

Choose your favorite flavor and bom apetite*!*

In the e-book, available in all online bookstores, there are links to all the sites mentioned! And to our advertisers.

RECEITA PARA USAR ESTE GUIA

ÍNDICES

ÍNDICE ALFABÉTICO *(p. 19)* Todos os locais citados para você fazer uma busca geral por todas as categorias.

ÍNDICES TEMÁTICOS *(p. 23)*

AS CORRENTES CULINÁRIAS Contemporânea, japonesa, francesa, italiana, portuguesa etc.

ATRIBUTO OU ESTADO DE ESPÍRITO Turístico, para namorar, para ir com a família, os restaurantes de bairro e muito mais.

DESEJO DO DIA Quer comer um hambúrguer, tomar um suco ou degustar um chocolate? Quer comprar um bom vinho ou experimentar um típico petisco de boteco? Quer ir somente após meia-noite? Quer esbarrar com celebridades?

Está tudo separado para uma rápida localização!

Atenção! Um mesmo estabelecimento pode estar listado em um, dois ou mais índices!

DESTAQUES E VERBETES

CADA CATEGORIA (RESTAURANTES · BOTECOS, BARES & AFINS · COMIDINHAS & OUTROS) está separada por **destaques** e **verbetes**.

Os **destaques** são os preferidos do Guia Boni & Amaral e há uma ou mais razões para tal, como:

INSTITUIÇÕES CARIOCAS São patrimônios gastronômicos da cidade!

NOVIDADES Os estabelecimentos que saíram do forno em 2013 e 2014 e entraram fazendo barulho e fama!

RECOMENDADOS A equipe Boni & Amaral está sempre por lá – não deixe de ir!

REFERÊNCIAS CARIOCAS Se você quer conhecer a gastronomia que tem a cara do carioca, não perca nenhum!

Os **verbetes** compõem a lista do que vale a pena na cidade. Cada um com seu predicado, sua tendência, seu jeito de ser!

FICHA TÉCNICA

CADA ESTABELECIMENTO é apresentado com descrição do ambiente e da culinária e comentários, incluindo uma ficha técnica com endereço, telefone, site e horário de funcionamento. O horário de café da manhã é em torno de 8h e 11h, o de almoço, entre 12h e 17h e o de jantar, entre 18h e 23h.

Escolha o seu sabor preferido e bom apetite!

No e-book, disponível em todas as livrarias virtuais, os locais que dispõem de sites estão devidamente linkados! E nossos anunciantes também.

SHOPPINGLEBLON
ANIMALE
ANTONIO BERNARDO
BURBERRY
CARLA AMORIM
CIA MARÍTIMA
DOLCE & GABBANA
EMPORIO ARMANI
ERMENEGILDO ZEGNA
FRANCESCA ROMANA DIANA
HAVAIANAS
HUGO BOSS
KATE SPADE NEW YORK
MAC COSMETICS
OMEGA
OSKLEN
PHEBO
RESERVA
RICHARDS
SALINAS
SALVATORE FERRAGAMO
SCHUTZ
VERSACE COLLECTION
e mais 170 lojas.

INSPI
RADO
EM
VOCÊ

ÍNDICE DOS ÍNDICES · *TABLE OF CONTENTS*

ÍNDICES · *INDEXES*

ALFABÉTICO ALPHABETICAL

100 + DO MUNDO WORLD 100 +

DESTAQUES TOP PICKS / RECOMENDADOS RECOMMENDED

DESTAQUES TOP PICKS / INSTITUIÇÕES CARIOCAS A CARIOCA INSTITUTION

DESTAQUES TOP PICKS / REFERÊNCIAS CARIOCAS A CARIOCA REFERENCE

DESTAQUES TOP PICKS / NOVIDADES NOVELTIES ABERTURA 2013–2014

CONTEMPORÂNEO CONTEMPORARY

FRANCESA FRENCH

ITALIANA ITALIAN

JAPONESA JAPANESE / ASIÁTICA ASIAN

CARTAS DE SAQUÊ SAKE LIST

PORTUGUESA PORTUGUESE

SOBREMESAS DESSERTS

CHEF CELEBRIDADE CELEBRITY CHEF

CARTAS DE VINHOS WINE LISTS

Alloro *Copacabana* 46
Antiquarius *Leblon* 48
Bazzar *Ipanema* 149
Bottega del Vino *Leblon* 152
Cavist *Leblon e filiais* 58
Cipriani *Copacabana* 60
Duo *Barra da Tijuca* 168
Enotria *Barra da Tijuca* 170
Entretapas *Humaitá* 306
Esplanada Grill *Ipanema* 70
Fasano al Mare *Ipanema* 72
Giuseppe Grill *Leblon e filiais* 180
Ibérico *Jardim Botânico* 90
Laguiole *Aterro do Flamengo* 94
Parador Lumiar *Nova Friburgo* 203
Pobre Juan *São Conrado e Barra da Tijuca* 207
Satyricon *Ipanema e Búzios* 120
Sollar Búzios *Búzios* 122
Vieira Souto *Ipanema* 227

CASAS DE VINHOS WINE

Bergut *Centro e Niterói* 151
Bottega del Vino *Leblon* 152
Cavist *Leblon e filiais* 58
Confraria Carioca *Botafogo* 356
Grand Cru *Jardim Botânico e filiais* 180
Salitre *Ipanema e Barra da Tijuca* 219

NOVIDADES NOVELTIES ABERTURA 2013-2014

Boteco D.O.C. *Laranjeiras* 299
Boulangerie Guerin *Copacabana* 350
Casa do Sardo *São Cristóvão* 159
Casa Momus *Centro* 302
CT Brasserie *Barra da Tijuca e São Conrado* 64
CT Trattorie *Lagoa* 165
Espaço 7zero6 *Ipanema* 361
Gero *Barra da Tijuca* 76
Ibérico *Jardim Botânico* 90
Jaeé *Leblon* 363
Lasai *Botafogo* 96
Lima Restobar *Botafogo* 189
Mee *Copacabana* 195
Naga *Barra da Tijuca* 106
P.J. Clarke's *Leblon* 367
Le Pain du Lapin *Jardim Botânico e Gávea* 368
Paris 6 *Barra da Tijuca* 204
Pipo *Leblon* 312
Rubaiyat *Jardim Botânico* 118
Sá *Copacabana* 218
T.T. Burger *Ipanema e Leblon* 340
Tragga *Humaitá* 226
Tupac *Ipanema* 130

PARA VER & SER VISTO TO SEE & BE SEEN

Antiquarius *Leblon* 48
Bar do Zé *Búzios* 148
Celeiro *Leblon* 160
D'Amici *Leme* 165
Esch Café *Leblon e Centro* 68
Esplanada Grill *Ipanema* 70
Farinatta *Búzios* 173
Gero *Ipanema* 74
Guimas *Gávea* 181
Lorenzo Bistrô *Jardim Botânico* 98
Rubaiyat *Jardim Botânico* 118
Satyricon *Ipanema e Búzios* 120
Sushi Leblon *Leblon* 124

TRADIÇÕES CARIOCAS CARIOCA TRADITIONS

Bar Luiz *Centro* 296
Casa Paladino *Centro* 303
Lamas *Flamengo* 188
Leiteria Mineira *Centro* 309
Majórica *Flamengo* 192
Pérgula *Copacabana* 206
Pizzaria Guanabara *Leblon e filiais* 206

TURÍSTICOS TOURIST

Albamar *Centro* 138
Aprazível *Santa Teresa* 50
Astor *Ipanema* 254
Azul Marinho *Arpoador · Ipanema* 52
Barra Grill *Barra da Tijuca* 148
BB Lanches *Leblon* 348
Bibi Sucos *Leblon e filiais* 348
Bira *Barra de Guaratiba* 151
Canto das Canoas *Angra dos Reis* 154
Casa da Feijoada *Ipanema* 157
Chez Michou *Búzios e filiais* 354
Confeitaria Colombo *Centro e Copacabana* 330
Eça *Centro* 66
Feira de São Cristóvão *São Cristóvão* 278
La Fiorentina *Copacabana* 176
Fogo de Chão *Botafogo* 177
Imperatriz Leopoldina *Petrópolis* 183
Laguiole *Aterro do Flamengo* 94
Nova Capela *Centro* 311
Pérgula *Copacabana* 206
Porcão *Aterro do Flamengo e filiais* 209
Quinta *Vargem Grande* 213
Rio Scenarium *Centro* 314
Rubaiyat *Jardim Botânico* 118
Santo Scenarium *Centro* 315
Satyricon *Ipanema e Búzios* 120
Térèze *Santa Teresa* 128
Vizta *Leblon* 317

CHARUTOS CIGARS

EM HOTEL IN A HOTEL

CARNES STEAK

PIZZAS

Alessandro & Frederico *Ipanema* 140
Bar Imaculada *Saúde* 296
Bar Lagoa *Lagoa* 262
Bráz *Jardim Botânico e Barra da Tijuca* 56
Capricciosa *Ipanema e filiais* 156
CT Brasserie *Barra da Tijuca e São Conrado* 64
Fiammetta *Barra da Tijuca e Botafogo* 174
La Fiorentina *Copacabana* 176
Forneria São Sebastião *Ipanema* 177
Joe & Leo's *Leblon e filiais* 364
Joia Carioca *Jardim Botânico* 309
Mamma Jamma *Jardim Botânico* 193
Pizzaria Guanabara *Leblon e filiais* 206
Rásc al *Leblon e filiais* 213

HAMBÚRGUERES BURGERS

Applebee's *Barra da Tijuca* 143
Bar da Gema *Tijuca* 258
Bar do Momo *Tijuca* 294
Bar do Omar *Santo Cristo* 295
Bazzar *Ipanema* 149
Bazzar Café *Ipanema e filiais* 54
Botto Bar *Praça da Bandeira* 268
Coccinelle Bistrô *Centro* 162
Delirium Café *Ipanema* 276
The Fifties *Leblon e filiais* 362
Irajá Gastrô *Botafogo* 92
Joe & Leo's *Leblon e filiais* 364
Lorenzo Bistrô *Jardim Botânico* 98
Outback *Leblon e filiais* 202
P.J. Clarke's *Leblon* 367
Pipo *Leblon* 312
Pub Escondido, CA *Copacabana* 313
Roberta Sudbrack *Jardim Botânico* 114
Rubaiyat *Jardim Botânico* 118
T.T. Burger *Ipanema e Leblon* 340

BOTECO DESCOLADO TRENDY *BOTECO*

Astor *Ipanema* 254
Bar do Lado *Leblon* 293
Bar dos Descasados *Santa Teresa* 295
Boteco D.O.C. *Laranjeiras* 299
Casa Momus *Centro* 302
Delirium Café *Ipanema* 276
Pipo *Leblon* 312
Vizta *Leblon* 317

CERVEJAS ESPECIAIS PREMIUM BEER

Aconchego Carioca *Praça da Bandeira* 248
Adega do Pimenta *Santa Teresa e filiais* 288
Bar da Frente *Praça da Bandeira* 291
Bazzar *Ipanema* 149
Bazzar Café *Ipanema e filiais* 54
Boteco D.O.C. *Laranjeiras* 299
Botto Bar *Praça da Bandeira* 268
Cadeg *Benfica* 272
Cine Botequim *Centro* 304
Delirium Café *Ipanema* 276
Espírito Santa *Santa Teresa* 306
Gracioso *Centro* 308
Herr Pfeffer *Leblon* 182
Pub Escondido, CA *Copacabana* 313
Vila St. Gallen *Teresópolis* 229

CHOPINHO DRAFT BEER

Adega do Pimenta *Santa Teresa e filiais* 288
Adega Flor de Coimbra *Lapa* 289
Adega Pérola *Copacabana* 250
Adonis *Benfica* 252
Alfaia *Copacabana* 290
Astor *Ipanema* 254
Bar Brasil *Lapa* 256
Bar Lagoa *Lagoa* 262
Bar Luiz *Centro* 296
Belmonte *Flamengo e filiais* 298
Botequim Informal *Leblon e filiais* 300
Botto Bar *Praça da Bandeira* 268
Bracarense *Leblon* 300
Braseiro da Gávea *Gávea* 301
Bráz *Jardim Botânico e Barra da Tijuca* 56
O Caranguejo *Copacabana* 302
Casa Paladino *Centro* 303
Cervantes *Copacabana e Barra da Tijuca* 303
Chico e Alaíde *Leblon* 274
Clipper *Leblon e Ilha do Governador* 304
Galeto Sat's *Copacabana* 307
Jobi *Leblon* 280
Joia Carioca *Jardim Botânico* 309
Lamas *Flamengo* 188
Nova Capela *Centro* 311
Pavão Azul *Copacabana* 312
Pizzaria Guanabara *Leblon e filiais* 206
Real Chopp *Copacabana* 314

ABERTOS APÓS MEIA-NOITE OPEN AFTER MIDNIGHT

Academia da Cachaça *Leblon e Barra da Tijuca* 288
Adega do Pimenta *Santa Teresa e filiais* 288
Astor *Ipanema* 254

Bar d'Hôtel *Leblon* 147
Bar do Zé *Búzios* 148
Belmonte *Flamengo e filiais* 298
Blá Blá Champanheria *Barra da Tijuca* 299
Boteco D.O.C. *Laranjeiras* 299
Bracarense *Leblon* 300
Braseiro da Gávea *Gávea* 301
Cervantes *Copacabana e Barra da Tijuca* 303
Chez Michou *Búzios e filiais* 354
Chico e Alaíde *Leblon* 274
Clipper *Leblon e Ilha do Governador* 304
Delirium Café *Ipanema* 276
Espaço 7zero6 *Ipanema* 361
Feira de São Cristóvão *São Cristóvão* 278
La Fiorentina *Copacabana* 176
Galeto Sat's *Copacabana* 307
Jobi *Leblon* 280
Lamas *Flamengo* 188
Meza Bar *Humaitá* 310
Nova Capela *Centro* 311
Paris 6 *Barra da Tijuca* 204
Pavão Azul *Copacabana* 312
Pizzaria Guanabara *Leblon e filiais* 206
Polis Sucos *Ipanema e filiais* 336
Real Chopp *Copacabana* 314
Rio Scenarium *Centro* 314
Santo Scenarium *Centro* 315
Stuzzi Bar *Leblon* 223
Villarino *Centro* 316

BOM PARA NAMORAR NICE FOR MAKING OUT

Bar dos Descasados *Santa Teresa* 295
Bar Urca *Urca* 264
Brigite's *Leblon* 153
Cremerie Genève *Teresópolis* 163
Espaço 7zero6 *Ipanema* 361
Quinta *Vargem Grande* 213
Zazá Bistrô *Ipanema* 232

SINGLE

Astor *Ipanema* 254
Bar dos Descasados *Santa Teresa* 295
Bar Urca *Urca* 264
Belmonte *Flamengo e filiais* 298
Blá Blá Champanheria *Barra da Tijuca* 299
Braseiro da Gávea *Gávea* 301
Jobi *Leblon* 280
Meza Bar *Humaitá* 310
Paris 6 *Barra da Tijuca* 204
Rio Scenarium *Centro* 314
Stuzzi Bar *Leblon* 223

PARA IR COM A FAMÍLIA FAMILY OUTINGS

CAFÉ DA MANHÃ BREAKFAST

Casa Paladino *Centro* 303
Cigalon *Búzios* 161
Confeitaria Colombo *Centro e Copacabana* 330
Da Casa da Táta *Gávea* 357
Escola do Pão *Lagoa* 332
Le Gite d'Indaiatiba *Paraty* 84
Imperatriz Leopoldina *Petrópolis* 183
Kurt *Leblon* 365
Lamas *Flamengo* 188
Leiteria Mineira *Centro* 309
Le Pain du Lapin *Jardim Botânico e Gávea* 368
Pavelka *Petrópolis e filiais* 369
Pérgula *Copacabana* 206
Polis Sucos *Ipanema e filiais* 336
Pousada da Alcobaça *Petrópolis* 210
Talho Capixaba *Leblon e Gávea* 342
Térèze *Santa Teresa* 128

PÃES E DELIS BREAD & DELIS

Alessandro & Frederico *Ipanema e filiais* 139
Apreciatti *Barra da Tijuca* 143
La Bicyclette *Jardim Botânico* 326
Boulangerie Guerin *Copacabana* 350
Casa Carandaí *Jardim Botânico* 328
Casas Pedro *Centro e filiais* 353
Da Casa da Táta *Gávea* 357
Depósito Gourmet *Barra da Tijuca* 360
Empório Jardim *Jardim Botânico* 360
Escola do Pão *Lagoa* 332
Padaria Bassil *Centro* 368
Le Pain du Lapin *Jardim Botânico e Gávea* 368
Talho Capixaba *Leblon e Gávea* 342

DOCES E CONFEITARIAS SWEETS

Boulangerie Guerin *Copacabana* 350
Casa Cavé *Centro* 351
Chocolate Q *Ipanema e filiais* 355
Colher de Pau *Leblon* 356
Confeitaria Colombo *Centro e Copacabana* 330
Da Casa da Táta *Gávea* 357
Envidia *Leblon* 361
Kurt *Leblon* 365
Leiteria Mineira *Centro* 309

SORVETERIAS ICE CREAM

SUCOS JUICES

RESTAURANTES DE BAIRRO NEIGHBORHOOD RESTAURANTS

FORA DA CIDADE OUT OF TOWN

Angra dos Reis

Búzios

ÁREA AO AR LIVRE WITH AN OUTDOORS AREA

BONI & AMARAL

O RIO É UMA FESTA!

RESTAURANTES

Cervejaria
BOHEMIA
HISTÓRIA, CURIOSIDADE E INTERATIVIDADE.
CERVEJARIABOHEMIA.COM.BR
RESTAURANTE
TOUR INTERATIVO
CURSOS DE CERVEJA
BAR
EMPÓRIO BOHEMIA
HARMONIZAÇÃO
DEGUSTAÇÃO
PROCESSO DE PRODUÇÃO
JOGOS
BOHEMIA DIRETO DA FONTE
HISTÓRIA
MAIS DE 20 AMBIENTES
INTERATIVIDADE
Cervejaria
BOHEMIA
A Cervejaria Bohemia, a primeira do Brasil, é hoje um dos maiores centros de experiência cervejeira do mundo.
É muito mais que uma cervejaria e é muito mais que um museu também. São 20 ambientes que contam de forma interativa toda a história da cerveja e a visita acaba com uma deliciosa Bohemia tirada direto da fonte.
BEBA COM MODERAÇÃO
CERVEJARIA BOHEMIA
RUA ALFREDO PACHÁ, 166, PETRÓPOLIS

O ESTILO GASTRONÔMICO CARIOCA

É VERDADE QUE a família real mudou o metabolismo do Rio de Janeiro, que, inesperadamente, tornou-se a única capital imperial das Américas. Mas, em matéria de gastronomia, o que esse período nos deixou foram as leiterias e as confeitarias; nada mais.

No começo do século passado, proliferaram as casas de chope, utilizando as calçadas do Centro, nas quais predominava uma gastronomia portuguesa simples. As frituras, que nossos botecos herdaram, vieram daí.

Já nos anos 1920, proliferaram restaurantes no Centro, quando a tradição de voltar para casa para almoçar começou a ruir. Praticamente todos os estabelecimentos eram portugueses, com uma comida bruta, sem maiores talentos.

Foi o barão austríaco **Max von Stuckart** quem primeiro revolucionou a gastronomia do Rio, quando chegou à cidade em 1944. Veio contratado pela família Guinle para se ocupar dos restaurantes do hotel **Copacabana Palace**, que abria naquele momento seu cassino. Com a proibição da jogatina no Brasil, o barão perdeu o emprego e abriu a famosa boate **Vogue**, em plena avenida Atlântica, onde hoje é a avenida Princesa Isabel. A boate pegou fogo, e o barão abriu, anos depois, o **Top Club**, no Lido. Bem, esse interessante e irrequieto personagem foi quem trouxe pratos como o frango à Kiev, o estrogonofe, o *steak* Diana e o molho *béarnaise*. E, intrigado com o desejo do brasileiro de comer de madrugada, criou para a boate **Meia-Noite**, no Copacabana Palace, nada menos que o famoso picadinho. Hoje raramente se encontra a receita original: carne cortada na faca, ovo pochê, arroz misturado com milho e ervilhas e farofa.

O barão trouxe o chef russo **Gregório Berezanski**, responsável por mudar o conceito de organização e principalmente dar dignidade à profissão de chef de cozinha no Brasil. A atividade tinha importância menor e era inteiramente anônima, como ainda é em alguns restaurantes. A função do cozinheiro era executar receitas de quem comandava o salão ou do proprietário. Berezanski trouxe o desenho clássico da cozinha europeia, implantando sob as ordens do chef uma equipe assim composta: *sous-chef*, *saucier* (molhos), *aboyeur* (organiza as comandas e os envios), *gardemanger* (pré-preparo e porções), *rôtissieur* (grelhados e carnes), *poissonier* (peixes e crustáceos), *entremétier* (guarnições), *pâtissier* (sobremesas e massas folhadas), *tournant* (substitui a todos), *boulanger* (pães), auxiliar de cozinha e *planger* (limpeza constante).

Muitos dizem que o barão veio para ensinar o brasileiro a comer, e o russo, para ensinar a cozinhar! Essa escola foi fundamental, e aí o jogo começou. Claro que aqueles que passaram por essas cozinhas viraram "professores", muitas vezes em negócios próprios, até mesmo botecos.

Outra presença emblemática foi o velho **Nino**, que surgiu no restaurante **Ariston**, o primeiro café com mesas na calçada a servir comida italiana no Rio. Ele comandava tudo, recebia os pedidos, aconselhava. O sucesso foi tão grande que ganhou seu próprio restaurante, na rua Domingos Ferreira, esquina com a rua Bolívar, hoje uma filial da cervejaria **Devassa**. Esse foi o restaurante do Rio durante a década de 1960, de início da TV Globo, onde os globais se reuniam para longos almoços. A casa acabou gerando muitos filhotes, através do sócio **Manoel Agueda** e de seus funcionários – dentre outros, o **Antonio's** (nome do seu chef), ponto obrigatório de intelectuais e artistas nos anos 1970, e posteriormente o **Antonino** e o **Florentino**.

Ainda nos anos 1970, foram os hotéis que voltaram a dar aula! **José Carlos Mello Ourivio** trouxe **Gaston Lenôtre** para o **Rio Palace**, hoje **Sofitel**, e o francês **Robert Berger** importou nada mais nada menos que o grande **Paul Bocuse**. Com eles vieram grandes nomes, e alguns ficaram, como **Claude Troisgros** e **Laurent Suaudeau**. Curiosamente a maioria se casou com mulatas! Fizeram escola e contribuíram muitíssimo para elevar o padrão da culinária no Rio e no Brasil. No final dos anos 1990, o português **Perico** aportou no Rio, trazendo seu **Antiquarius**. Com uma comida simples, mas de qualidade constante, e um serviço sofisticado, tornou-se o novo clube da cidade.

Entre outras influências culinárias internacionais que recebemos, como a japonesa (o sushi está até nas churrascarias!), a italiana, a francesa e a árabe, é importante destacar a chegada dos galegos, que vieram em massa para o Brasil e criaram restaurantes populares e botecos. Foram eles que introduziram a ideia de pequenas porções, trouxeram uma impressionante capacidade de trabalho e de gerenciamento. E implementaram a gestão familiar de forma magnífica.

As comidas regionais se desenvolveram mais nas residências e nos restaurantes populares. Nos anos 1980, começaram a ser tratadas com mais carinho – provavelmente por contribuição dos chefs estrangeiros. Desenhou-se assim uma comida brasileira muito interessante, que preservou suas raízes mais puras ao mesmo tempo em que criou uma nova cozinha verde-amarela.

A definição desse estilo gastronômico carioca abriu campo para a cozinha inovadora de **Roberta Sudbrack**, enquanto o sucesso do **Gero** encorajou os paulistas, que decididamente resolveram apostar no mercado do Rio. Estão aí o **Rubaiyat**, do **Belarmino**, em magnífica instalação cinematográfica, o **Pobre Juan**, de um grupo de investidores paulistas, e o **Corrientes 348**, meio argentino e meio paulista, agora também carioca.

O Rio é uma festa! Atrativa para todos os gostos e paladares!

THE CARIOCA GASTRONOMY STYLE

IT'S TRUE THAT *the Portuguese Royal Family changed the metabolism of Rio de Janeiro, which, unexpectedly, became the only imperial capital in the Americas. Yet, in terms of gastronomy, what this period bequeathed us were the confectionaries and the dairy restaurants, nothing more.*

At the beginning of the last century, beer houses proliferated, occupying the sidewalks downtown, and in these a simple Portuguese gastronomy prevailed. Fritters, that our botecos *inherited, came from there.*

By the 1920s, restaurants were burgeoning downtown, as the tradition of going home for lunch began to crumble. Practically all the establishments were Portuguese, with a brute food, and no bigger talents.

It was Baron ***Max von Stuckart*** *who first revolutionized Rio's gastronomy, when he arrived in town in 1944. He was hired by the Guinle family to take charge of the restaurants in Hotel* **Copacabana Palace**, *which was then opening its casino. When gambling was forbidden in Brazil, the baron lost his job and opened* ***Vogue***, *the famous nightclub, on Avenida Atlântica, in Copacabana, where today is Avenida Princesa Isabel. The nightclub burned down, and the baron, years later, opened* ***Top Club***, *in Lido. Well, it was this interesting and restless character who introduced dishes like chicken Kiev, stroganoff, steak Diana and* béarnaise *sauce. And, intrigued by Brazilians' penchant for eating in the middle of the night, he created for* ***Meia-noite*** *nightclub, in Copacabana Palace, nothing less than the famous* picadinho. *Today you can rarely find the original recipe: meat minced with a knife, poached eggs, rice mixed with corn and peas and* farofa *manioc flour.*

The baron brought in Russian Chef **Gregório Berezanski**, *responsible for changing the organization's concept and mainly awarding some dignity to the profession of kitchen chef in Brazil. This activity had a lesser importance and was completely autonomous, as it still is in some restaurants. The cook's function was to carry out recipes handed to him by the owner or the person who ran the dining hall. Berezanski implanted the classic design of a European kitchen, establishing the following team, under the orders of the chef:* sous-chef, saucier *(sauces),* aboyeur *(organizing the orders and send-outs),* gardemanger *(pre-preparation and portions),* rôtissieur *(meat and grilled),* poisonnier *(fish and crustacean),* entremétier *(garnishes),* pâtissier *(desserts and pastry),* tournant *(a replacement for everyone),* boulanger *(bread), kitchen help and* planger *(constant cleaning).*

Many say that the baron came to teach Brazilians how to eat, and the Russian, how to cook! This school was fundamental, and so the game began. Of course those who passed through these kitchens became "teachers", many times starting their own business, even botecos.

Another emblematic presence was old **Nino**, *who appeared at the restaurant* **Ariston**, *the first sidewalk café to serve Italian food in Rio. He commandeered everything, took orders, gave advice. Success was such that he got his own restaurant, on Rua Domingos Ferreira, on the corner with Rua Bolívar, now a branch of the* **Devassa** *beer house chain. This was* the *restaurant in Rio during the 1960s, when TV Globo was starting, where the TV stars would gather for long lunches. The place spawned several others, through partners* **Manoel Agueda** *and his employees – among them,* **Antonio's** *(named for its chef), a mandatory meeting point of artists and intellectuals in the 1970s, and later on* **Antonino** *and* **Florentino**.

Still in the 70s, hotels began to give lessons in gastronomy! ***José Carlos Mello Ourivio*** *brought* ***Gaston Lenôtre*** *to* ***Rio Palace****, now* ***Sofitel****, and French* ***Robert Berger*** *imported none less than the great* ***Paul Bocuse****. With them came other great names, and some remained, like* ***Claude Troisgros*** *and* ***Laurent Suaudeau****. Curiously, most of them married* mulatas! *They established a style and contributed tremendously to raising the standards of cooking in Rio and in Brazil. In the late 1990s, Portuguese* ***Perico*** *landed in Rio, bringing his* ***Antiquarius****. With simple food, but constant quality, and sophisticated service, it became the new club in town.*

Among other international culinary influences we received, like Japanese (sushi is even in steak houses!), Italian, French and Arab, it's important to point out the arrival of the Galicians, who came in hoards to Brazil and created popular restaurants and botecos. *It was them who introduced the idea of small portions, and they brought an amazing capacity for work and for management. And they implemented family administration in a magnificent way.*

Regional dishes developed more in homes and in popular restaurants. In the 1980s, they began to be treated with more consideration – probably due to the contribution of the foreign chefs. A very interesting Brazilian cuisine then began to take shape, preserving its roots while at the same time creating a new local cuisine.

The definition of this Carioca gastronomy style opened the way for the innovative cuisine of ***Roberta Sudbrack****, while* ***Gero****'s success encouraged the restaurateurs from São Paulo, who determinedly decided to bet on the market in Rio. There's* ***Rubaiyat****, belonging to* ***Belarmino****, in a magnificent cinematographic setting,* ***Pobre Juan****, from a group of investors from São Paulo, and* ***Corrientes 348****, half from Argentina, half from São Paulo, now also Carioca.*

Rio is a party! An attractive party for all tastes and flavors!

RECOMENDADO RECOMMENDED

ALLORO

Italiana · ***Italian***

Restaurante que deu nova vida à culinária italiana no Rio de Janeiro desde que inaugurou, em 2012. A administração do hotel Windsor trouxe o chef Luciano Boseggia, responsável durante anos pela cozinha do Fasano de São Paulo. Há novas versões de clássicos como os ragus com polenta na entrada, os *crudos* de atum e de polvo e o ravióli com recheio de vitela. E o ossobuco, delicioso, como prato principal, seguido de delicadezas como a *panna cotta* na sobremesa. O linguine com vôngole é o melhor da cidade. Pena que o ambiente seja formal demais e a decoração, austera, com a bela vista para a praia lamentavelmente prejudicada pelas cortinas. O serviço, no entanto, é impecável, comandado pelos maîtres Ari, ex-Satyricon, e Walmor, ex-Terzetto, além do sommelier João Pedro, ex-Garcia & Rodrigues.

A restaurant that gave new life to Italian cuisine in Rio de Janeiro since it opened in 2012. Hotel Windsor's management brought in Chef

Luciano Boseggia, who ran Fasano's kitchen in São Paulo for years. There are new versions of old classics like ragout with polenta *cornbread for entrées, the tuna and octopus* crudos *and the ravioli dressed with veal. And the ossobuco, delicious, as a main course, followed by delicacies like the* panna cotta *for dessert. The linguine with clams is the best in town. Too bad the atmosphere is too formal and the interior decoration austere, with the lovely view of the beach unfortunately hindered by the curtains. Service, however, is impeccable, commandeered by maîtres Ari, ex-Satyricon, and Walmor, ex-Terzetto, and also by sommelier João Pedro, ex-Garcia & Rodrigues.*

LUCIANO BOSEGGIA

Avenida Atlântica, 1020
Windsor Atlântica Hotel · Leme
+55 21 2195-7857
allororistorante.com.br/galeria.asp
Segunda a domingo para almoço e jantar. *Mondays to Sundays for lunch and dinner.*

INSTITUIÇÃO CARIOCA A CARIOCA INSTITUTION

RECOMENDADO RECOMMENDED

ANTIQUARIUS

Portuguesa · ***Portuguese***

Mais que um restaurante, o Antiquarius é um clube. É um dos poucos lugares do mundo que faz o prato que o cliente quiser, mesmo fora do cardápio. Inaugurado em 1976, vai completar quarenta anos sem nunca ter saído de moda. Seu segredo é a comida simples servida em restaurante de luxo. Além de especialidades portuguesas, oferece pratos da Espanha e típicos brasileiros, como carne-seca desfiada com abóbora, moqueca de camarão e, aos sábados, a clássica feijoada. Boa carta de vinhos. O serviço é impecável. Carlos Perico, o proprietário, fez do Antiquarius uma verdadeira escola de maîtres, sommeliers e garçons. Ricos e famosos são frequentes nessa instituição carioca. No almoço, em mesas distantes, políticos e empresários, ao pé do ouvido, sussurram seus segredos.

More than a restaurant, Antiquarius is a club. It's one of the few places in the world that prepares the dish the costumer wants, even it's off the menu. Inaugurated in 1976, it's turning fifty and has always been the fashion.

RONI, MAURO E EXPEDITO

Its secret is simple food served in a luxury restaurant. Besides the specialities from the Portuguese cuisine, there are dishes from Spain and typical Brazilian dishes, like shredded jerk beef with pumpkin, shrimp moqueca *stew and, on Saturdays, the classic* feijoada. *Nice wine menu. Impeccable service. The owner, Carlos Perico, made Antiquarius into a real school for maîtres, sommeliers and waiters. The rich and famous are regulars at this carioca institution. At lunch, at distant tables, politicians and CEOs whisper secrets, for their ears only.*

Rua Aristides Espínola, 19 · Leblon
+55 21 2294-1049
Segunda a domingo para almoço e jantar. *Mondays to Sundays for lunch and dinner.*

RECOMENDADO RECOMMENDED

APRAZÍVEL

Típica · *Typical*

Conciliar no mesmo restaurante turistas e cariocas, paisagem perfeita, comida boa e acolhimento é uma proeza difícil de realizar. O restaurante da mineira Ana Castilho, discípula de José Hugo Celidônio, consegue. O menu, com um toque contemporâneo, combina ingredientes de diferentes regiões brasileiras. Para começar? Pão de queijo com linguiça, um clássico. Depois, palmito fresco assado, escondidinhos... Como prato principal há várias apostas. Uma boa é a galinhada caipira, semelhante a um risoto de frango, servida com banana-da-terra, linguiça, couve mineira e feijão-de-corda. Ou o cabrito assado no vinho tinto ou o marreco grelhado ou o pernil das Gerais ou ainda a moquequinha carioca... Pedro Hermeto, filho de Ana, cultiva uma adega dedicada aos vinhos nacionais e investe também em cervejas, inclusive em rótulos próprios, e em cachaças.

To harmonize in the same restaurant tourists and locals, a perfect scenery, great food and a welcoming atmosphere is a feat difficult to accomplish. Ana Castilho's restaurant does it. Ana is from the state of Minas Gerais and a disciple of José Hugo Celidônio. The menu, with a contemporary touch, combines ingredients from different regions of Brazil. For starters? Pão de queijo *rolls with sausage, a classic. Then, roasted fresh heart of palm,* escondidinho *(manioc purée with jerked beef)... There are several nice bets for a main course. One of these is the* galinhada caipira, *similar to a chicken risotto, served with plantain bananas, sausage, collards and cowpeas. Or the roasted kid goat in red wine or the grilled teal or the pork ham from Gerais or yet the Carioca* moqueca *fish stew... Pedro Hermeto, Ana's son, cultivates a cellar dedicated to Brazilian wines and also invests in beers, even in his own labels, and in* cachaças.

Rua Aprazível, 62 · Santa Teresa

+55 21 2508-9174

www.aprazivel.com.br

Terça a sábado para almoço e jantar. Domingo para almoço.

Tuesdays to Saturdays for lunch and dinner. Sundays for lunch.

REFERÊNCIA CARIOCA A CARIOCA REFERENCE

AZUL MARINHO

O local é privilegiado: em plena calçada do Arpoador, debruçado sobre a praia naquele trecho final. A qualquer hora do dia, vale a pena estar sentado ali, mas ainda mais espetacular é o pôr do sol. A clientela é de amantes do Rio, locais ou turistas, com direito ainda a fumar um charutinho ao ar livre. A comida? Há muito tempo explorada pelos donos da Casa da Feijoada, o local sempre teve uma cozinha tímida, com destaque para a moqueca e peixes frescos na pedra. A verdade é que se trata de um caso raro no qual a comida não importa. Agora, no momento do fechamento deste guia, sabe-se que o contrato de locação está com os dias contados.

This is a privileged spot: right on the Arpoador sidewalk, on that final stretch of Ipanema Beach. Any time of day, it's worth sitting there, but the sunset is even more spectacular. Customers are people who love Rio, be they locals or tourists, and you're even allowed to smoke a cigar in an open-air space. The food? This place has belonged for a long while to the same owners of Casa da Feijoada, and the kitchen here has always been quite shy. Highlights

are the moqueca *fish stew and fresh fish cooked over a stone. Truth is, this is a rare case in which the food doesn't matter. As of this moment, as we are publishing this guide, we heard that their lease on this place is about to end.*

Avenida Francisco Bhering, 177
Arpoador · Ipanema

+55 21 2513-5014

www.cozinhatipica.com.br/?content =restaurante&id=1

Segunda a domingo para almoço e jantar. *Mondays to Sundays for lunch and dinner.*

REFERÊNCIA CARIOCA A CARIOCA REFERENCE

BAZZAR CAFÉ

Brasileira · *Brazilian*

Um toque de café literário tanto em Ipanema quanto no Leblon, em uma parceria charmosa com a Livraria da Travessa. Não é por acaso que, no almoço, esse ponto de encontro seja marcado por uma aura intelectual. No cardápio, é evidente o olhar para as tendências internacionais, tanto no preparo quanto na apresentação, inclusive dos sanduíches e do café da manhã (com destaque para o ovo mexido da loja de Ipanema). Nos menores detalhes, sente-se à presença da proprietária Cristiana Beltrão, que consegue praticar a difícil fórmula de atingir a elegância com simplicidade.

With a touch of literary café, both in Ipanema and in Leblon, in a charming partnership with Livraria da Travessa bookstore. It's not by chance that this meeting place is marked at lunchtime by an intellectual aura. The menu evidently has an eye on the international trends, both in the way the food is prepared as in its presentation, including sandwiches and breakfast (when the highlight at the Ipanema café is the scrambled eggs). You can feel the presence of the owner, Cristiana Beltrão, in the smallest details. She manages to put in practice the difficult formula of attaining elegance with simplicity.

Rua Visconde de Pirajá, 572
Ipanema

Ver demais endereços no final do capítulo. *See other addresses at the end of the chapter.*

+55 21 2249-4977

www.bazzar.com.br

Segunda a domingo para almoço e jantar. *Mondays to Sundays for lunch and dinner.*

RECOMENDADO RECOMMENDED

BRÁZ

Pizzas

Parte do Rio de Janeiro tem um destino aos domingos: a fila do Bráz do Jardim Botânico. Não foi um fenômeno pontual. Quem trouxe a marca paulistana para o Rio foi Eduardo Cunha, que já fez suas fornadas na Fiammetta e teve casa em Niterói e Itaipava. Antes das pizzas, vale beliscar o *corniccione*, quase um panetone crocante de carnes, ou a linguiça calabresa com condimento de ervas, que mostra a ideia artesanal dos pratos da casa. Experimente também o pão de linguiça e depois os sabores que saem do forno a lenha, levemente picantes, a *affumicata* ou a de alcachofrinhas. Se a mesa for grande, peça várias e divida.

Part of Rio de Janeiro has a destination on Sundays: the queue at Braz, in the Jardim Botânico neighbourhood. This isn't a one-time phenomenon. The man who brought this brand to Rio, from São Paulo, is Eduardo Cunha, who had formerly manned the oven at Fiammetta and had a restaurant in Niterói and another in Itaipava. Before the pizzas, it's worth nibbling on the corniccione, *practically a crunchy*

EDUARDO CUNHA

beef panettone, *or the Calabrese sausage with a herbs condiment, that shows the idea of all the dishes being homemade. You should also try the sausage bread and then all the flavors coming out of the oven, slightly spicy, the* affumicata *or the one with little artichokes. If you're at a large table, order several flavors to divide among the party.*

Rua Maria Angélica, 129
Jardim Botânico
Ver demais endereços no final do capítulo. *See other addresses at the end of the chapter.*
+55 21 2535-0687
www.brazpizzaria.com.br
Segunda a domingo para jantar.
Mondays to Sundays for dinner.

RECOMENDADO RECOMMENDED

CAVIST

Casa de vinhos · *Wine*

Combinação entre loja de vinhos e restaurante, com rótulos, inclusive os de champanhe, a preços interessantes. Para quem gosta de vinho em taça, atenção para as escolhas na Enomatic, aquele maquinão de tiragem de vinhos, com rótulos surpreendentes. Protegidos pelo nitrogênio, os vinhos se mantêm puros e frescos. Petiscos, polentas, ragus, panelinhas com refogados ou risotos e um cordeiro sempre bem tratado dão o tom do cardápio para acompanhar os copos. No comando estão os irmãos Janine Sad e Alain Costa. A matriz fica no coração de Ipanema, em frente à praça Nossa Senhora da Paz, e vale a pena desfrutar do terraço no primeiro andar. E no Shopping Leblon a casa é o encerramento perfeito para um dia de compras.

A combination between a wine shop and a restaurant, with labels at interesting prices, and that also goes for champagne. For those who enjoy wine in a glass, pay attention to the choices on Enomatic, the big wine dispenser, with amazing labels. Protected by nitrogen, the wine stays pure and fresh. To accompany the glasses of wine, morsels, cornmeal, ragout, little pots of sautées or risotto and a well-done lamb set the tone for the menu. Brothers

Janine Sad and Alain Costa are in charge. The main address is in the heart of Ipanema, in front of Praça Nossa Senhora da Paz. It's worth enjoying the terrace on the second floor. And at Shopping Leblon the house is the perfect finale for a shopping day.

Avenido Afrânio de Melo Franco, 290, loja 403 · Shopping Leblon · Leblon

Ver demais endereços no final do capítulo. *See other addresses at the end of the chapter.*

+55 21 3875-1566

www.cavist.com.br

Segunda a domingo para almoço e jantar. *Mondays to Sundays for lunch and dinner.*

INSTITUIÇÃO CARIOCA A CARIOCA INSTITUTION

CIPRIANI

Italiana · Italian

O Copacabana Palace, com seus 91 anos de sucesso, é mesmo o grande palácio da cidade. A antiga sala de leitura do hotel é um dos mais bonitos e elegantes restaurantes do Rio. Em seu puro estilo neoclássico, sugere ao cliente estar em uma versão carioca da Côte D'Azur, com direito à piscina movimentada durante o dia e discretamente iluminada à noite. Na cozinha, alternam-se chefs, sempre italianos, enviados pelo grupo Orient Express, dono do hotel. Atualmente, Luca

LUCA ORINI

Orini propõe um retorno às origens, com massas, peixes e risotos preparados com receitas mais tradicionais, apenas com um toque atual. A brigada de serviço é impecável e discretíssima.

Copacabana Palace, with its 91 years of success, is truly the city's grand palace. The hotel's former reading room is one of the most beautiful and elegant restaurants in Rio. With its pure neoclassical style, it customers will feel that they are in a Carioca version of Côte D'Azur, with a pool that's busy during the day and discreetly lighted at night. In the kitchen the chefs alternate, but are always Italian, sent by the Orient Express group that owns the hotel. Presently, Luca Orini proposes a return to roots, with pasta, fish and risotto prepared with more traditional recipes, just with a dash of modern. The service brigade is impeccable and extremely discreet.

Avenida Atlântica, 1702
Copacabana Palace · Copacabana
+55 21 2548-7070
Segunda a sábado para almoço e jantar. Domingo para almoço.
Mondays to Saturdays for lunch and dinner. Sundays for lunch.

RECOMENDADO RECOMMENDED

CORRIENTES 348

Carnes · *Steak*

O nome do restaurante remete ao endereço de Buenos Aires de um clássico de lá, a Parrilla Porteña. Chega ao Rio depois de três endereços em São Paulo, um em Curitiba e outro em Brasília. No cardápio, o que se espera da chamada parrilla porteña: um início com linguiças picantes, deliciosas empanadas e carnes de qualidade e cortes originais como o *vacío* e o *ojo de bife*. O melhor chimichurri que o Brasil já conheceu! E, agora, com a experiência do Fogo de Chão, com a chegada de Jair Cozer, que se associou à viúva do antigo dono, Eduardo Santalla.

The name of the restaurant refers to the Buenos Aires address of an Argentine classic, Parrilla Porteña. It arrives in Rio after three addresses in São Paulo, one in Curitiba and another in Brasília. On the menu, what one would expect from a parrilla porteña: starters with spicy sausages, delicious empanadas *pastry and quality steak with original cuts like the* vacío *and the* ojo de bife. *The best chimichurri that Brazil has ever seen! And now, counting on Fogo de Chão's experience, with the arrival of Jair Cozer, who has associated with the widow of the former owner, Eduardo Santalla.*

Avenida das Américas, 7777
Rio Design Barra · Barra da Tijuca
+55 21 3648-7008
www.corrientes348.com.br
Segunda a domingo para almoço e jantar. *Mondays to Sundays for lunch and dinner.*

NOVIDADES NOVELTIES

CT BRASSERIE

Francesa · ***French***

O primeiro CT Claude Troisgros, ainda sob antiga administração familiar, foi criado em Nova York no começo dos anos 1990. Hoje, maduro, o chef tem uma máquina de gastronomia e criou sua brasserie. A decoração, especialmente na filial da Barra, no VillageMall, lembra bem as brasseries francesas e é uma marrrrravilha... Os pratos lembram menos. Claude abrasileirou-se de tal maneira que apresenta um vasto menu com um pouco de tudo. Um grande *méli-mélo*. Passeia do ceviche à polenta com palmito e dos risotos à moqueca de cherne, indo até suas pizzas cariocas, na base do "vem que tem". Acariocou de vez!

The first CT Claude Troisgros was created in New York in the early 1990s and is still under the old family's administration. Today, more mature, this Chef has a gastronomy machine and created his own brasserie. The interior decoration, especially in the Barra branch, at VillageMall, recalls the French brasseries and is marrrveloous... The dishes are not so French. Claude has become

so Brazilian that he presents a vast menu with a little bit of everything. A huge méli-mélo. *He goes from the ceviche with* polenta *cornmeal and heart of palm to the risotto of grouper* moqueca *stew and continues to his Carioca pizzas, with a "come and get it" style. He's totally Carioca!*

Avenida das Américas, 3900, loja 303
VillageMall · Barra da Tijuca

Ver demais endereços no final do capítulo. *See other addresses at the end of the chapter.*

+55 21 3252-2777

www.ctbrasserie.com.br

Segunda a domingo para almoço e jantar. *Mondays to Sundays for lunch and dinner.*

RECOMENDADO RECOMMENDED

EÇA

Francesa · *French*

O chef belga Frédéric De Maeyer sempre brilhou nas sobremesas, pelas quais é premiadíssimo todos os anos. Brilha também nas entradas e nos pratos principais do cardápio desse restaurante que homenageia o escritor gourmet Eça de Queiroz. O ambiente discreto e elegante, no subsolo da H. Stern, isola o cliente da vibração do Centro da cidade, transformando-se num verdadeiro oásis gastronômico e também etílico, graças ao talento da sommelière e bartender Deise Novakoski.

FRÉDÉRIC DE MAEYER

Belgian chef Frédéric De Maeyer is always brilliant with his desserts, for which he receives several awards every year. He is also brilliant with the entrées and the main courses on the menu of this restaurant that honors author Eça de Queiroz, also a gourmet. The elegant and discreet atmosphere, on the basement floor of jewellers H. Stern, isolates the customer from the rumble of Downtown, becoming a true oasis of gastronomy and also of beverages, thanks to the talent of sommelière *and bartender Deise Novakoski.*

Avenida Rio Branco, 128, subsolo · Centro

+55 21 2524-2300 / 2524-2401 / 2524-2399

www.hstern.com.br/eca

Segunda a sexta para almoço.

Mondays to Fridays for lunch.

REFERÊNCIA CARIOCA A CARIOCA REFERENCE

ESCH CAFÉ

Charutos · *Cigars*

É nossa Casa del Habano. Pela quase exclusividade na venda de charutos, o Esch do Leblon transformou-se em ponto referência para os amantes de *los puros*. Divide-se entre uma clientela quase fixa, amigos de charuteiros e curiosos em geral. Começou como um antigo bar, de decoração e postura tão inglesas quanto o bigode bem talhado de um de seus fundadores, Edgar Esch. Hoje reformada, mais leve e mais arejada, mantém seu estilo, criado pelo saudoso Claudio Bernardes. Na carta de bebidas, uísques raros e conhaques nobres. No cardápio, pratos simples, como os de bacalhau, ou opções cariocas das antigas, como picadinhos e carne-seca. Está no centro da festa, no coração da rua Dias Ferreira. Conta com duas filiais, uma no Centro e outra na alameda Lorena, em São Paulo.

It's our Casa del Habano. In selling cigars that are practically exclusive, Esch in Leblon became a reference point for those who love los puros. *The place is divided among regular customers, friends of cigar smokers and curious people in*

general. It started out as an old pub, with an interior decoration and a posture as British as the well cut moustache of one of its founders, Edgar Esch. It underwent a makeover, becoming lighter and more aired out, but maintains its style, created by late Claudio Bernardes. On the beverages list, rare whiskys and noble cognacs. On the menu, simple dishes, such as codfish, or traditional Carioca choices like diced beef and sun-cured meat. It´s in the life of the party, on the heart of Rua Dias Ferreira. And it also has two branches, one in Downtown Rio and another on Alameda Lorena in São Paulo.

EDGAR ESCH

Rua Dias Ferreira, 78, loja A · Leblon

Ver demais endereços no final do capítulo. *See other addresses at the end of the chapter.*

+55 21 2512-5651

www.esch.com.br

Segunda a domingo para almoço e jantar. *Mondays to Sundays for lunch and dinner.*

RECOMENDADO RECOMMENDED

ESPLANADA GRILL

Carnes · *Steak*

Um verdadeiro clube. Os fregueses são muito fiéis e as mesas, disputadas. Um belo mix: artistas, empresários, gente da moda, publicitários, jornalistas. Ali todos se sentem em casa. O proprietário, Jorge Adib, criador do merchandising no Brasil, aplicou seus conhecimentos e criou um produto único. No couvert brilham o pão de queijo e a cebola marinada, além das linguiças artesanais. As saladas servidas com um vinagrete amostardado são deliciosas e o palmito fresco assado está em nove de cada dez mesas. Depois, vem a eterna picanha fatiada ou o bife *ancho*, que merece atenção. Cortes do gado japonês *wagyu* criado na Austrália chegam ao cardápio com frequência. A feijoada é bastante concorrida.

A real club. Customers are very faithful and the tables much in demand. A nice mix: artists, businessmen, celebs, adpersons, journalists. Here they all feel at home. The owner, Jorge Adib, the man who introduced merchandising in Brazil, put this expertise to use and created

a unique product. In the couvert, pão de queijo *cheesebread rolls and marinated onions stand out, along with homemade sausages. Salads served with a mustardy* vinagrete *sauce (oil, vinegar and diced tomatoes, onions and peppers), and the roasted fresh heart of palm can be seen on nine out of ten tables. Then comes the eternal* picanha *sirloin cap, in slices, or the rib-eye steak, meriting your attention. Cuts from the Japanese* wagyu *livestock frequently reach the menu. The* feijoada, *a bean stew with rice and all kinds of pork, is very much in demand.*

Rua Barão da Torre, 600 · Ipanema
+55 21 2239-6028 / 2512-2970
www.esplanadagrill.com.br
Segunda a domingo para almoço e jantar. *Mondays to Sundays for lunch and dinner.*

RECOMENDADO RECOMMENDED

FASANO AL MARE

Italiana · *Italian*
Frutos do mar · *Seafood*

Peixes e frutos do mar são os fundamentos da cozinha que Rogério Fasano criou para o restaurante do hotel-boutique mais elegante do Rio. Trilhas, camarões e namorados chegam já em seu *antipasto* clássico, um frito misto de empanado levíssimo. Na sequência, massas criativas, como o ravióli de siri, mostram o paladar jovem do chef, Paolo Lavezzini. Entre os peixes dos pratos principais, o segredo do frescor: são arpoados por um pescador contratado. Há lugar também para os assados lentos, como o *stinco*, e para uma ótima *porchetta*. A adega conta com rótulos interessantes de produtores selecionados de toda a Itália. As noites são movimentadas, podendo ser o primeiro *pit stop* para o Londra ou um charuto ao ar livre.

Fish and seafood are the principles of the cuisine that Rogério Fasano created for the restaurant in the most elegant boutique hotel in Rio. Goatfish, shrimp and sand perch arrive in their classic antipasto, *a very light fried pastry. In the sequence, creative pasta, like crab ravioli, demonstrate the*

PAOLO LAVEZZINI

young taste of Chef Paolo Lavezzini. Among the fish on the main course, the secret of freshness: they are harpooned by a hired fisherman. There is also a place for the slow roasts, like the stinco *(shank), and for a great* porchetta *(boneless pork). The cellar presents interesting labels from producers selected from all over Italy. Nights are busy; this can be the first pit stop on the way to Londra or for an outdoors cigar.*

Avenida Vieira Souto, 80 · Ipanema

+55 21 3202-4000

www.fasano.com.br

Segunda a domingo para café da manhã, almoço e jantar. *Mondays to Sundays for breakfast, lunch and dinner.*

RECOMENDADO RECOMMENDED

REFERÊNCIA CARIOCA A CARIOCA REFERENCE

GERO · IPANEMA

Italiana · ***Italian***

O Gero é uma referência na cidade. Uma sala primorosa que consegue ser ao mesmo tempo simples e muito elegante. No jantar, o movimento é social. No almoço, profissional. As generosas claraboias permitem que se contemple melhor o ambiente e seus interessantes frequentadores. É o Ver & Ser Visto em sua plenitude!

O comando é do restaurateur Rogério Fasano, com os olhos do sócio carioca Alexandre Accioly sempre presentes. Destaque para o serviço orquestrado pelo maître Alves. A cozinha tem

ATARGEDES ALVES

na regularidade e na qualidade dos produtos seus grandes méritos. São pratos basicamente italianos, preparados com esmero. Um padrão que permitiu à mais exigente clientela transformar o Gero em um dos mais disputados endereços da cidade, privilégio que divide com o Antiquarius.

Gero is a reference in Rio. An exquisite place that manages to be both simple and very elegant. At dinner, the clientele is social. For lunch, professional. Ample skylights allow you to better contemplate the setting and its interesting regulars. It's the Seen & be Seen in full! The place is commandeered by restaurateur Rogério Fasano. His Carioca partner Alexandre Accioly always keeps an eye on things. Kudos for the service orchestrated by maître Alves. The great merits of the kitchen are its regularity and the quality of the products. They're basically Italian dishes, prepared with care. Standards allowing the most demanding clientele to make Gero one of the addresses most sought after in town, a privilege it shares with Antiquarius.

Rua Aníbal de Mendonça, 157
Ipanema

+55 21 2239-8158 / 2274-6822
www.fasano.com.br
Segunda a domingo para almoço e jantar. *Mondays to Sundays for lunch and dinner.*

RECOMENDADO RECOMMENDED

GERO BARRA DA TIJUCA

Italiana · *Italian*

Com arquitetura e decoração contemporâneas, ousadas e elegantes do paulista Isay Weinfeld, o Gero representa um novo momento na Barra. A magnífica cozinha devassada aos olhos de quem chega, um grande e belo salão em estilo pavilhão, com tijolos aparentes e um lindo jardim. Um luxo! No cardápio, o segredo que fez esse espaço encontrar seu caminho de sucesso: a fusão dos sofisticados menus dos Gero com os pratos mais rústicos, a preços menos salgados, da Trattoria Fasano de São Paulo. Embora o Gero Barra faça parte de uma cadeia, o sócio carioca Accioly adotou esse espaço, e, como diz o ditado, "os olhos do dono é que engordam..."

With a contemporary, bold and elegant architecture and interior decoration by Isay Weinfeld, from São Paulo, Gero represents a new moment in the Barra neighbourhood. The magnificent kitchen exposed to the gaze of those who enter, a grand and beautiful hall in a pavilion style, with walls of brickwork and a lovely garden. Quite luxurious! On the menu, the secret that put this place on the path of success: the fusion between Gero's sophisticated menus and the more rustic dishes, at more agreeable prices,

of São Paulo's Trattoria Fasano. Though Gero Barra is part of a chain of restaurants, Alexandre Accioly, one of the partners, adopted this place, and, as the saying goes, "cattle fattens under the owner's eye".

Avenida Erico Verissimo, 190
Barra da Tijuca
+55 21 3523-5700 / 2484-9455
2484-9245
www.fasano.com.br
Terça a domingo para almoço e jantar.
Tuesdays to Sundays for lunch and dinner.

COMO É A
FELICIDADE
PARA VOCÊ?

COMO É A
FELICIDADE
PARA VOCÊ?
Club Med Experience
Mais de 40 atividades esportivas,
diversão tamanho família, alta gastronomia
e a exclusividade Premium All Inclusive.
Club Med
Premium all-inclusive resorts

0800 707 3782
clubmed.com.br

P A R A T Y

A perfeita combinação entre o azul marítimo e o verde da Mata Atlântica. Esta é a melhor definição para Paraty, Patrimônio Histórico Nacional por sua importância no ciclo do ouro. O Parque Nacional da Serra da Bocaina abriga parte do Caminho Velho do Ouro, por onde tropeiros carregaram o minério com destino à Corte. A cidade também mantém riquezas culturais, como igrejas dos séculos XVIII e XIX e casarões que acolhem a Festa Literária de Paraty (FLIP) e outros festivais. Nos últimos anos, Paraty virou também destino dos amantes do mergulho.

ATRAÇÕES

• Passeio de barco pelas ilhas
• Visita guiada pelo Centro Histórico
• Praia de Trindade e Caxadaço (piscina natural)

A perfect blend of the blue ocean and the lush green of the Mata Atlântica forest. This is the best description for Paraty, a National Heritage given the city´s importance during the gold cycle in colonial Brazil. The Serra da Bocaina National Park hosts part of the ancient road used to transport gold from the mines to the Crown. The city also boasts cultural attractions, with its 18th and 19th century historical houses and churches which form the beautiful backdrop for the Paraty International Literary Festival (FLIP) and other events. In recent years, Paraty has also become a favorite destination for scuba divers.

ATTRACTIONS

• Boat rides around the islands
• Guided tour in the Historical Town
• Trindade beach and Caxadaço (natural pool)

INFORMAÇÕES TURÍSTICAS / TOURIST INFORMATION

pmparaty.rj.gov.br / cidadesmaravilhosas.rj.gov.br

RECOMENDADO RECOMMENDED

LE GITE D'INDAIATIBA

Francesa · ***French***

É puro encanto! Fica em plena Mata Atlântica, na serra da Bocaina, a alguns quilômetros da bela Paraty. Tem acesso por helicóptero ou por tímida estrada asfaltada sem sinalização, o que é uma barreira. Mas o esforço compensa. Talvez seja o único restaurante francês onde você pode mergulhar em uma cachoeira enquanto aguarda o pedido. Depois, saborear uma caipirinha de mexerica colhida na hora, feita com deliciosa pinga. Frutas e temperos sempre frescos chegam diretamente da área verde da pousada. Peças artesanais produzidas no ateliê Santa Semente, no local, decoram as mesas.

Bem, e a comida? Simplesmente maravilhosa. Não deixe de provar, como entrada, *gratinée á l'oignon*, torta de palmito, castanhas de caju e roquefort, ceviche com pitanga, manga e mexerica, e raviólis caseiros feitos com folhas de taioba. E, como prato principal, *mafé senegales* (receita tradicional de frango em molho de amendoim), peixe grelhado em molho agridoce de manga e gengibre, lula em molho curry caseiro, coco e pimentas, e moqueca de siri catado. Tente deixar ainda um apetitezinho para a sobremesa: *mousse au chocolat* (provavelmente a melhor do Brasil), *tarte tatin* com sorvete de canela caseiro, *bananes flambées*, e *marquise au chocolat blanc* (mousse de chocolate branco com *coulis* de pitanga e pistache). Tudo é orquestrado pessoalmente pelo casal franco-mineiro Olivier e Valéria, que se ocupa de cada detalhe com acolhimento carinhoso.

Total enchantment! It's in the midst of the Atlantic Forest, on Bocaina Mountain Range, some kilometers from lovely Paraty. Accessed by helicopter or a coy tarmac road with no road signs, which may be an obstacle. But it's worth the effort. It might be the only French restaurant where you can take a dip under a waterfall while you wait for your order. Then, savour a tangerine caipirinha, *made with fruits picked on the spot and a delicious* pinga. *Fruits and spices are always fresh and come directly from the inn's green area. Handicraft items made at the local atelier, Santa Semente, decorate the tables.*

Well, and the food? Just marvellous. You must try, as an entrée, gratinée a l'oignon, *heart of palm pie, cashew nuts with Roquefort,* ceviche *with* pitanga *berries, mango with tangerine, and homemade ravioli with* taioba *leaves. And, for the main course,* mafé senegales *(traditional recipe with chicken in a peanut sauce), grilled fish in a bittersweet mango and ginger sauce, calamari in a homemade curry sauce, coconut and peppers, and shelled crab* moqueca *stew). Try to save some appetite for dessert:* mousse au chocolat *(probably the best in Brazil),* tarte tatin *with homemade cinnamon ice cream,* bananes flambées, *and* marquise au chocolat blanc *(white chocolate mousse with a* coulis *of pistachio and* pitanga *berries). All orchestrated personally by Olivier and Valéria, a French-Brazilian couple who care for every detail with tender hospitality.*

Rodovia BR101, Km 558 · Pousada Le Gite d'Indaiatiba Graúna · Paraty

+55 24 3371-7174 / 99999-9923
www.legitedindaiatiba.com.br
Quarta a domingo para almoço e jantar. *Wednesdays to Sundays for lunch and dinner.*

Cervejaria
BOHEMIA
HISTÓRIA, CURIOSIDADE E INTERATIVIDADE.
CERVEJARIABOHEMIA.COM.BR
RESTAURANTE
TOUR INTERATIVO
CURSOS DE CERVEJA
BAR
EMPÓRIO BOHEMIA
HARMONIZAÇÃO
DEGUSTAÇÃO
PROCESSO DE PRODUÇÃO
JOGOS
BOHEMIA DIRETO DA FONTE
HISTÓRIA
MAIS DE 20 AMBIENTES
INTERATIVIDADE
Cervejaria
BOHEMIA
A Cervejaria Bohemia, a primeira do Brasil, é hoje um dos maiores centros de experiência cervejeira do mundo.
É muito mais que uma cervejaria e é muito mais que um museu também. São 20 ambientes que contam de forma interativa toda a história da cerveja e a visita acaba com uma deliciosa Bohemia tirada direto da fonte.
BEBA COM MODERAÇÃO
CERVEJARIA BOHEMIA
RUA ALFREDO PACHÁ, 166, PETRÓPOLIS

N I T E R Ó I

Depois da capital federal, nenhuma outra cidade foi tão prestigiada pelo talento de Oscar Niemeyer quanto Niterói. O visitante pode vivenciar isso no Caminho Niemeyer, complexo que reúne marcos do famoso arquiteto, incluindo, entre outros, o Museu de Arte Contemporânea e o Teatro Popular de Niterói. A natureza também deixou sua marca na cidade, com suas belas praias, como as de águas claras na Região Oceânica, ou o verde do Parque Estadual da Serra da Tiririca. Sem falar nos lendários fortes. Há muito para se experimentar em Niterói, seja feito pelo homem ou pela natureza.

ATRAÇÕES

- Fortaleza de Santa Cruz
- Museu de Arte Contemporânea - MAC
- Parque Estadual da Serra da Tiririca

After the country's capital, no other city was so blessed by Oscar Niemeyer's talent than Niterói. Visitors can relish on the famous architect's work at the Caminho Niemeyer, a complex that includes some of his creations, such as the Contemporary Art Museum and the Popular Theater. Nature has also gifted the city with beautiful, pristine beaches on the Oceanic Region and the lush vegetation of the Serra da Tiririca State Park. The city's historical forts are an additional attraction. Niterói boasts many works of man and of nature to be explored.

ATTRACTIONS

- *Santa Cruz Fortress*
- *Contemporary Art Museum - MAC*
- *Serra da Tiririca State Park*

INFORMAÇÕES TURÍSTICAS / TOURIST INFORMATION

neltur.com.br / cidadesmaravilhosas.rj.gov.br

RECOMENDADO RECOMMENDED

GRUTA DE SANTO ANTÔNIO

Portuguesa · ***Portuguese***

Além da qualidade de vida, outras belezas de Niterói são o museu do Niemeyer e o bacalhau da Gruta de Santo Antônio. Localizada na Ponta d'Areia, região conhecida como Pequeno Portugal, a casa foi fundada no fim dos anos 1970 pelo português Agostinho Henriques, e hoje é tocada por sua viúva Henriqueta e o filho Alexandre. É a velha e imbatível fórmula do restaurante familiar. Com decoração despretensiosa que remete à terrinha, o restaurante serve tentações que até Nossa

Senhora da Conceição perdoaria, como o bacalhau ao lagareiro (lombo assado no azeite extravirgem com batatas ao murro) e o bacalhau Gruta de Santo Antônio (lombo alto cozido com batatas, ovos, cebolas, brócolis, camarões e alho frito).

Besides the quality of life, Niterói has other beauties like Niemeyer's museum and Gruta de Santo Antonio's codfish. Located at Ponta d'Areia, an area known as Little Portugal, this place was founded in the late 1970s by Portuguese Agostinho Henriques, and now is run by his widow Henriqueta and his son Alexandre. It's the old and unbeatable formula of the family restaurant. With an unpretentious interior decoration remindful of their homeland, the restaurant serves temptations that even Our Lady of Conception would forgive, like the bacalhau ao lagareiro *(cod roasted in extra virgin olive oil with punched potatoes) and the* bacalhau Gruta de Santo Antonio *(roasted cod with potatoes, eggs, onions, broccoli, shrimp and fried garlic).*

Rua Silva Jardim, 148 · Ponta d'Areia · Niterói

+55 21 2621-5701 / 2613-0762

www.grutadesantoantonio.com.br

Domingo a quarta para almoço.
Quinta a sábado para almoço e jantar.
Sundays to Wednesdays for lunch.
Thursdays to Saturdays for lunch and dinner.

NOVIDADES NOVELTIES

IBÉRICO

Espanhola · *Spanish*

Uma interessante investida na moderna culinária espanhola e a segunda marca da família por trás do Entretapas, que nasceu com o objetivo de conquistar o paladar dos cariocas. O ambiente em dois andares é *clean* e percebe-se o esmero nos pequenos detalhes. O atendimento é menos descontraído do que na matriz. O cardápio sugere uma evolução do que Jan Santos fez em sua primeira casa, mesclando corretamente *tapas* e outros pratos criativos. As croquetas são divinas, o *pata*

JAN SANTOS

negra é cuidadosamente cortado e vale experimentar a flor de Arzak; a salada de lentilhas com lagostins, espinafre e *jamón*, e o porquinho desossado e prensado. Na carta de vinhos, uma seção rica de vinhos de Jerez, como manda um bom espanhol.

An interesting investment in modern Spanish cuisine and the second brand belonging to the family behind Entretapas, born with the purpose of winning over the Cariocas' taste. It has a clean design, in two stories, and you can tell even the tiniest details were done with diligence. Service here is more casual than at the other restaurant. The menu suggests an evolution from what Jan Santos did in his first place, blending correctly tapas *and other creative dishes. The croquettes are divine, the* pata negra *is carefully cut and the* flor de Arzak *(eggs, dates, fried green peppers, ham and sausage) is worth trying; as also the lentil salad with crayfish,* jamón *and spinach, and deboned pressed ham. On the wine list, a lavish section of Jerez wines, as befits a good Spaniard.*

Rua Saturnino de Brito, 84
Jardim Botânico
+55 21 3197-4227
Segunda a sábado para jantar.
Mondays to Saturdays for dinner.

RECOMENDADO RECOMMENDED

PEDRO DE ARTAGÃO

IRAJÁ GASTRÔ

Contemporâneo · *Contemporary*

Um dos responsáveis pela transformação de Botafogo em polo gastronômico, o restaurante do chef Pedro de Artagão, ex-Laguiole, anda faturando prêmios e clientes. Nasceu apoiado por sua investidora, Bete Floris, que ajudou na ideia de criar uma "nova cozinha brasileira". Há sempre criações diferentes para almoço e jantar, quando o chef serve, sob encomenda, seu *omakase*, experiência em que mostra um caminho desde carnes cruas e frescas até a complexidade de cortes de boi em assado lento. Abusa das frutas e do açúcar, o que fascina as mulheres. O casarão em Botafogo é um dos pontos mais disputados e concorridos da cidade.

One of the restaurants responsible for turning Botafogo into a gastronomy center, Irajá Gastrô, by Chef Pedro de Artagão, formerly at Laguiole, has been sweeping up prizes and customers. Born with the support of its investor, Bete Floris, who helped with the idea of creating a "new Brazilian cuisine". There are always different concoctions for lunch and dinner, when the chef serves, on demand, his omakase *an experience tracing a path from fresh and raw meat to the complexity of*

prime cuts roasted over a slow fire. It leans heavily on the fruits and on the sugar, something that fascinates women. This old colonial house in Botafogo is one of the most sought after and busy restaurants in town.

Rua Conde de Irajá, 109
Botafogo

+55 21 2246-1395
www.irajagastro.com.br
Segunda a domingo para almoço e jantar. *Mondays to Sundays for lunch and dinner.*

RECOMENDADO RECOMMENDED

LAGUIOLE

Francesa · ***French***
Contemporâneo · ***Contemporary***

Dentro do prédio icônico do Museu de Arte Moderna (MAM), o Laguiole, comandado pelo restaurateur Marcelo Torres, tem a tradição de lançar chefs jovens, como Pedro de Artagão e Ricardo Lapeyre, filho de Claude Lapeyre, que pilotou a cozinha do Hippopotamus por mais de vinte anos. Com essa linha, as releituras de vários pratos são inteligentes e bem-executadas, muitos deles com ingredientes bem nacionais, dos queijos aos peixes. Peça o menu degustação, que varia regularmente e é felicidade na certa. A adega é interessante, bem acima da média encontrada no Brasil.

Inside the iconic MAM building, hosting the Museum of Modern Art, Laguiole, headed by restaurateur Marcelo Torres, upholds its tradition of launching young chefs, like Pedro de Artagão and Ricardo Lapeyre, son to Claude Lapeyre, who ran the kitchen for Hippopotamus for over 20 years. With this guideline, several dishes undergo an intelligent and well done makeover, many of them with ingredients that are very Brazilian, from the cheese to the fish. Order the tasting menu, which changes regularly and is a sure path to happiness. The cellar is interesting, well above the average of wine cellars in Brazil.

Avenida Infante Dom Henrique, 85
Aterro do Flamengo

+55 21 2517-3129

Segunda a sexta para almoço.
Mondays to Fridays for lunch.

NOVIDADES *NOVELTIES*

RAFA COSTA E SILVA

LASAI

Contemporâneo · ***Contemporary***

Foram anos de formação em restaurantes como o Mugaritz, considerado um dos quatro melhores do mundo, onde foi por dois anos o chef executivo. E meses de preparo e de expectativa em torno da montagem, num velho casarão de Botafogo, para que Rafa Costa e Silva trouxesse sua cozinha para o Rio. Ele chega com fusões da gastronomia molecular com toques brasileiros e design delicado. Mistura ingredientes da moda, como os tutanos e o açaí, ou de descoberta recente, como as acelgas e os bijupirás, e verdurinhas e brotos frescos da horta que mantém no Vale das Videiras, em Petrópolis. Há algumas brincadeiras, como a simulação de ovo frito em que a gema é purê de inhame, a clara é leite de coco, e o bacon é um crocante de *jamón*. A sensação é de que o chef está cautelosamente testando seu conhecimento e as reações da clientela para aprimorar o cardápio.

Não atende sem reserva. São dias, até semanas, de espera.

It took years of learning in restaurants like Mugaritz, considered one of the four best in the world, where he was executive chef for two years. And months of preparations and expectations surrounding the establishment of a new place, in

an old colonial house in Botafogo, for Rafa Costa e Silva to bring his cuisine to Rio. He arrives merging molecular gastronomy with Brazilian touches and delicate design. He mixes ingredients in vogue, like marrows and açaí, *or recent discoveries, like Swiss chard and* bijupirá, *and fresh sprouts and vegetables from the garden he tends in Vale das Videiras, in Petrópolis. There are some playful recipes, like a fried egg simulation in which the yolk is mashed yam, the egg white is coconut milk, and the bacon is a crunchy* jamón. *You feel like the chef is cautiously testing his knowhow and the clientele's reactions to improve the menu.*

By reservation only. Days, even weeks, of waiting.

Rua Conde de Irajá, 191
Botafogo

+55 21 3449-1834 / 3449-1854

www.lasai.com.br

Terça a sábado para jantar.
Tuesdays to Saturdays for dinner.

RECOMENDADO RECOMMENDED

LORENZO BISTRÔ

É um dos mais agradáveis *restaurants de cartier* do Rio de Janeiro. Acolhe diariamente uma charmosa clientela da vizinha TV Globo, de residentes do Jardim Botânico, jornalistas, gente do cinema e mulheres interessantes. Chegando, peça uma mesa no segundo andar, canto mais reservado e mais charmoso. Ali, João Luiz Garcia, o Janjão, criador do Garcia & Rodrigues e do Fiammetta, exercita uma culinária simples e gostosa e cuida de tudo com o auxílio da filha, Mariana. A grande estrela é o frango assado com ervas e champignons, receita inspirada no bistrô Chez Allard, de Paris. Aos sábados, o *cassoulet* é o prato de resistência.

One of the most agreeable restaurants de cartier *in Rio de Janeiro. Every day it welcomes a charming clientele from nearby TV Globo, or residents in Jardim Botânico, journalists, movie people and interesting women. When you get there, ask for a table on the second floor, a more reserved and charming nook. There, João Luiz Garcia, a.k.a. Janjão, the man who created*

Garcia & Rodrigues and Fiammetta, practices a simple and flavorful cuisine, caring for everything with the help of his daughter, Mariana. The big star here is the roasted chicken with herbs and mushrooms, a recipe inspired by the Chez Allard bistro, in Paris. On Saturdays, the piece de resistance *is the* cassoulet.

Rua Visconde de Carandaí, 2
Jardim Botânico

+55 21 3114-0855 / 2294-7830
www.lorenzobistro.com.br
Segunda a sábado para almoço e jantar. Domingo para almoço.
Mondays to Saturdays for lunch and dinner. Sundays for lunch.

INSTITUIÇÃO CARIOCA A CARIOCA INSTITUTION

MOSTEIRO

Portuguesa · ***Portuguese***

Com meio século da história como testemunha gastronômica, é um dos últimos redutos do Centro tradicional, da época em que o Rio de Janeiro não era só capital do Brasil, mas da cultura nacional. E parte dessa cultura – poetas, escritores, políticos, literatos – circulava por ali, naquela área do mosteiro de São Bento, em volta de pratos de origem lusa, como o dono da casa, José Temporão. São os bacalhaus generosos e o arroz de pato mais seco, como se fosse feito no forno, como é o original, aliás, e sugestões nostálgicas, como o *steak* Diana e o filé à Osvaldo Aranha. E atenção: a empadinha é imperdível!

With half a century as a gastronomy witness to history, this is one of the last havens in traditional Downtown, from the time that Rio de Janeiro was not only the capital of Brazil, but of the country's culture. And part of this culture – poets, writers, politicians, literati – hung around here, in this

JOSÉ TEMPORÃO

area of the São Bento monastery, around this food of Portuguese origin, like the owner, José Temporão. With the generous dishes of codfish and duck rice made dry, like it was cooked in the oven – as the original dish was, by the way – and nostalgic suggestions, like steak Diane and steak Osvaldo Aranha (with fried garlic). And hey: you can't miss the empada *pie!*

Rua São Bento, 13 · Centro
+55 21 2233-6478 / 2516-4564
www.mosteirorestaurante.com.br
Segunda a sexta para almoço.
Mondays to Fridays for lunch.

VOGUE SQUARE

LIFE EXPERIENCE

Serviços e marcas com a assinatura de Ricardo Amaral junto à exclusividade e conforto das salas comerciais.

OFFICES

Sérgio Conde Caldas
arquiteto responsável

PERCEPTTIVA
QUANDO VOCÊ
SABE QUEM VOCÊ É,
SABE ONDE
DEVE ESTAR.
MALL
by Ricardo Amaral
curador do mix gastronômico
MILESTONE
Book Fair
Representação artística, meramente ilustrativa.
Mall // Offices // Wellness // Espaço Vogue Eventos
Av. das Américas, 8.585 - Barra da Tijuca - RJ
www.voguesquare.com.br
Informações:
patrimóvel
CONSULTORIA IMOBILIÁRIA
3539-5011
BrasilBrokers
3387-9700
Incorporação e Construção:
calçada S.A.
a arte de construir
Todas as imagens, perspectivas e plantas são representações artísticas, meramente ilustrativas, podendo sofrer alterações de cor, formato, textura, posicionamento, metragem, acabamento, conforme projeto. O porte da vegetação, na entrega do empreendimento, será de acordo com o projeto paisagístico, porém, de plantas e árvores jovens, que se tornarão similares às da imagem na fase adulta. As especificações estão contidas no Memorial Descritivo. Os condôminos titulares das unidades salas e lojas têm assegurado direito de uso gratuito de vaga(s) do estacionamento de veículo de passeio em quantidade por unidade autônoma de acordo com constante convenção de condomínio. Memorial de Incorporação prenotado sob o nº 1606339, junto ao 9º RGI. PREO: Marcus Vinícius Fialho de Oliveira - CREA: 1981102343. PRPA: Sérgio Conde Caldas – CREA: A314633 CAU. Material prévio sujeito a alteração.

REFERÊNCIA CARIOCA A CARIOCA REFERENCE

MR. LAM

Chinesa · *Chinese*
Asiática · *Asian*

A inspiração nos restaurantes Mr. Chow de Londres, L.A. e Nova York não está apenas no cardápio e no ambiente de pé-direito muito alto. O próprio Mr. Lam, chef do Mr. Chow por mais de três décadas e que dá nome à casa, passou um bom tempo vindo ao Brasil a cada três meses. Fazia consultoria e colocava as coisas nos eixos, dentro do acordo que teve com o dono, o empresário Eike Batista. Reclamava dos patos e dos peixes, mas sempre reproduzia o que era a sua visão da cozinha cantonesa: o viciante molho de amendoim para os espetos de frango, os *squabs* com carnes desfiadas e os patos à moda mandarim. Hoje tudo é feito pela equipe do também chinês Chui Kwok Kam, o James. Com uma decoração que inclui um guerreiro de terracota em tamanho natural e um motor Lamborghini como base de uma mesa com tampo de vidro, o Mr. Lam está sempre cheio.

The inspiration by the Mr. Chow restaurants in London, L.A. and New York isn't seen only in the

menu and in the high roof. Mr. Lam himself, Mr. Chow's chef for over three decades and this place's namesake, kept coming to Brazil every three months for a long time. He acted as a consultant and would set everything straight, according to the deal he had with the owner, businessman Eike Batista. He would complain about the ducks and the fish, but he always reproduced what was his vision of Cantonese cuisine: the addictive peanut sauce for chicken on a stick, the squabs *with shredded meat and the duck mandarin style. Now all this is made by a team headed by Chui Kwok Kam, a.k.a. James, also Chinese. With interior decoration that includes a natural-sized terracotta warrior and a Lamborghini motor as a table base with a glass top, Mr. Lam is always full.*

Rua Maria Angélica, 21 · Lagoa
+55 21 2286-6661
www.mrlam.com.br
Segunda a sábado para jantar. Domingo para almoço e jantar.
Mondays to Saturdays for dinner. Sundays for lunch and dinner.

RECOMENDADO RECOMMENDED

NAGA

Japonesa · *Japanese*

É a primeira casa dos Nagayama no Rio; em São Paulo são quatro. Traz a fórmula das mesas pequenas e dos balcões enormes, com iluminação baixa e intimista, como prevê esse modelo de restaurante criado não pelos japoneses, mas pelos americanos. O peixe fresco é exibido no mostruário da entrada. Evitam o óbvio – preferem servir uma sardinha do dia do que um salmão congelado – e declaram sua completa antipatia por filadélfias e califórnias. É o melhor japonês da cidade? Sem dúvida! A carta de saquês merece destaque entre as do Rio.

This is the first of the Nagayama's restaurants in Rio; in São Paulo they already have four. They work with the formula of small tables and large counters, with low intimate lights, as stipulated by this model of restaurant, created not by the Japanese but by the Americans. Near the

entrance there's fresh fish on display. They avoid the obvious – rather serve a sardine fished that day than a frozen salmon – and declare their complete aversion to philadelphians and californians. Is this the best Japanese in town? You bet! The sake list stands out among the rest in Rio.

Avenida das Américas, 3900
VillageMall · Barra da Tijuca
+55 21 3252-2698
Segunda a domingo para almoço e jantar. *Mondays to Sundays for lunch and dinner.*

RECOMENDADO RECOMMENDED

THOMAS E CLAUDE TROISGROS

OLYMPE

Francesa · *French*

Claude Troisgros chegou anônimo ao Brasil e trabalhou para Gaston Lenôtre no Le Pré Catelan do antigo Rio Palace Hotel. Cumpriu seu contrato, passou temporada em Búzios e, quietinho, abriu um pequeno restaurante na rua Conde de Bernadotte, no Leblon. Claude faz parte de uma geração de chefs franceses que chegou ao Brasil no final dos anos 1970, causando uma revolução na cozinha ao trazer influências e técnicas europeias combinadas aos nossos ingredientes. Virou celebridade de TV e abriu vários restaurantes. No Olympe, sua base, passou o bastão para o filho, Thomas, que hoje mostra maturidade e ousadia. Agora, a dupla cria em conjunto novidades como o *foie gras* com palmito e rapadura, o salmão cru com melancia e *nori* e a carne assada por 48 horas, com feijão glacê e *blueberries*. Os clássicos, no entanto, permanecem no cardápio, para a alegria dos clientes tradicionais.

Claude Troisgros arrived in Brazil anonymous and worked for Gaston Lenôtre at Le Pré Catelan in the old Rio Palace Hotel. He fulfilled his contract, spent a season in Buzios, and, quietly, opened a little restaurant in Leblon, on Rua Conde de Bernadotte. Claude

is part of a generation of French chefs that came to Brazil in the late 70s, causing a revolution in the kitchen by bringing European techniques and influences and combining them with our ingredients. He became a TV *celebrity and opened several restaurants. At Olympe, his home base, he passed the torch on to his son, Thomas, now showing maturity and daring. Today, both of them work together creating novelties like the* foie gras *with heart of palm and* rapadura *(sugarcane sugar), the raw salmon with watermelon and* nori *seaweed and the beef roasted for 48 hours, with* feijão glace *(mashed beans) and blueberries. Yet the classics remain on the menu, delighting the traditional customers.*

Rua Custódio Serrão, 62 · Lagoa
+55 21 2539-4542
www.claudetroisgros.com.br
Segunda a sábado para almoço e jantar.
Mondays to Saturdays for lunch and dinner.

REFERÊNCIA CARIOCA A CARIOCA REFERENCE

PARIS

Francesa · ***French***

Há anos, a Casa Julieta de Serpa, uma das salas mais elegantes e bonitas da cidade, tentava encontrar o seu caminho na gastronomia. Chefs de peso como Alain Raymond, do antigo Champs Élysées, e Pierre Landry, do também falecido Saint-Honoré, passaram por ali. Agora, apostam na juventude de Thiago Flores (formado por Alex Atala), para um conceito mais moderno, e do bartender Alex Mesquita, para a erudição dos drinques. Mixólogo formado em Buenos Aires, Alex produz ali mesmo seus próprios *bitters* e desenvolveu uma técnica para fazer um gelo mais denso, que demora para derreter e preserva o sabor da bebida.

For years now, Casa Julieta de Serpa, one of the most elegant and beautiful cultural centers in town, has been trying to find its way in gastronomy. Heavyweight chefs passed through there, like Alain Raymond, from the former Champs Élysées, and Pierre Landry, from Saint-Honoré, also no longer existing. Now, the place is betting on the youth of Thiago Flores (instructed by Alex Atala) for a more modern concept, and of bartender Alex Mesquita for his knowledge on drinks. A mixologist who learned the trade in Buenos Aires, Alex makes his own bitters on the spot and has developed a technique for making denser ice, which takes longer to melt and preserves the drink's flavour.

Praia do Flamengo, 340 · Flamengo
+55 21 2551-1278
www.gastro.julietadeserpa.com.br
Terça a sexta para almoço e jantar. Sábado para jantar. Domingo para almoço. *Tuesdays to Fridays for lunch and dinner. Saturdays for dinner. Sundays for lunch.*

RECOMENDADO RECOMMENDED

LE PRÉ CATELAN

Francesa · *French*

O chef Roland Villard divide com Roberta Sudbrack e Claude Troisgros a mesma visão num quesito importante: o entusiasmo pelos ingredientes brasileiros. Explora-os com o mesmo talento da entrada às sobremesas, em seu menu normal, na *table du chef* e em seus cardápios temáticos. O cardápio da Amazônia é um achado para todos os paladares, mesmo aqueles que travam diante do exótico. O atendimento é hospitaleiro, profissional e sempre sorridente.

ROLAND VILLARD

Chef Roland Villard shares with Roberta Sudbrack and Claude Troisgros the same vision on an important topic: the enthusiasm for Brazilian ingredients. He explores them with the same talent, from entrées to desserts, in his regular menu, in the table du chef *and in his thematic menus. The Amazon menu is a real find for all tastes, even those who balk at the exotic. Service is cordial, professional and always with a smile.*

Avenida Atlântica, 4240
Sofitel · Copacabana

+55 21 2525-1232

www.sofitel.com/pt-br/hotel-1988-sofitel-rio-de-janeiro-copacabana/restaurant.shtml

Segunda a sábado para jantar.
Mondays to Saturdays for dinner.

RECOMENDADO RECOMMENDED

REFERÊNCIA CARIOCA A CARIOCA REFERENCE

ROBERTA SUDBRACK

Contemporâneo · ***Contemporary***

Roberta é de uma importância fundamental e histórica para a cozinha brasileira. Ela está sempre inventando. Já foi a época do mangarito, um tubérculo comparado a fruta, dos brotos de palmito e das farinhas de camarão. Recentemente, fez um cardápio à base de jaca. Discutida, genial e milhas à frente, ela nos trouxe o cardápio degustação, a mesa comunal e o momento pé no chão, com os pratos mais simples da Terça Básica. E até com um

hambúrguer colossal. Com tudo isso, ninguém mais se lembra do marketing de sua primeira fase: ter sido a chef do presidente Fernando Henrique Cardoso. Roberta é universal sem deixar de ser brasileira. É a nossa verdadeira representante verde-amarela na lista dos 100 + restaurantes do mundo do *Guia dos Guias Boni & Amaral*.

Roberta is of fundamental and historical importance for Brazilian Cuisine. She is always inventing. There was the mangarito *phase - a tuber that's compared to a fruit - the heart of palm phase and the shrimp flour phase. Recently, she set a menu based on jackfruit. The object of much discussion, a genius, miles ahead, she brought us the tasting menu, the communal table, and her grounded-to-reality moment, with the simple dishes of Basic Tuesday. And even a colossal hamburger. With all this, no one remembers any more the marketing of her first phase: having been chef for President Fernando Henrique Cardoso. Roberta is universal without ceasing to being Brazilian. She is our true yellow--and-green representative on* Boni & Amaral's Guide of Guide's *list of 100+ restaurants in the world.*

Rua Lineu de Paula Machado, 916
Jardim Botânico

+55 21 3874-0139

www.robertasudbrack.com.br

Terça a sábado para jantar.
Sexta também para almoço.
Tuesdays to Saturdays for dinner.
Fridays also for lunch.

RECOMENDADO RECOMMENDED

ROCKA

Contemporâneo · *Contemporary*
Frutos do mar · *Seafood*

Um jogo já ganho antes mesmo de o time entrar em campo. É difícil imaginar um lugar mais prazeroso do que este *beach lounge* em plena praia Brava. Se fosse apenas isso, já estaria bom, mas o cardápio desse restaurante supersimples e despojado tem pontos altos como o *carpaccio* de polvo com *aïoli* e maçã verde, a lula de Arraial do Cabo recheada com camarão e abobrinha e, para quem se sentir estranhamente farto de frutos do mar, um leitão à pururuca com abacaxi. Preste atenção no jovem chef argentino-buziano Gustavo Rinkevich, discípulo do seu compatriota Mauro Colagreco, com quem trabalhou na cozinha do Mirazur, em Menton, na França.

This game is won even before the team goes to field. It's hard to imagine a more pleasurable place than this beach lounge right on Brava Beach. If it were only this, it already

would be fine, but the menu of this super simple and casual restaurant has its high points like the octopus carpaccio *with* aïoli *sauce and green apples, the calamari from Arraial do Cabo stuffed with shrimp and zucchini and, for those who strangely have had their fill of seafood, baby pork with pineapple. Pay attention to the young chef Gustavo Rinkevich, from Argentina/Búzios, a disciple of fellow Argentine Mauro Colagreco, with whom he worked at Mirazur's kitchen, in Menton, France.*

Praia Brava, 13 · Búzios
+55 22 2623-6159
www.rockafish.com
Segunda a domingo para almoço. Durante o verão, sábado para almoço e jantar. *Mondays to Sundays for lunch. During summer, Saturdays for lunch and dinner.*

NOVIDADES NOVELTIES

RUBAIYAT

Carnes · *Steak*

Cariocas gostam de restaurantes com DNA paulista? Dizem que não, mas adoram! Melhor se for uma superprodução e tiver um temperinho local. Foi o que aconteceu com o Rubaiyat Rio, que está debruçado no Jockey Club, em frente ao Jardim Botânico. Foram mais de cinco anos de negociações entre Belarmino Iglesias, o dono, Verônica Nieckle, César Ramos Filho, David Zylbersztajn e o Jockey. A nova casa traz o que as unidades de São Paulo têm de melhor: os pescados com execução segura, as raízes espanholas e muito frescor do Figueira, e as carnes de criação própria, com destaque para o *baby beef*. Ir de dia é a melhor dica: aproveita-se a varanda e a iluminação natural que ganha o salão decorado com madeiras e tijolinhos expostos. Sábado é dia de feijoada. E todo dia é dia das carnes que chegam em grelhas individuais, dos "caixotes" de frutos do mar e do hambúrguer, que já entrou para a galeria dos melhores da cidade. É a bola da vez!

Do Cariocas like restaurants with a São Paulo DNA? They say they don't, but they love them! Better yet if it's a super production with a bit of local seasoning. That's what happened with Rubaiyat Rio, located at the Jockey Club, in front of Jardim Botânico. It took more than five years

of negotiations between Belarmino Iglesias, the owner, Verônica Nieckle, César Ramos Filho, David Zylbersztajn and the Jockey. The new place brings to Rio the best of the São Paulo units: fish safely processed, Figueira's freshness and Spanish roots, and meat from livestock bred by the chain of restaurants itself, with distinction going to the baby beef. It's best to go during daytime: you can enjoy the varanda and the natural lighting that highlights the interior decoration with all the wood and brickwork. Saturday is feijoada *day. And every day is steak day, coming in individual grills, a day for the "boxes" of seafood and also a day for hamburgers, mentioned already among the best in town. This is Rubaiyat's moment!*

Rua Jardim Botânico, 971
Jardim Botânico
+55 21 3204-9999
www.rubaiyat.com.br
Segunda a sábado para almoço e jantar. Domingo para almoço.
Mondays to Saturdays for lunch and dinner. Sundays for lunch.

RECOMENDADO RECOMMENDED

SATYRICON

Italiana · *Italian*

Frutos do mar · *Seafood*

O Satyricon é o melhor restaurante de peixes do Rio, aplaudido por todos que o visitam, mas não espere dele nenhuma pirotecnia culinária. O ponto alto é a matéria-prima, selecionada pela proprietária Marly Leopardi, viúva do Miro, criador do restaurante. Na entrada, um viveiro exibe lagostas, mexilhões, vôngoles e vieiras.
Ao lado, sobre montanhas de gelo, estão os peixes para os clássicos pargo ao sal grosso ou robalo ao forno com vinho branco, e ainda belos lagostins, que, fresquinhos, são grelhados à perfeição. Os nhoques e os *tortellini* são os astros entre as massas. O mar inteiro vem à mesa no *marenostrum*.

Serviço atencioso. Boa carta de vinhos, tanto no Rio quanto na casa de Búzios.

Satyricon is the best restaurant in Rio for fish. Everyone who goes there gives it a standing ovation, but don't expect any culinary fireworks. The high point here is the raw material, selected by owner Marly Leopardi, wife of the late Miro, who created the restaurant. In the entrance, a fish tank displays lobsters, mussels, scallops and clams. Right beside this, over mountains of ice, are the fish for the classic dishes like snapper in coarse salt or sea bass in white wine, or yet lovely crayfish, fresh, grilled to perfection. Gnocchi *and* tortellini *are the stars among the pasta. The whole sea comes to the table in the* marenostrum.

Considerate service. Nice wine list, both in Rio as in Buzios.

Rua Barão da Torre, 192 · Ipanema
Ver demais endereços no final do capítulo. *See other addresses at the end of the chapter.*
+55 21 2521-0627
www.satyricon.com.br
Segunda a domingo para almoço e jantar. *Mondays to Sundays for lunch and dinner.*

RECOMENDADO RECOMMENDED

SOLLAR BÚZIOS

Italiana · ***Italian***

O criador da Locanda della Mimosa de Petrópolis tem em Búzios um restaurante de timbre, com *décor* que funcionaria também na serra, num salão a meia-luz com mobiliário de madeira de demolição. Tudo isso está numa casa histórica, onde o presidente Juscelino Kubitschek se hospedou muitas vezes. Oitenta garrafas de safras diferentes do mítico vinho Château Petrus ornam uma parede – é o "altar" do Danio. Os peixes vêm da região, exceto a lagosta, que é capixaba. Há massas, com mussarela de um produtor artesanal de Valença, cordeiro do Chile, ceviches, bolinhos de polenta ou de arroz (*supplì al telefono*), talharim com tinta de lula e o risoto do pescador. O romeu e julieta para sobremesa, levíssimo, é um simpático toque verde-amarelo.

The creator of Locanda della Mimosa, high up in Petrópolis, has a noble restaurant in Búzios, with a décor that would also work up in the mountains: a hall in low-light furnished with demolition wood. All in a historic house, where President Juscelino Kubitschek used to stay. Eighty bottles of the mythical wine Château Petrus,

from different vintages, adorn a wall – this is Danio's "altar". The fish comes from close around, except lobsters that come from nearby Espírito Santo. There's pasta, with mozzarella homemade by a producer in Valença, lamb from Chile, ceviche*, cornbread or rice buns (*supplì al telefono*),* taglierini *in squid ink and the fisherman's risotto. For dessert,* romeu e julieta*, guava jam with cheese, is a very light and friendly Brazilian touch.*

Avenida José Bento Ribeiro Dantas, 994 · Búzios

+55 22 2623-5392

www.sollarbuzios.com.br

Quarta a sábado para jantar.
Wednesdays to Saturdays for dinner.

INSTITUIÇÃO CARIOCA *A CARIOCA INSTITUTION*

SUSHI LEBLON

Japonesa · *Japanese*

Desde a abertura, o sucesso desse restaurante é impressionante! Ele é o responsável pela Dias Ferreira ser transformada na rua mais badalada do Rio de Janeiro. São atores, esportistas e gente bem interessante, com paciência para encarar as longas filas na porta. No cardápio, sushis e sashimis tradicionais ou em formatos mais recentes, como os *batteras* e os *usuzukuris*. Peixes como o agulhão, os ovinhos fritos de codorna ao azeite trufado, os sashimis mornos e o atum com *foie gras* mostram a cara contemporânea da casa. O consagrado Jun Sakamoto, de São Paulo, prestou uma bela consultoria, o que explica o toque de sofisticação e de criatividade. Suas proprietárias, Ana Carolina Gayoso, Beatriz Stewart e Marina Hirsch, são as mais bem-sucedidas restauratrices da cidade.

Since its opening, the success of this restaurant has been amazing! It's responsible for making Dias Ferreira the most hyped street in Rio de Janeiro. There are actors, sports celebrities and very interesting people, with patience to face the long queues at the door. On the menu, sushi and sashimi,

traditional or in more recent formats, like the batteras *and the* usuzukuris. *Sailfish, fried quail eggs in truffle olive oil, warm sashimi and tuna with* foie gras *show off the place's contemporary style. Acclaimed Jun Sakamoto, from São Paulo, was a good consultant for the restaurant, which explains the sophisticated and creative touch. The owners, Ana Carolina Gayoso, Beatriz Stewart and Marina Hirsch, are most successful restaurateurs in town.*

Rua Dias Ferreira, 256 · Leblon
+55 21 2512-7830
www.sushileblon.com
Segunda a domingo para almoço e jantar. *Mondays to Sundays for lunch and dinner.*

RECOMENDADO RECOMMENDED

TÉRÈZE

Francesa · ***French***

Parte do tempero está no local, deslumbrante de dia ou à noite, quando seus janelões se abrem para a luz do Rio Antigo que sobrevive nas redondezas. Ou para a piscina de um lado e o Bar dos Descasados do outro, num complexo que pôs a casa na moda. Na mesa, vale a culinária do chef argentino Pablo Ferreyra, que combina técnicas francesas com ingredientes locais, de cumarus a cupuaçus, de ostras a lagostas. Um local descolado e elegante.

Location is an important item in Térèze's seasonings, gorgeous by day or by night, when its large windows open up to the light of the Old Rio that survives in the surroundings. Or to the pool on one side and Bar dos Descasados on the other, in a complex that made this place fashionable. At your table, cuisine by Argentine Chef Pablo Ferreyra, combining French techniques with local ingredients, from cumarus *to* cupuaçu, *from oysters to lobsters. A trendy and elegant place.*

Rua Almirante Alexandrino, 660
Hotel Santa Teresa · Santa Teresa
+55 21 3380-0220
www.santa-teresa-hotel.com/pt/restaurant-tereze.php

Segunda a domingo para café da manhã, almoço e jantar. *Mondays to Sundays for breakfast, lunch and dinner.*

NOVIDADES NOVELTIES

TUPAC

Peruana · ***Peruvian***
Pan-americana · ***Pan American***

Os cardápios peruanos viraram tendência pela projeção internacional do chef Gastón Acurio, ousado em algumas releituras de clássicos de seu país. Aqui, o embaixador desse estilo é Marco Espinoza, chef do Lima Restobar, que deu tons mais autorais aos petiscos peruanos em sua nova casa, fazendo uma cozinha pan-americana. São soluções criativas num ambiente leve, como no caso do bacalhau com espuma

MARCO ESPINOZA

cítrica, que lembra o *leche de tigre*, molho que dá alma ao ceviche, e do *pescado del norte*, em que o chef administra melhor as pimentas, bem mais fortes por lá. Há também os sanduíches, como o *porteño*, com recheio de assado de tira e maionese de *morcilla*.

Peruvian menus have become a trend thanks to the international fame of Chef Gastón Acurio, with some bold makeovers of his country's classics. Here, the ambassador of this style is Marco Espinoza, Lima Restobar's chef, who lent more authorial tones to Peruvian tidbits in his new place, making a Pan American cuisine. They are creative solutions in a light environment, as in the case of the codfish in citric foam, reminding one of leche de tigre, *the sauce that gives* ceviche *its soul, and of* pescado del norte, *in which the chef here controls the peppers, much stronger over there. There are also the sandwiches, like the* porteño, *with strips of roast beef and morcilla mayo.*

Rua Aníbal de Mendonça, 132
Ipanema

+55 21 3592-4941

Segunda a domingo para almoço e jantar. *Mondays to Sundays for lunch and dinner.*

RODOVIA 111 KM 130 - ACESSO DIRETO SEM PASSAR P

O NOVO DESTINO DE 20 DOS MAIS CONSAGRADOS ARQUITETOS DO PAÍS.

PAULO JACOBSEN

SERGIO DIAS

ENTRE CABO FRIO E BÚZIOS, O PRIMEIRO DESTINO DE CHARME DO BRASIL.

COSTA do PERÓ

Destino de Charme

RODOVIA 111 KM 130 - ACESSO DIRETO SEM PASSAR POR CABO FRIO E BÚZIOS.

ADEGÃO PORTUGUÊS

Portuguesa · *Portuguese*

A fartura que marca a mesa portuguesa está confirmada nas mais de quinze opções de receitas de bacalhau e em outros quitutes portugueses. Pena com o tempero da irregularidade, que chega a afetar até o bolinho de bacalhau. O ambiente traz algo de decadente, com espaços pouco ventilados, que deixam cheiros de comidas da véspera. É descontraído, embora, em São Cristóvão, seja uma das opções dos executivos que vêm do Centro na hora do almoço.

The abundance that's a trademark of Portuguese cuisine is confirmed here with over 15 choices of codfish recipes and other Portuguese treats. Too bad it's spiced with irregularity, affecting even the traditional codfish rolls. The setting is somewhat decadent, lacking in ventilation, with food smells lingering from the day before. The mood is casual, even though, in São Cristóvão, it's one of the options for businessmen who come from Downtown during lunch hours.

Campo de São Cristóvão, 212
São Cristóvão

Ver demais endereços no final do capítulo. *See other addresses at the end of the chapter.*

+55 21 2580-7288 / 2580-8689 / 2580-8789

www.adegaoportugues.com.br

Segunda a domingo para almoço e jantar. *Mondays to Sundays for lunch and dinner.*

ALBAMAR

Frutos do mar · *Seafood*

O salão desse restaurante parece ter parado no tempo, mesmo após a reforma. Entende-se: foi testemunha ocular dos apetites da Velha e da Nova República e do atendimento que exigiam ministros e diplomatas na época em que éramos a capital. Ficou a vista para a baía de Guanabara, a arquitetura lembrando um pagode português e o ambiente, que nos remete às origens da casa há mais de oitenta anos. Por tudo isso, peça uma mesa junto às janelas e se delicie com o cenário temperado por peixes e frutos do mar, a especialidade tradicional. Hoje, o chef Luiz Incao, que comandou o Copacabana Palace durante anos, é o novo restaurateur.

This restaurant's hall seems to have stopped in time, even after having been refurbished. It's understandable: this place was an eye witness to appetites during the Old and the New Republic and to the service required by ministers and diplomats back when Rio was the country's capital. The view to Guanabara Bay remained, as did the architecture recalling a Portuguese pagoda, and the atmosphere, taking us back to the house's origin, over

80 years ago. For all of this, request a table near the windows and enjoy the scenery seasoned with fish and seafood, the traditional speciality. Currently, Chef Luiz Incao, who commandeered Copacabana Palace for years, is the new restaurateur.

Praça Marechal Âncora, 184 · Centro
+55 21 2240-8428 / 2240-8378
www.albamar.com.br
Segunda a sábado para almoço e jantar. Domingo para almoço. *Mondays to Saturdays for lunch and dinner. Sundays for lunch.*

ALESSANDRO & FREDERICO

Pães e delis · *Bread & Delis*
Café · *Cafe*

É um autêntico café de calçada italiano, o primeiro do Rio. Depois, vieram mais três endereços com um conceito em comum: as varandas despencadas, especialmente em Ipanema, onde tudo começou. Transado e despojado. Para quem quer praticar a deliciosa boemia diurna de jogar conversa fora, comendo algo despretensioso, é o endereço certo. A padaria produz um dos melhores pães da cidade. O sucesso do lugar possibilitou e animou seu proprietário, Fabrizio Giuliodori, a abrir uma pizzaria. O nome? Uma homenagem aos seus dois filhos!

An authentic Italian sidewalk café, the first in Rio. Later, came three more addresses with a common concept: the large verandas, especially in Ipanema, where it all began. Fixed-up and casual. For those wanting to exercise the delicious daytime bohemia of chatting away, while eating something

unpretentious, this is the right address. The bakery makes one of the best bread in town. The success of this place allowed and moved the owner, Fabrizio Giuliodori, to open a pizza parlor. The name? A tribute to his two sons.

Rua Garcia D'Ávila, 134, loja D Ipanema
Ver demais endereços no final do capítulo. *See other addresses at the end of the chapter.*
+55 21 2521-0828 / 2522-6848
www.alessandroefrederico.com.br
Segunda a domingo para café da manhã, almoço e jantar. *Mondays to Sundays for breakfast, lunch and dinner.*

ALESSANDRO & FREDERICO

Pizzas

Italiana · *Italian*

Os ingredientes são uma boa pizza tradicional e criativa, *antipasti* generosos, uma decoração interessante e um público badalado. No domingo à noite, dia oficial da pizza, o bicho pega.

The ingredients are a nice traditional and creative pizza, generous antipasti, *interesting interior decoration and a hyped public. On Sundays nights, official pizza time, things really heat up.*

Rua Garcia D'Ávila, 151 · Ipanema
+55 21 2522-6025 / 2522-5414
www.alessandroefrederico.com.br
Segunda a domingo para jantar. *Mondays to Sundays for dinner.*

ALVARO'S

Brasileira · *Brazilian*

É o típico restaurante de bairro que o carioca trata com carinho, pelos ambientes e cardápios do passado, pela simpatia de uma administração familiar. As especialidades foram moda há cinquenta anos e, pela casa cheia, vão continuar sendo: os pastéis de camarão e catupiry, o gurjão de peixe ao molho tártaro, a língua ao molho madeira, o supremo de frango. E muitos pratos à base de camarão e de bacalhau, orgulhos da casa.

It's the typical neighbourhood restaurant that Cariocas care so much about, for its menu and an atmosphere of the past, for the friendliness of a family management. Specialities here were in fashion 50 years ago and, looking at this full house, they will continue to be so: shrimp and cream cheese, fish fingers in tartar sauce, tongue in Madeira wine sauce, chicken supreme. And many dishes based on shrimp and codfish, the pride of the house.

Avenida Ataulfo de Paiva, 500 · Leblon
+55 21 2294-2148 / 2294-2194
www.alvaros.com.br
Segunda a domingo para almoço e jantar. *Mondays to Sundays for lunch and dinner.*

ALVORADA

Internacional · *International*

O forno a lenha está sempre aceso, e dele saem entradas quentinhas a todo momento. O cardápio fica à vista de todos, anotado num quadro-negro. Em dias ensolarados, vale a pena pegar uma mesa ao ar livre, à beira do rio. Tudo isso faz do Alvorada uma das paradas mais acolhedoras para quem sobe a serra. Da cozinha do chef Paulão saem receitas como cordeiro assado com purê de aipim, truta recheada com alho-poró e escondidinho de pato com molho de tamarindo.

The wood stove is always lit, and every moment hot entrées come out of it. The menu is in plain view, written on a blackboard. On sunny days, it's worthwhile to get an outdoors table, by the river. All this makes Alvorada one of the most inviting stops for those going up to the mountains. From Chef Paulão's kitchen come recipes like roasted lamb with manioc purée, trout with leek filling and duck escondidinho *(manioc purée with jerked beef) in tamarind sauce.*

Estrada Bernardo Coutinho, 1655
Araras · Petrópolis
+55 24 2225-1118
Sexta e sábado para almoço e jantar. Domingo para almoço. *Fridays and Saturdays for lunch and dinner. Sundays for lunch.*

AMIR

Árabe · *Arab*

À primeira vista, o ponto não é dos mais familiares, em plena praça do Lido. Mas a casa é alheia ao *bas-fond* daquele ponto de Copacabana, com cozinha e ambiente que são exatamente o que se espera de um restaurante árabe, com direito a dança do ventre em alguns dias e às tradicionais caftas com arroz de lentilha, *shawarma*, o típico churrasco grego de carne bovina, e cordeiro em tiras.

At first glance, this isn't much a family spot, right on Praça do Lido. But this place doesn't care about the Copacabana bas-fond *around it, with a kitchen and a setting that are exactly what one would expect from an Arab restaurant, with the traditional* koftas *with lentil rice,* shawarma, *the typical Greek beef barbecue, and shredded lamb. On some days there is belly dancing.*

Rua Ronald de Carvalho, 55
Copacabana
+55 21 2575-5596
www.amirrestaurante.com.br
Segunda a domingo para almoço e jantar. *Mondays to Sundays for lunch and dinner.*

ANNA

Italiana · *Italian*

Instalado num belo casarão da Ipanema antiga, é o restaurante carioca que mais recebe prêmios da Accademia Italiana della Cucina por sua cozinha artesanal. Os preços são mais razoáveis do que a média, especialmente na carta de vinhos. Só aceita pagamento em dinheiro ou cheque.

Installed in a beautiful house from the old Ipanema, it's the restaurant in Rio that most receives awards from the Accademia Italiana della Cucina, for its homemade cuisine. Prices are more reasonable here than

at your average restaurant, especially on the wine list. Payments in cash or check only.

Avenida Epitácio Pessoa, 214 · Ipanema
+55 21 2529-8810 / 2529-8766
www.ristoranteanna.com.br
Segunda a domingo para almoço e jantar. *Mondays to Sundays for lunch and dinner.*

ANTIQUARIUS GRILL

Portuguesa · *Portuguese*

Muitos pensam que é uma versão do restaurante do Leblon e que se trata de uma simples filial no estacionamento do Barra Shopping. Não é. É um local de arquitetura contemporânea, arejado no espaço e no cardápio, no qual os clássicos alentejanos – arroz de pato e bacalhau ao lagareiro – encontram-se com a Lisboa moderna, das plumas de porco e dos bacalhaus em *carpaccio* ou em crosta de tomate seco. Uma seleção de carnes justifica a apelação Grill.

Agora, no momento do fechamento deste guia, sabe-se que está de malas prontas para o CasaShopping.

Many people think this is a version of the Leblon restaurant with the similar name and that it's just a branch in Barra Shopping mall's parking space. It's not. It's a restaurant with a contemporary architecture, with ventilated spaces and an airy menu, in which the classics from Alentejo in Portugal – duck rice and bacalhau ao lagareiro *(cod roasted in extra virgin olive oil with punched potatoes) – meet up with modern Lisbon, with its pork feathers and codfish carpaccio or with a crust of sundried tomatos. A selection of meat justifies the Grill in the name.*

Now, as we prepare to publish this guide, we heard they are moving to CasaShopping.

Avenida das Américas, 4666, loja 106
Barra Shopping · Barra da Tijuca
+55 21 3410-9900
www.antiquariusgrill.com.br
Segunda a domingo para almoço e jantar. *Mondays to Sundays for lunch and dinner.*

APPLEBEE'S

Hambúrgueres · *Burgers*
Sanduíches · *Sandwiches*

Bifões grelhados, hambúrgueres do tipo *slider* (os minis) ou daqueles enormes, do tipo desafio. Com esse modelo, a rede do sul dos Estados Unidos traz um cardápio típico dos *casual dining* com ambiente que é uma variação dos *sport bars*. Com opções tão diversificadas como saladas, costelinhas de porco, massas e peixes, é indicado para famílias inteiras.

Large grilled steaks, slider burgers (the minis) or the extra-large ones that are a challenge to eat. With this model, this chain from Southern USA presents a typical casual dining menu in a setting that's a variation on sports bars. With options so diversified as salads, pork ribs, pasta and fish, it's ideal for the whole family.

Avenida das Américas, 5000, loja 208
New York City Center · Barra da Tijuca
+55 21 3269-5254
www.applebees.com.br
Segunda a domingo para almoço e jantar. *Mondays to Sundays for lunch and dinner.*

APRECIATTI

Delicatéssen · *Deli*
Italiana · *Italian*

Misto de restaurante italiano, delicatéssen e adega, o endereço é uma boa sugestão para quem gosta de bufê no almoço: há dezenas de pratos quentes e saladas. Trabalham ainda com antepastos, massas e pães de fabricação própria. Vale experimentar o nhoque pierantoni.

A mix of Italian restaurant, deli and wine cellar, this place is a good suggestion for those who enjoy a buffet lunch: there are dozens of hot dishes and salads. They also work with antipasti, pasta and homemade bread. The gnocchi pierantoni *is worth trying.*

Avenida das Américas, 7777, loja 166
Rio Design Barra · Barra da Tijuca
+55 21 3325-4345
www.apreciatti.com.br
Segunda a domingo para almoço e jantar. *Mondays to Sundays for lunch and dinner.*

ARTIGIANO

Italiana · *Italian*

Restaurante italiano com o mesmo pedigree e até no mesmo quarteirão do Anna, em frente ao canal do Jardim de Alá. Nele, a família Aleixo confere um paladar mais bolonhês à comida, com massas frescas amarelonas e ricas, estendidas a mão e dobradas na forma de *cappeletti*, *tortelli*, *garganelli* e mais.

Italian restaurant with the same pedigree and even in the same block as Anna, in front of Jardim de Alá. Here, the Aleixo family allots a more Bolognese taste to food, with fresh and rich bright yellow pasta, hand stretched and folded into shapes of cappeletti, tortelli, garganelli, *and more.*

Avenida Epitácio Pessoa, 204 · Ipanema
+55 21 2512-6107 / 2512-3099
www.restauranteartigiano.com.br
Segunda a sábado para jantar. Domingo para almoço e jantar. *Mondays to Saturdays for dinner. Sundays for lunch and dinner.*

L'ATELIER DU CUISINIER

Francesa · *French*

Para quem curte as *formules* dos almoços dos bistrôs de Paris, está aí a dica. Nesse, o chef David Jobert traz o tempero de sua região, o Franche-Comté, em uma visão atual dos fricassês de peixes de rio – que aplica aos pescados brasileiros –, do *magret* de pato com peras e das tábuas de queijos. No ambiente todo branco e aconchegante, como as ruas de sua cidade, há um menu degustação feito com os produtos frescos do dia.

For those who appreciate the formules *of lunch in Paris bistros, here's a tip. At this restaurant, Chef David Jobert*

introduces seasonings from his region, Franche-Comté, in a contemporary vision of fresh water fish fricassées *– that also apply to Brazilian fish – of duck magret with pears and of cheese boards. In a cozy and totally white setting, as in the streets of his hometown, there's a tasting menu with the day's fresh products.*

Rua Theophilo Otoni, 97 · Centro
+55 21 3179-0024
www.latelierducuisinier.com.br
Segunda a sexta para almoço. *Mondays to Fridays for lunch.*

AZUMI

Japonesa · *Japanese*

É o japonês que os japoneses frequentam. É aonde eles vão atrás de pratos que matam a saudade de casa. Eles preferem o andar de baixo, onde comem o *shabu-shabu*, uma espécie de fondue de carne japa, em panelas de centro de mesa. Para os habitués, o barato é ir no balcão do andar de cima, onde são servidos sushis de peixes fresquíssimos e grelhados enquanto o cliente assiste. Pergunte sobre os peixes do dia, que estão sempre frescos.

São trinta anos de sucesso observando as tradições japonesas, sem pirotecnia, alardes ou assessores de imprensa.

The Japanese restaurant that Japanese go to. It's where they find dishes that

will make them less homesick. They prefer the lower floor, where they eat shabu-shabu, *a sort of fondue with Japanese meat, and pots as centerpieces. For habitués, the thing is to go upstairs to the balcony, where sushi is served, made of very fresh fish or grilled before the customer's eyes. Ask which are the fish of that day, the ones that are always fresh.*

Azumi has 30 years of success observing Japanese traditions, with no fireworks, no flaunting or press agents.

Rua Ministro Viveiros de Castro, 127 · Copacabana
+55 21 2541-4294 / 2542-9848
Segunda a domingo para jantar. *Mondays to Sundays for dinner.*

AZZURRA

Italiana · *Italian*

Um dos mais tradicionais restaurantes italianos da Barra, inspira-se nas varandas sobre os canais de Veneza. Ali, é possível saborear opções do menu de *cicchetti*, os petiscos daquela região, que chegam na forma do *tartare* de salmão com molho e ovas do pescado. Se optar por ficar no salão principal, experimente a massa fina preparada com molho de queijos, creme de leite fresco e lascas de camarões gratinados ao parmesão.

One of the most traditional Italian restaurants in Barra, drawing inspiration from the verandas overlooking the canals in Venice. There, it's possible to savor choices from the cicchetti *menu, with tidbits from that region, appearing as salmon* tartare *with sauce and roe from the fish. If you choose to remain in the main hall, try the fine pasta prepared with cheese sauce, fresh sour cream and shrimp slivers gratinated with parmesan cheese.*

Avenida das Américas, 7777, loja 304
Rio Design Barra · Barra da Tijuca
+55 21 3325-0808
www.azzurraristorante.com.br
Segunda a domingo para almoço e jantar. *Mondays to Sundays for lunch and dinner.*

BANANA DA TERRA

Brasileira · *Brazilian*

Paraty faz parte do Patrimônio Histórico e Artístico Nacional, mas se há algo tão bem-conservado quanto sua arquitetura colonial é sua gastronomia. Nesse quesito, a cozinha do Banana da Terra deveria ser tombada por sua culinária caiçara, que utiliza ingredientes naturais da região, como a fruta que lhe empresta o nome. Fica em um casarão do século XVII e é tocada com gosto e esmero pelo casal Ana Bueno e Cazé. É ela quem prepara especialidades nativas, como o lombo de robalo com banana-da-terra, manteiga de alho, ervas e alho-poró, e a posta de peixe cozida na panela de barro com banana. Não deixe de começar pelo excepcional couvert da casa e de fechar a conta tomando um café com manuê de bacia, um bolinho à base de melado.

Paraty is part of our National Artistic and Historical Heritage, but if there's something as well preserved as its colonial architecture is its gastronomy. In this matter, Banana da Terra's kitchen should be preserved for its caiçara *cuisine, using natural ingredients from its region, such as the plantain banana that lends it its name. It's in a big 17th century house and is run with taste and diligence by couple Ana Bueno and Cazé. She prepares native specialities, like sea bass with plantain bananas, garlic butter, herbs and leek, and fish cooked in a mud pan with bananas. You must start off with the exceptional house couvert and close the bill having a coffee with* manuê de bacia, *a cupcake based on molasses.*

Rua Doutor Samuel Costa, 198 · Paraty
+55 24 3371-1725
www.restaurantebananadaterra.com.br
Segunda, quarta e quinta para jantar. Sexta a domingo para almoço e jantar. *Mondays, Wednesdays and Thursdays for dinner. Fridays to Sundays for dinner and lunch.*

BAR D'HÔTEL

Noite · *Nightlife*

Ponto descolado do Leblon, de janelões voltados para as areias da praia. Cheio de gente curiosa esquentando para as festas num ambiente de decoração alternativa. Petiscos e pratos criativos dividem espaço com drinques originais, que, volta e meia, colocam seus bartenders entre os premiados da cidade. Tem um climinha de "New York in Rio"!

A trendy spot in Leblon, with large windows opening on the sandy beach. Full of curious people warming up before parties in a setting with an alternative decoration. Creative tidbits and dishes share their space with original drinks that, every now and then, place their bartenders among the most awarded in town. It has a bit of a "New York in Rio" atmosphere.

Avenida Delfim Moreira, 696
Marina All Suites · Leblon
+55 21 2172-1112
www.marinaallsuites.com.br/allsuites/portugues/bar-hotel.asp
Segunda a domingo para almoço e jantar. *Mondays to Sundays for lunch and dinner.*

BAR DO ZÉ

Variados · ***Diversified***

Búzios, nossa Saint-Tropez tropical, está longe de se destacar pela gastronomia, mas é a cidade típica dos locais "para ver e ser visto". Chegando lá, é indispensável que o primeiro jantar seja no Bar do Zé, bem ali na orla Bardot. Trata-se do principal ponto de referência da cidade, onde a presença do proprietário, que não tem nada de Zé ou José, mas se chama Estevão Figueira de Mello, é fundamental. A comida é simples, aquele trivial variado. Com certeza ela não será retida por sua memória, mas o pessoal bonito e os amigos que você vai encontrar justificam a visita. De qualquer forma, sorria, afinal de contas, você está no Bar do Zé! Você está em Búzios!

Búzios, our tropical Saint-Tropez, doesn't distinguish itself much for its gastronomy, but it's the typical city with places "to see & be seen". When you arrive there, it's essential that that your first dinner be at Bar do Zé, along the Bardot shoreline. This is the city's main reference point, where the owner's presence is fundamental. He has nothing of a Zé or a José, for his name is Estevão Figueira de Mello. The food is simple, the basic daily fare. It surely won't stick in your mind, but the beautiful people and friends you will meet justify a visit. In any case, smile, after all, you're at Bar do Zé! You're in Buzios!

Avenida José Bento Ribeiro Dantas, 382 · Búzios

+55 22 2623-4986

www.bardozebuzios.com.br

Terça a domingo para almoço e jantar. Segunda para jantar. *Tuesdays to Sundays for lunch and dinner. Mondays for dinner.*

BARRA GRILL

Carnes · ***Steak***

Quando a Barra da Tijuca ainda era um lugar ermo, com direito a placa "Sorria, você está na Barra" na saída do túnel que vinha da Zona Sul, o Barra Grill já era um dos lugares obrigatórios. Palco de um entra e sai de jogadores de futebol, empresários, cantores de pagode, enfim... Tanto o salão da casa, dedicado às carnes, quanto o Rialto no andar de cima têm aquele atencioso atendimento gaúcho.

When Barra da Tijuca was still a desert neighbourhood, with a sign saying "Smile, you're in Barra" when you reached it, arriving from the South Side through the tunnel, Barra Grill already was one of the mandatory restaurants. Stage to football players, businessmen, pagode samba singers, whatever, coming and going... Both this hall, dedicated to steaks, as Rialto on the second floor, have a considerate service.

Avenida Ministro Ivan Lins, 314
Barra da Tijuca
+55 21 2493-6060 / 2493-4003
www.barragrill.com.br
Segunda a domingo para almoço e jantar. *Mondays to Sundays for lunch and dinner.*

BARRACUDA

Portuguesa · *Portuguese*

Localizado na Marina da Glória, é o restaurante português do Sr. Júlio de Souza. Lembra uma cabana de Cascais com motivos marinhos na decoração, teto em treliça e azulejos na parede de estuque. No cardápio, mandam o bacalhau assado, esse velho lobo do mar, peixes frescos e clássicos de outras eras, como a espetada de camarão V. G. com salada Waldorf e banana frita. Clientela fiel, como o senador Francisco Dornelles e o empresário Antonio Carlos Lobato, este tão fiel que se tornou o novo arrendatário da Marina, no lugar de Eike Batista.

This is Sr. Júlio de Souza's Portuguese restaurant, at Marina da Glória. It recalls a Cascais cottage decorated with sea motifs, with a latticed roof and tiles covering the stucco walls. On the menu, reign roasted codfish – that old sea wolf – fresh fish and classics from other eras, like the jumbo shrimp on a stick with Waldorf salad and fried bananas. It has a faithful clientele, with names like Senator Francisco Dornelles and CEO Antonio Carlos Lobato, this one so faithful he became the Marina's new lessee, replacing Eike Batista.

Rua Infante Dom Henrique, s/nº · Glória
+55 21 2265-3997 / 2265-4641 / 2205-3346
www.restaurantebarracuda.com.br
Segunda a sexta para almoço e jantar. Sábado e domingo para almoço. *Mondays to Fridays for lunch and dinner. Saturdays and Sundays for lunch.*

BAZZAR

Brasileira · *Brazilian*

É um dos restaurantes da moda na área da rua Barão da Torre, com seu ar carioca descontraído, mas com inspiração europeia na decoração premiada, no Bubble Bar da entrada e no cardápio moderno, que explora ingredientes locais e nacionais. Prove o *nem* de pato ou a *bisque* de siri e entenda o paladar fino do que é feito ali. Tudo isso é inspiração de Cristiana Beltrão, gourmet, enófila

CRISTIANA BELTRÃO

e executiva eleita Restauratrice do Ano em 2012, pela *Veja Rio*, batendo ninguém menos do que Claude Troisgros.

One of the in restaurants on Rua Barão da Torre, with its Carioca air of casualness, but with a European inspiration in its prize-winning décor, in the Bubble Bar at the entrance and in the modern menu, exploring local e national ingredients. Try the duck nem *or the crab* bisque *and understand the fine taste of everything done there. All inspired by Cristiana Beltrão, gourmet, enophile, and a businesswoman chosen Restauratrice of the Year in 2012, by* Veja Rio, *beating none other than Claude Troisgros.*

Rua Barão da Torre, 538 · Ipanema
+55 21 3202-2884
www.bazzar.com.br
Segunda a sábado para almoço e jantar. Domingo para jantar. *Mondays to Saturdays for lunch and dinner. Sundays for dinner.*

BENEDICTINE

Variados · *Diversified*

Uma nova geração de restaurantes de shopping. Filial da casa homônima paulistana do chef mineiro Marcilio Araújo (ex-Le Vin), o endereço instalado no VillageMall, em junho de 2014, serve receitas da culinária italiana. Além das refeições, o espaço vende produtos variados de fabricação própria, como pães, massas, doces, patês e embutidos. O restaurante conta com um bar de ostras frescas, que vêm de Florianópolis, capital catarinense. O menu traz saborosas receitas de nhoques, risotos, frutos do mar, aves e carnes. Uma das apetitosas sugestões leva à mesa barriga de porco sob a pele pururuca – bem sequinha – acompanhada de polenta, vegetais e molho do assado com pimenta-verde e toque trufado. Para adoçar, há sugestões clássicas: *panna cotta*, tiramisù e rabanada italiana.

A new generation of mall restaurants. This address installed in VillageMall, on June 2014, serves recipes from the Italian cuisine, and is a branch of a restaurant in São Paulo belonging to Chef Marcilio Araújo (ex-Le Vin). Besides meals, the place offers several self-made products, like bread, pasta, sweets, pâtés and processed meat. The restaurant has an oyster bar, with fresh oysters from Florianópolis, the capital of Santa Catarina. The menu includes delicious recipes of gnocchi, *risotto, seafood, beef and fowl. One of the most appetizing suggestions is the pork belly* pururuca *– very dry – with cornbread, vegetables and the sauce from the roast with pepper parsley and a truffled touch. For sweets, classic suggestions:* panna cotta, tiramisù *and Italian cinnamon toast.*

Avenida das Américas, 3900, lojas 157/158/159 · VillageMall Barra da Tijuca
+55 21 3252-2784
www.restaurantebenedictine.com.br
Segunda a domingo para café da manhã, almoço e jantar. *Mondays to Sundays for breakfast, lunch and dinner.*

BERGUT

Casa de vinhos · *Wine*

José Grimberg não é um daqueles negociantes que ficam diante da vitrine esperando quem chega. Ele carrega o pessoal para dois tipos de viagem: a das degustações que promove em seus mistos de lojas e restaurantes e, aos mais curiosos, aos vinhedos que mais aprecia. O resultado está no seu catálogo bem variado, que antecipa oportunidades de rótulos que ainda vão acontecer, do Piemonte e do Priorato ao Líbano e a Israel. No cardápio, o que uma boa taça pede: massas e assados. Ao vinho, claro.

José Grimberg isn't one of those dealers who wait behind a counter for customers to show up. He takes people on two kinds of trips: to the tasting he promotes in his shops/restaurants, and, for the more curious, to vineyards he esteems. The result appears in his catalog, well diversified, previewing label opportunities that are still yet to happen, from the Piedmont to the Priorat, from Lebanon to Israel. On the menu, what a good glass of wine requires: roasts and pastas. A wonderful requirement, of course.

Rua Senador Dantas, 100, loja A Centro
Ver demais endereços no final do capítulo. *See other addresses at the end of the chapter.*
+55 21 2532-7332
www.bergut.com
Segunda a sexta para almoço. *Mondays to Fridays for lunch.*

BIRA

Frutos do mar · *Seafood*

Programa familiar e turístico, a ida a Barra de Guaratiba para um almoço rústico e com fartura de frutos do mar vem dos anos 1980, com o restaurante da Tia Palmira. E continua até hoje: Tia Palmira é mãe do Bira, que abriu seu restaurante bem próximo da matriz. Ali, a vista deslumbrante para a restinga da Marambaia já vale a visita. Experimente a moqueca de cação com arroz e farofa de dendê e os doces caseiros, como o de abóbora com coco.

A family outing, a sightseeing tour, going to Barra de Guaratiba for rustic lunch with abundant seafood comes from the 80s, with Tia Palmira's restaurant. This continues nowadays: Tia Palmira is Bira's mother, and he opened his restaurant right close to hers. There, the gorgeous view to

Restinga da Marambaia is already worth the visit. Try the dogfish moqueca *stew with rice and* farofa *flour made of* dendê *palm, and the homemade sweets, like the pumpkin--and-coconut.*

Estrada da Vendinha, 68, loja A
Barra de Guaratiba
+55 21 2410-8304
www.restaurantedobira.com.br
Quinta a domingo para almoço. *Thursdays to Sundays for lunch.*

BOTTEGA DEL VINO

Casa de vinhos · *Wine*
Italiana · *Italian*

A ideia inicial era uma versão italiana do *bar à vin*, com muitos rótulos em taças, antepastos e pastas para o bate-bola e o bate--papo. Na verdade, o Bottega del Vino tornou-se uma espécie de anexo do famoso Esch Café, a única tabacaria-bar-restaurante da Zona Sul, contribuindo para a diversidade da rua Dias Ferreira. A sommelière Gabriela Teixeira é doce e aplicada. As mesas na calçada são uma festa!

The initial idea was an Italian version of the bar à vin, *with several labels served in glasses, pasta and* antipasti *for chatting and passing the time. Actually, Bottega del Vino became a sort of annex to the famous Esch Café, the only restaurant/bar/tobacco store on the South Side, contributing to the diversity on Rua Dias Ferreira. Sommelière Gabriela Teixeira is sweet and dedicated. Sidewalk tables are lively!*

Rua Dias Ferreira, 78 · Leblon
+55 21 2512-6526
www.bottegadelvino.com.br
Segunda a domingo para almoço e jantar. *Mondays to Sundays for lunch and dinner.*

BRASSERIE ROSÁRIO

Francesa · *French*

Um ambiente entre o passado e o presente, no coração do Centro. O passado no prédio de muros históricos e de paredes aparentes, com seus tijolos ligados em amálgamas. No presente, a mesa carregada de bom gosto e sem afetações do chef Fréderic Monnier.

FRÉDERIC MONNIER

In the heart of Downtown, with an atmosphere between past and present. Past in the building of historic walls and brickwork set with amalgams. Present in Chef Fréderic Monnier's table loaded with good taste and without affectation.

Rua do Rosário, 34 · Centro
+55 21 2518-3033 / 2518-3533
www.brasserierosario.com.br
Segunda a sexta para almoço e jantar. Sábado para almoço. *Mondays to Fridays for lunch and dinner. Saturdays for lunch.*

BRIGITE'S

Italiana · *Italian*

É o restaurante mais charmoso da rua Dias Ferreira. O nome nasceu de uma brincadeira: o local abrigava o simpático bar Bardot, e agora, por coerência, o restaurante chama-se Brigite's, mas com um "t" só! Deve ter sido puro esquecimento. Trata-se da terceira casa das proprietárias do fenômeno Sushi Leblon e do Zuka, Ana Carolina Gayoso, Marina Hirsch e Beatriz Stewart. Com decoração toda branquinha e fachada em madeira e vidro de alto a baixo, o lugar é aconchegante e a clientela, interessante e predominantemente de mulheres. No balcão, petiscos e coquetéis criativos ajudam a puxar papo com a cadeira vizinha. A comida já mudou de direcionamento algumas vezes, mas acabou encontrando um caminho italiano interessante nas mãos do chef Nelo Garaventa. Tente uma mesa no térreo. O mezanino é bom para namorar.

The most charming restaurant on Rua Dias Ferreira. The name came from a joke: this place used to be the friendly Bar Bardot, and so, to be consistent, the restaurant should be Brigitte, but it ended up with only one T. Must have slipped someone's mind. This is the third place belonging to the owners of Sushi Leblon and Zuka: Ana Carolina Gayoso, Marina Hirsch and Beatriz Stewart. With everything in white and the front in wood and glass panes, it's a cozy place with an interesting clientele, mostly women. On the counter, morsels and creative cocktails help in starting a conversation with the person on the next stroll. The food has changed directions on some occasions, but ended up on a very interesting Italian path in the hands of Chef Nelo Garaventa. Try a table on the terrace. The mezzanine is nice for making out.

Rua Dias Ferreira, 247 · Leblon
+55 21 2274-5590
www.brigites.com.br
Terça a domingo para almoço e jantar. Segunda para jantar. *Tuesdays to Sundays for lunch and dinner. Mondays for dinner.*

CAMARADA CAMARÃO

Frutos do mar · *Seafood*

O crustáceo é a estrela do menu da filial carioca da rede pernambucana e aparece em mais de quarenta receitas diferentes, seja em moquecas, na moranga ou em preparos mais refinados, como os empanados com farinha crocante e castanha-de--caju, risoto de carne-seca desfiada e maionese de maracujá, criação do consultor francês François Schmitt.

Crustaceans are the stars on the menu of this Carioca branch in a restaurant chain from Pernambuco. They appear in 40 different recipes, whether in moqueca *stews, in a pumpkin or in more refined concoctions, like* empanados *with crunchy flour and cashew nuts, shredded jerked-beef risotto and passion fruit mayo, creations of French consultant François Schmitt.*

Avenida das Américas, 7777, lojas 334 a 339 · Rio Design Barra · Barra da Tijuca
+55 21 3325-9882
www.ocamarada.com.br
Segunda a domingo para almoço e jantar.
Mondays to Sundays for lunch and dinner.

CANTO DAS CANOAS

Frutos do mar · *Seafood*

Parte do encanto caribenho da ilha da Gipoia, ao largo de Angra dos Reis, está nesse restaurante em que navegar é preciso: só se chega a ele de barco. Desembarcando, cais, varanda com cobertura de sapê e casario típico da ilha. Os únicos esforços exigidos ao público são traje de verão e uma tarde disponível para todo o ritual, das batidas às lulas, ao pastel e à moqueca de camarão, além da caminhada na pequena praia em frente.

Part of the Caribbean charm of Ilha da Gipoia, off Angra dos Reis, lies in this restaurant where sailing is essential: you can only reach it by boat. Upon landing, a dock, a thatched-roof veranda and housing typical of this island. The only effort required of the public is to be dressed for summer and have a whole afternoon free for the ritual, from batidas (cachaça *with fruit) to calamari,* pastéis *and shrimp* moqueca *stew, besides strolling on the little beach in front of the restaurant.*

ANGRA DOS REIS

Com 365 ilhas, sendo Ilha Grande a mais famosa, Angra dos Reis é um paraíso para os amantes de belezas naturais e de esportes náuticos. Nos hotéis, resorts e pousadas, o visitante encontra conforto e uma infinidade de roteiros que incluem longos passeios de barco, trilhas naturais em meio a rios e cachoeiras, além de opções radicais como rapel, mountain bike e rafting. Para os amantes da pesca, a cidade reserva alternativas para todas as suas modalidades: submarina, de superfície ou amadora.

ATRAÇÕES

- Convento Sto. Antônio e Museu de Arte Sacra
- Passeio de barco pelas ilhas
- Em Ilha Grande, trilha entre as praias do Abraão e Lopes Mendes

With 365 islands, the best known of which is Ilha Grande, or the big island, Angra dos Reis is a paradise for lovers of natural beauty and of water sports. In its many hotels, resorts and inns, visitors find comfort and countless tours including long boat rides, natural trails leading to rivers and waterfalls, and a variety of extreme sports such as rappel, mountain bike and rafting. For fishing enthusiasts, the region offers options for all variations of the sport: underwater, line fishing or recreational.

ATTRACTIONS

- *Saint Anthony Convent and Religious Art Museum*
- *Boat rides around the islands*
- *On Ilha Grande, the trail between Abraão and Lopes Mendes beaches*

INFORMAÇÕES TURÍSTICAS / TOURIST INFORMATION

turisangra.com.br / cidadesmaravilhosas.rj.gov.br

Praia do Vitorino · Ilha da Gipoia
Angra dos Reis
+55 24 2365-2181
www.angraonline.com/cantodascanoas.html
Segunda a domingo para almoço e jantar. *Mondays to Sundays for lunch and dinner.*

CAPRICCIOSA

Pizzas

Domingo é dia de pizza! É verdade que as filas são maiores nesse dia, mas todo dia é dia de Capricciosa. Foi a substituta do Gattopardo, abrigando conhecidos e famosos. E com direito a manter a receita: forno a lenha para assar as massas finas, com sabores divididos em categorias como gourmet, com ou sem molho de tomate, com ou sem mussarela, *focaccia* e *calzone*. A de alho lembra a do Jardim de Nápoli, de São Paulo. No Jardim Botânico, encontramos uma correta mesa de *antipasti*.

Sunday is pizza day! It's true that queues get longer on this day, but every day is Capricciosa day. It's the substitute for Gattopardo, welcoming the famous and celebrities. And maintaining the recipe: a wood stove for roasting the thin dough, with flavors divided into categories like gourmet, with or without tomato sauce, with or without mozzarella, focaccia *and* calzone. *The garlic pizza recalls the one at Jardim de Nápoli, in São Paulo. In Jardim Botânico, we can find there a proper antipasti table.*

Rua Vinicius de Moraes, 134 · Ipanema
Ver demais endereços no final do capítulo. *See other addresses at the end of the chapter.*
+55 21 2523-3394 / 2523-1169
www.capricciosa.com.br
Segunda a domingo para jantar. *Mondays to Sundays for dinner.*

LA CARIOCA

Peruana · *Peruvian*
Ceviche

Os peruanos estão chegando com tudo! O La Carioca é a versão mais descontraída dessa interessante culinária. As calçadas são utilizadas como um importante agregado, do jeito que a cidade pede e que o carioca tanto gosta. O serviço é bem informal. Pratos típicos, como os *tiraditos* e os ceviches, tornaram-se a grande alternativa à banalização de sashimis e sushis. Para quem gosta de pimenta, é um prato cheio! Vale a pena ir cedo, pois o volume de clientes é feroz e a casa não fecha tarde. Cuidado

com o delicioso pisco sour, que você pode beber enquanto espera: ele é forte e traiçoeiro.

Peruvians are arriving in full force! La Carioca is the most casual version of this interesting cuisine. Sidewalks there are used as an important add-on, the way the city requires and Cariocas enjoy so much. Service is pretty informal. Typical dishes, like the tiradito *and the ceviche, with raw fish, have become a great alternative to the banalization of sushi and sashimi. For those into pepper, this is the thing! It's worthwhile going early, for the volume of customers is pitched and the house doesn't close late. Go slow on the delicious pisco sour, which you can drink while you wait: it's strong and sneaky.*

Rua Maria Angélica, 113 · Jardim Botânico
Ver demais endereços no final do capítulo. *See other addresses at the end of the chapter.*
+55 21 2226-8821
www.lacarioca.com.br
Segunda a domingo para jantar. *Mondays to Sundays for dinner.*

CASA DA FEIJOADA

Brasileira · ***Brazilian***

Aqui, o turista não precisa esperar até sábado para comer uma feijoada. Tem todo dia, no almoço ou no jantar. E com direito ao ritual completo: batida de limão servida à vontade durante a refeição, linguicinhas e caldinho de feijão. O cliente escolhe as carnes que deseja – e tem de tudo, até pé e orelha. Torresmo, arroz, farofa, couve cortada fina e laranja completam a guarnição do feijão, que se mantém quente nas pesadas panelas de pedra, com o defumado das carnes em que cozinhou desde a véspera.

Here the tourist doesn't have to wait till Saturday to have a feijoada. They serve it every day, for lunch or for dinner. And going for the complete ritual: lemon batida *served freely during the meal, sausages and bean stew. The customer chooses the kind of meat he wants – and they've got it all, from ears to tail. Cracklings, rice,* farofa, *kale thinly sliced and oranges complete the*

complements to the beans, kept hot in the heavy stone pots, with the smoke from the meat in which it has been simmering since the day before.

Rua Prudente de Morais, 10 · Ipanema
+55 21 2247-2776 / 2513-5184 / 2523-4994
Segunda a domingo para almoço e jantar. *Mondays to Sundays for lunch and dinner.*

CASA DA SUÍÇA

Suíço · *Swiss*

É um parque temático da culinária alpina e tirolesa, com ambiente clássico pesadão e primoroso atendimento à antiga. Claro que os fondues de carne *bourguignonne* e *chinoise*, de queijo e de peixe são os pratos de resistência. A *raclette* é deliciosa. Tem também todo um elenco composto por *steak* Diana (muito bom), escalopes, medalhões, *tournedos*, filé à Chateaubriand e a quase esquecida, mas sempre triunfal, crepe suzette. O cerimonial da cozinha hoteleira de anteontem é divertidíssimo. O proprietário e também pintor Volkmar Wendlinger foi garçom e saudoso maître do tradicional restaurante do hotel Ouro Verde, onde servia quase diariamente o Dr. Walter Moreira Salles.

It's a theme park of Alpine and Tyrolean cuisine, with a heavy classic atmosphere and a prime old-fashioned service. Of course, the pièce de résistance *are the fondues: cheese, fish, chinoise and* bourguignonne *beef. The* raclette *is delicious. There's also a whole ensemble composed of steak Diane (very good), scallops, beef medallions,* tournedos, *steak Chateaubriand, and the nearly forgotten, but always triumphant,* crepe suzette. *The kitchen ceremonial of yesteryears is quite funny. The owner Volkmar Wendlinger, also a painter, used to be a waiter and a cherished maître at the traditional restaurant of Hotel Ouro Verde, where he would serve the banker Walter Moreira Salles almost every day.*

Rua Cândido Mendes, 157 · Glória
+55 21 2252-5182
www.casadasuica.com.br
Domingo a sexta para almoço e jantar. Sábado para jantar. *Sundays to Fridays for lunch and dinner. Saturdays for dinner.*

CASA DO FILÉ

Carnes · *Steak*

O modelo original da casa já fez sucesso na serra, com um nome que não engana: a peça de filé, alta, tem guarnição simples, um queimadinho irresistível por fora e suculência por dentro. Tudo bem simplesinho. Molhos, crosta de ervas, mostarda e batatas fritas lembram a fórmula dos restaurantes do passado. Imagine que até o velho estrogonofe cansado de guerra está presente e é bem gostoso!

The original model of this place was a big success up on the mountains around Rio, with the same unmistakable name (Steak House): each piece of steak is tall, irresistibly toasted on the outside and juicy on the inside, and comes with a simple garnish. Everything is quite simple. Sauces, herb crusts, mustard and French fries recall the formula of restaurants from the past. Can you imagine that even the old world-weary stroganoff makes an appearance and is very delicious?!

Largo dos Leões, 111 · Humaitá

+55 21 2246-4901

Terça a sábado para almoço e jantar. Domingo e segunda para almoço. *Tuesdays to Saturdays for lunch and dinner. Sundays and Mondays for lunch.*

CASA DO SARDO

Italiana · *Italian*

Esse restaurante de cozinha italiana com ênfase no receituário da Sardenha caiu nas graças do carioca ao combinar receitas de perfil simples, mas bem executadas, com preços justos e um ambiente original, que define o espírito de tratoria do local. As massas são caseiras e os molhos contam com exclusividades, como botargas próprias e queijos bem curados, como o *grana nera*. Os petiscos são bem típicos, como o *spuntino*, uma variedade de *bruschettas*. Simples, despojado, original.

This restaurant with an Italian cuisine strong on Sardinian recipes found favour in the eyes of Cariocas by combining recipes with a simple profile but nicely done, with fair prices and an original setting, defining the place with its spirit of a trattoria. *The pasta is self-made and there are some exclusive sauces, with its own* butàriga *(cured fish roe) and well cured cheese, like the* grana nera. *The tidbits are quite typical, such as the* spuntino, *a variety of* bruschettas. *Simple, straight, original.*

Rua São Cristóvão, 405 · São Cristóvão

+55 21 2501-9848

www.restaurantecasadosardo.com.br

Segunda a sábado para almoço e jantar. Domingo para almoço. *Mondays to Saturdays for lunch and dinner. Sundays for lunch.*

CEDRO DO LÍBANO

Árabe · ***Arab***

Um dos últimos remanescentes da cozinha árabe no Centro, especialmente a sírio-libanesa. Vale a pena tentar o quibe cru completo ou a cafta de cordeiro, não sem antes passar pela liturgia de uma *mezze* do Oriente Médio, com o pão árabe e seus recheios como *hommus*, coalhada seca ou *baba ghanouje*. Simples, bem simples.

One of the last remaining restaurants Downtown with an Arab cuisine, specializing in Syrian & Lebanese cooking. It's really worth trying the complete dish of raw kibbeh *or the lamb* kofta, *but before that you should go through the liturgy of a Middle East* mezze, *with Arab bread and its spreads like* hommus, *dry curd or* baba ghanouje. *Simple, quite simple.*

Rua Senhor dos Passos, 231 · Centro
+55 21 2224-0163 / 2291-9763
www.restaurantecedrodolibano.com.br
Segunda a sábado para almoço.
Mondays to Saturdays for lunch.

CELEIRO

Saladas · ***Salads***

Você conhece alguém que não queira se cuidar? Difícil! Esse é o segredo básico do Celeiro. Um bandejão, que aqui deveríamos chamar de bandejinha, já que a clientela é a mais bela da cidade! Filas e filas de gente conhecida para comer alface e outras folhas, grãos, legumes e algumas quiches e tortas que dão à casa uma bandeira verde. Por ser sinônimo da salada chique carioca, está sempre cheio de gente atrás do conceito saudável do restaurante de Rosa Herz. A imprensa adora! E os paparazzi veneram, porque ali as globais sempre proporcionam material rico.

Do you know anyone who's not watching his/her health? That's a hard one! This is Celeiro's basic secret. Service on a tray, or better, a small tray, since the clientele here is the most fit in town! Queues and queues of famous people waiting to eat lettuce, grains, vegetables and some quiches and pies that give this place its green flag. Its name is synonymous with Rio's chic salads, and it's always crowded with people following the healthy concept of Rosa Herz's restaurant. The press loves it! Paparazzi worship the place, for the celebs there always provide some rich material.

Rua Dias Ferreira, 199 · Leblon
+55 21 2274-7843
www.celeiroculinaria.com.br
Segunda a sábado para almoço.
Mondays to Saturdays for lunch.

CHEZ L'AMI MARTIN

Francesa · *French*

Pascal Jolly descobriu o sucesso no momento em que a culinária contemporânea começou a entrar na moda entre os cariocas. Era ele que estava à frente da cozinha do Clube Chocolate, no Fashion Mall. Apresentava sempre uma comida arrumadinha, que agradava muito as mulheres e garantia a casa cheia. No mesmo shopping, ele volta com um lado mais aconchegante do seu repertório, tendo a fraldinha à moda *bourguignonne* como um dos seus hits.

Pascal Jolly found success the moment contemporary cuisine began to be fashionable among Cariocas. It was him running the kitchen at Clube Chocolate, in Fashion Mall. He always presented very tidy dishes, which really pleased the female customers and assured a full house. He returns to this very shopping showing a more comforting side to his repertoire, with the bourguignonne *flank steak as one of his hits.*

Estrada da Gávea, 899, loja 304
Fashion Mall · São Conrado
+55 21 3322-2005 / 3322-2698
www.chezlamimartin.com.br
Segunda a domingo para jantar.
Mondays to Sundays for dinner.

CIGALON

Francesa · *French*

Foi na casa onde funciona a Pousada do Sol que, nos anos 1960, hospedou-se Brigitte Bardot, durante a temporada que passou em Búzios, lançando o balneário, que mal tinha luz, no estrelato internacional. É ali que fica o Cigalon, o mais francês dos restaurantes da cidade, por inspiração do chef Christophe Lidy, que abriu a casa antes de montar a cozinha do Garcia & Rodrigues. De sua época, mantém-se o espírito, com receitas de peixes e frutos do mar com o aroma – ou *les senteurs* – da Provence.

It was there that the Pousada do Sol lodge used to be in the 60s. And it was there that Brigitte Bardot stayed, during the time she spent in Búzios, turning this fishing village,

which barely had electricity, into an international resort. And it is there that now you can find Cigalon, the most French of Búzio's restaurants, with the inspiration of Chef Christophe Lidy, who opened the place before he went on to organize the kitchen at Garcia & Rodrigues. The spirit of his time there stays on, in fish and seafood recipes with an aroma – or les senteurs *– of Provence.*

Avenida José Bento Ribeiro Dantas, 199
Búzios
+55 22 2623-0932 / 2623-6284
www.cigalon.com.br
Segunda a domingo para café da manhã, almoço e jantar. *Mondays to Sundays for breakfast, lunch and dinner.*

COCCINELLE BISTRÔ

Francesa · *French*

O casal que comanda a casa é radical em um quesito: ingredientes, queijos c vinhos orgânicos. Mas é bem criativo nos preparos, com fórmulas originais que fundem a França dele com a Ásia dela. É assim em cada estação, quando mudam tudo, e quando quem já frequenta o lugar, depois de cruzar o triunfo palaciano do Arco do Teles, encontra criações tão diversas quanto o camarão com chuchu feito com técnicas tailandesas e o forno alsaciano dos cozidos lentos de carne, passando pelo hambúrguer com *raclette*.

The couple who run this place make a point of being radical on one issue: the ingredients, the cheese and the wine are organic. But they are very creative preparing their dishes, with original formulas that are a fusion of his France with her Asia. Every season they change everything, and those who are regulars there may pass through the triumphant colonial arch of Arco do Teles to find concoctions so diverse as shrimp with chayote made with Thai techniques and an Alsatian oven with beef baked over a slow fire, not to mention the hamburger with raclette.

Travessa do Comércio, 11 · Centro
+55 21 2224-8602
www.coccinellebistro.com
Segunda a sexta para almoço. Sábado para almoço. *Mondays to Fridays for lunch. Saturdays for lunch.*

LE COIN

Brasileira · *Brazilian*

Os pastéis para entrada e a língua ao molho madeira como prato principal são obrigatórios. Já foi um reduto de boêmios em sua versão original na Ataulfo de Paiva. Hoje, familiar, acolhe uma clientela do bairro, despretensiosa, à procura de pratos fartos e manjadíssimos, como o bacalhau e os peixes frescos grelhados, e de uma coleção de pratos *vintage*, entre eles os peixes *à meunière*, os filés (imensos) à francesa e os frangos à Kiev. Serviço simples com autêntico acolhimento carioca.

Pastéis, *a deep-fried pastry, for openers and the tongue in Madeira wine sauce as a main course are a must. This used to be a bohemian hangout, in its original version, on Ataulfo de Paiva. Now, a family restaurant, it welcomes customers from the neighbourhood, who, unpretentiously, seek familiar dishes with plentiful portions, like grilled codfish and fresh fish, and a collection of vintage dishes, among them fish a* meunière *(fillet dredged in flour and milk and cooked in brown butter), the huge filé à* francesa *(steak with ham, peas and potato sticks) and chicken Kiev. Service is simple with an authentic Carioca welcome.*

Rua General San Martin, 435 · Leblon
+55 21 2259-3078 / 2239-0886
www.lecoin.com.br
Segunda a domingo para almoço e jantar. *Mondays to Sundays for lunch and dinner.*

CREMERIE GENÈVE

Queijos · *Cheeses*

O restaurante da fazenda Genève, famosa por seus queijos de cabra, é um pequeno e charmoso bistrô suíço-alemão. Com um cardápio sucinto, a casa explora muito bem receitas à base de queijos e de outros produtos da fazenda, com evidente destaque para os fondues e as *raclettes* típicos da gastronomia suíça. Há degustações de queijos e harmonizações e é possível visitar o capril e a fábrica e acompanhar a produção.

The restaurant at Genève Farm, famous for its goat cheese, is a small and charming German-Swiss bistrô. With a concise menu, the place explores well recipes based on cheese and other products from the farm, with an evident preference for the fondues *and the* raclettes *which are typical of Swiss gastronomy. There are cheese tastings and harmonizing and it is possible to visit the goat stables and the factory and follow the production process.*

Estrada Teresópolis-Friburgo, Km 16
Teresópolis
+55 21 3643-6391 / 3643-6394
www.fazendageneve.com.br
Sexta e sábado para almoço e jantar. Domingo para almoço. *Fridays and Saturdays for lunch and dinner. Sundays for lunch.*

CT BOUCHERIE

Carnes · *Steak*

Você está entrando em um açougue. Sim, Claude Troisgros decorou o lugar como um verdadeiro local de venda de carnes tipicamente francês e implantou uma rotisseria com muita personalidade. Sem espetos, mas diante do desafio da grelha e perante uma nação que idolatra carne, ele criou uma espécie de *steakhouse* com cortes especiais e trouxe um sistema volante (nosso velho rodízio) de acompanhamentos, especialmente legumes grelhados. É um ponto de encontro eclético, cheio de rostos conhecidos, e não deixa de ser um local para exercitar o ver e ser visto bem de perto, graças ao salão de mesas apertadinhas. Um conjunto de ingredientes para o sucesso garantido!

You are entering a butcher shop. Yes, Claude Troisgros decorated this restaurant like a real place for selling meat, a typical boucherie, *and installed a rotisserie with lots of personality. With no skewers, but facing the challenge of a grill and before a nation that idolizes meat, he created a kind of steakhouse with special cuts and brought in a rotating system (the popular* rodízio *in Brazil) for the side dishes, especially the grilled vegetables. It's an eclectic meeting point, full of well-known faces, and so it ends up being a spot for exercising the art of seeing & being seen up close, thanks to this hall with a tight space around the tables. A set of ingredients sure to ensure success!*

Rua Dias Ferreira, 636 · Leblon
+55 21 2529-2329
www.ctboucherie.com.br
Segunda a domingo para almoço e jantar. *Mondays to Sundays for lunch and dinner.*

THOMAS TROISGROS

CT TRATTORIE

Italiana · ***Italian***
Novidades · ***Novelties***

Aqui, Claude Troisgros deu uma de Alain Ducasse e revelou sua admiração pelas experiências italianas. Dessa quebra de fronteiras gastronômicas surgiu um cardápio em que os destaques são os risotos e as massas com molhos ricos e ragus apurados, de carnes consistentes como a rabada. A simpática casa tem no primeiro andar um ambiente eclético, que serve para eventos corporativos e é onde Claude grava seu famoso programa de TV.

Here, Claude Troisgros did an Alain Ducasse and revealed his admiration for Italian experiences. Tearing down these walls of gastronomies brought out a menu in which the highlights are risottos and pasta with rich sauces and refined ragout, with consistent meat like oxtail. The lovely house has an eclectic setting on the first floor, meant for corporative events and where Claude records his famous TV show.

Avenida Alexandre Ferreira, 66
Lagoa
+55 21 2266-0838
www.cttrattorie.com.br
Segunda a domingo para almoço e jantar. *Mondays to Sundays for lunch and dinner.*

D'AMICI

Italiana · ***Italian***

Simpático e discreto restaurante à moda antiga no Leme. Assados em molhos de vinho, massas recheadas, escalopinhos e recomendações ao pé do ouvido pelo maître são servidos como manda a tradição carioca, ainda dando ao freguês o direito de interferir nas receitas. Detalhes, hoje em extinção, como toalhas brancas e gravatas-borboleta.

In Leme, a nice and friendly restaurant in the old-fashioned way. Roasts in wine sauces, pasta with fillings, scallops and confidential suggestions offered by the maître are served as required by Carioca tradition. And the customer has the right to interfere in the recipes. There are details there now in extinction, such as white towels and bowties.

Rua Antônio Vieira, 18 · Leme
+55 21 2541-4477 / 2543-1303
www.damiciristorante.com.br
Segunda a domingo para almoço e jantar. *Mondays to Sundays for lunch and dinner.*

DA BRAMBINI

Italiana · *Italian*

Espírito de tratoria: pequeno e aconchegante, mas com a grandeza de quem divide com restaurantes como o Fasano o prêmio Ospitalità Italiana. No cardápio clássico, sem surpresas, os pratos são fartos, como no caso da polenta de *funghi porcini* e do *ossobuco* de vitela com risoto de açafrão, que é uma dica certeira. Dependendo da época, pergunte ao garçom sobre os lagostins grelhados. E encerre com o *tiramisù*.

A trattoria *spirit: small and cozy, but with the greatness of those who can share with restaurants like Fasano the Ospitalità Italiana prize. No surprises on the classic menu: dishes are plentiful, as in the case of* funghi porcini *cornbread and the veal* ossobuco *with saffron risotto, a sure tip. Depending on the season, ask the waiter about the grilled crayfish. And for wrapping up,* tiramisù.

Avenida Atlântica, 514, loja B · Leme

+55 21 2275-4346 / 2542-8357

www.dabrambini.com.br

Segunda a domingo para almoço e jantar. *Mondays to Sundays for lunch and dinner.*

DA SILVA

Portuguesa · *Portuguese*

Cozinha portuguesa em serviço de bufê, com pratos inspirados no cardápio do Antiquarius e preparados por antigos cozinheiros da refinada casa do Leblon. No jantar, sistema à la carte mas com muitos dos itens do almoço a quilo, como o arroz de pato, o bacalhau espiritual e lulas ao uísque.

Portuguese cuisine with a buffet service, with dishes inspired by the menu at Antiquarius and prepared by some cooks who used to work at that stylish place in Leblon. For dinner, service à la carte, but with many items from the buffet, like duck rice, bacalhau espiritual *(cod with a cream made of several ingredients) and calamari in whisky.*

Avenida Ataulfo de Paiva, 270, loja 105
Rio Design Leblon · Leblon

Ver demais endereços no final do capítulo. *See other addresses at the end of the chapter.*

+55 21 2540-5035

Segunda a domingo para almoço e jantar. *Mondays to Sundays for lunch and dinner.*

DO HORTO

Variados · *Diversified*

Em um casarão do século passado, diante do Horto Florestal, funciona no mesmo endereço do antigo Da Graça. A varanda é o melhor lugar para sentar se estiver em grupo. Para petiscar, há cafta de cordeiro com coalhada seca temperada e bolinho de arroz arbóreo recheado com ervas e parmesão. Se a ideia for uma refeição mais robusta, o bobó de camarão chega à mesa servido numa moranga, acompanhado de arroz branco e farofa de dendê. As sobremesas são de dar ressaca em gordo só de olhar!

In a large house from the last century, in front of Horto Florestal, it's at the same address as the previous Da Graça. The veranda is the best place to sit if you're with a group. For nibbles, there's lamb kofta *with seasoned dry curd and Arborio rice with herbs and parmesan cheese. If the idea is a heftier meal, the shrimp* bobó *cream is served inside a pumpkin, with white rice and* dendê *flour on the side. Desserts will give a fat person a hangover just by looking at them!*

Rua Pacheco Leão, 780 · Jardim Botânico
+55 21 3114-8439
www.dohorto.com.br
Terça a domingo para almoço e jantar. *Tuesdays to Sundays for lunch and dinner.*

DOIS EM CENA

Variados · *Diversified*

Instalado no quarto piso do Rio Sul, o local é um verdadeiro refúgio para quem prefere fazer uma refeição longe da agitada praça de alimentação. Pratos simples, como fricassé de frango com arroz de passas e o filé-mignon ao molho de cogumelo-de-paris servido com risoto de tomate-seco são boas sugestões. Para encerrar, cocada de forno com sorvete de creme.

Installed on Rio Sul shopping mall's fourth floor, this place is a true refuge for those looking for a quiet meal far from the bustle of the food court. Simple dishes, like chicken fricassée *with rice & raisins and the* filet mignon *steak in Portobello sauce served with sundried tomato risotto are nice suggestions. To close the procedures, oven-cooked coconut sweets with ice cream.*

Rua Lauro Müller, 116, loja 401D Shopping Rio Sul · Botafogo
+55 21 2244-2912
Segunda a domingo para almoço e jantar. *Mondays to Sundays for lunch and dinner.*

DONA IRENE

Russa · *Russian*

Há cinquenta anos, a siberiana Eupraxia Wladimirovna Smolianikoff – aqui, simplesmente Irene – abria com o marido um restaurante inspirado na culinária russa dos czares. Eles já se foram, mas a fama do Dona Irene, agora administrado por um casal de brasileiros, só cresce. Tanto pela experiência aristocrática quanto pelo banquete de quatro etapas (que é longo, portanto hospede-se nas redondezas), com direito

a garrafa da vodca caseira, que chega em um bloco de gelo. Os *zakuskis*, com entradinhas e peixes curados, são pensados exatamente para evitar o impacto da vodca. Nas demais etapas, há o *borscht*, mandatório, as entradas quentes e os pratos principais, do frango à Kiev até massas recheadas, como *varenikes*, e o suflê de peixe, conhecido como *coquille*.

Fifty years ago, Siberian Eupraxia Wladimirovna Smolianikoff - here, simply Irene - opened with her husband a restaurant inspired by the Russian cuisine of the tsars. They have passed away but Dona Irene's fame is still growing, now managed by a Brazilian couple. Due both to the aristocratic experience as to the four stage banquet (which takes some time, so book a hotel nearby). You begin with a bottle of homemade vodka, arriving in a block of ice. The zakuskis, *with hors d'ouevres and smoked fish, are calculated precisely to cushion the vodka's impact. On the other stages, there's borscht - a must -, the hot entrées and the main dishes, from chicken Kiev to stuffed pasta, such as* varenikes, *and the fish soufflé, known as* coquille.

Rua Tenente Luís Meirelles, 1800
Bom Retiro · Teresópolis
+55 21 2643-3813 / 2742-2901
www.donairene.com.br
Terça a sábado para almoço e jantar. Domingo para almoço. *Tuesdays to Saturdays for lunch and dinner. Sundays for lunch.*

DUO

Italiana · *Italian*

Quando abriu, o restaurante deu o que falar. Dionísio Chaves e Nicola Giorgio eram sommelier e maître do Fasano al Mare e levaram as fórmulas italianas do restaurante para a Barra. Jogaram ali tudo o que aprenderam e deram o próprio tom a cada etapa: hoje temos serviço de alto nível, da recepção aos copos, carta de vinhos completa e complexa e pratos do norte da Itália, da mais fina massa recheada ao mais intenso *ossobuco*.

When they opened this restaurant it was the talk of the town. Dionísio Chaves and Nicola Giorgio were sommelier and maître at Fasano al Mare and took that restaurant's Italian formulas out to Barra. They put everything they had learned in there and applied their own tone to each step: now we have top quality service, from reception to the glasses, a complete and complex wine list and dishes from North Italy, from the finest stuffed pasta to the most intense ossobuco.

Avenida Erico Verissimo, 690
Barra da Tijuca
+55 21 2484-4547
www.duorestaurante.com.br
Terça a domingo para almoço e jantar. *Tuesdays to Sundays for lunch and dinner.*

EMPORIUM PAX

Variados · *Diversified*

Rede de casas que já teve vários endereços por toda a cidade, explorando sempre uma cozinha leve e, principalmente, rápida, com destaques para quiches com saladas, filés com queijo brie e uma série de outras sugestões fáceis no paladar e no bolso.

A chain of restaurants with several addresses all over town, always employing a light and mainly fast cuisine, with highlights in the quiches *with salads, steak with brie cheese and a series of other suggestions easy on the taste and on the pocket.*

Rua Lauro Müller, 116, loja 40A
Shopping Rio Sul · Botafogo
Ver demais endereços no final do capítulo. *See other addresses at the end of the chapter.*
+55 21 2295-6088
www.emporiumpax.com.br
Segunda a domingo para almoço e jantar. *Mondays to Sundays for lunch and dinner.*

ENOTECA UNO

Contemporâneo · *Contemporary*

A ampla vista da baía de Guanabara sempre fez parte do cardápio nesse ponto, desde o antigo Grill One. Depois, por muito tempo, e já nas mãos do empresário Eurico Cunha, foi apenas mais um restaurante de executivos no Centro. Por fim, o cardápio ganhou a mão estrelada de Joachim Koerper. No Rio, o chef dá ao cliente uma prova simples de sua culinária, com fórmula de entrada, prato principal e sobremesa. No salão, um sorriso conhecido: o de Jean-Pierre Fivria, por anos maître do Le Pré Catelan.

A broad view of Guanabara Bay has always been an item on this place's menu, since the former Grill One. For a long time, under entrepreneur Eurico Cunha, it was just another Downtown restaurant for businessmen. In time, Joachim Koerper put his prized hand on the menu. In Rio, this chef gives the customer a simple taste of his cuisine, following the formula of entrée, main course and dessert. In the dining hall, a familiar smile: Jean-Pierre Fivria, maître for years at Le Pré Catelan.

Avenida Rio Branco, 01, Pavimento Convenções · Praça Mauá · Centro
+55 21 2223-0070
www.enotecauno.com.br
Segunda a sexta para almoço. *Mondays to Fridays for lunch.*

ENOTRIA

Contemporâneo · *Contemporary*

De dia, de segunda a sexta, é um bufê para quem trabalha no CasaShopping e arredores. À noite, como uma cinderela às avessas, a casa se transforma em núcleo de gastronomia, quando o *über* chef Joachim Koerper, estrelado por seus restaurantes em Lisboa, especialmente o Eleven, põe à prova seu menu degustação, com pratos que desafiam a física. O português Jorge Nunes, sommelier da casa, é considerado por muitos o melhor da cidade.

By day, from Monday to Friday, it's a buffet for those who work at CasaShopping and surroundings. By night, like a Cinderella, the place turns into a gastronomy center, when

JOACHIM KOERPER

über *Chef Joachim Koerper, from the restaurants with so many stars in Lisbon – specially Eleven – puts his tasting menu to the test, with dishes that defy physics. Portuguese Jorge Nunes, the house sommelier, is considered by many the best in town.*

Avenida Ayrton Senna, 2150 CasaShopping · Barra da Tijuca
+55 21 2431-9119 / 2442-2117
www.enotriajk.com.br
Segunda a quinta e domingo para almoço. Sexta e sábado para almoço e jantar. *Mondays to Thursdays for lunch. Fridays and Saturdays for lunch and dinner. Sundays for lunch.*

L'ENTRECÔTE

Carnes · *Steak*

Tudo começa com uma saladinha, mas depois é um lugar para ir direto ao ponto, ao prato único. Tal como as casas de Paris que o inspiraram, esse restaurante conta com uma única especialidade: o *entrecôte* fatiado. O molho à base de mostarda e ervas provavelmente ganhou uma forte pitada de molho inglês aqui no Brasil, cujo resultado é estranho. As batatas fritas no ponto certo chegam a lembrar as francesas. Quanto às sobremesas, que na França são maravilhosas, ainda não tentaram, ou conseguiram, copiar. A decoração tem forte inspiração francesa. E as filas são iguais às de Paris: intermináveis!

It all starts with a little salad, but soon it's a place for going straight to the point, to the single dish. Like the Paris restaurants that inspired it, it relies on a single speciality: slices of entrecôte. *The sauce based on herbs and mustard probably gained a strong splash of Worchestershire sauce here in Brazil, and the result is strange. The French fries are fried just right and even recall those made in France. As for desserts, so wonderful in France, here they haven't tried, or weren't able, to copy them. The décor is strongly inspired by French restaurants. And queues are just like those in Paris: endless!*

Avenida Ayrton Senna, 2150, bloco O, lojas G e H · CasaShopping Barra da Tijuca
+55 21 2108-6318
www.lentrecotedeparis.com.br
Segunda a domingo para almoço e jantar. *Mondays to Sundays for lunch and dinner.*

ETTORE

Italiana · *Italian*

Quando surgiu, em 1981, o Ettore inaugurou a vocação do Condado de Cascais para restaurantes e botecos na Barra da Tijuca. As massas de fabricação própria, servidas na pequena loja ou vendidas sob encomenda, viraram febre. Com o passar dos anos, o cardápio cresceu, mas as receitas originais se mantiveram. Quem nunca comeu o *agnolotti* à napolitana do Ettore não conhece um dos prazeres da cozinha italiana no Rio.

When it first appeared, in 1981, Ettore inaugurated Condado de Cascais' vocation for restaurants and botecos *in Barra da Tijuca. The pasta that is made there, served in the small shop or sold on demand, became quite a fad. As years went by, the menu grew, but the original recipes kept on. Those who never ate Ettore's* agnolotti napoletani *ignore one of the pleasures of Italian cuisine in Rio.*

Avenida Armando Lombardi, 800, loja C · Condado de Cascais · Barra da Tijuca
+55 21 2495-3316 / 2493-5611 / 2493-8939
www.ettore.com.br
Segunda a domingo para almoço e jantar. *Mondays to Sundays for lunch and dinner.*

ARMAÇÃO DOS BÚZIOS

A cidade já não conta mais com aquela aura de vila de pescadores que seduziu Brigitte Bardot na década de 1960, mas Armação dos Búzios mantém o encanto graças à exuberante geografia. São mais de 20 praias para escolher entre passeios de barco, mergulho, pescarias, caminhadas ecológicas e surfe. Mas se a opção for simplesmente relaxar ao sol e ao som do mar, não existe destino melhor. Na Rua das Pedras, as opções de compras e de gastronomia são muito variadas.

ATRAÇÕES

- Passeio de trolley por 12 praias
- Rua das Pedras, especialmente à noite
- Roteiro gastronômico

The unpretentious ambiance of the old fishermen's village that seduced Brigitte Bardot in the 1960's is no longer there, but Armação dos Búzios remains delightful thanks to its exuberant geography. Over 20 beaches to choose for boat rides, scuba diving and snorkeling, fishing, ecologic trails and surfing. However, if the purpose is to simply relax under the sun and listen to the soft sound of the waves, Búzios is also the best destination. A stroll down Rua das Pedras offers a multitude of choices for shopping, eating and entertainment.

ATTRACTIONS

- *Trolley tours to 12 different beaches in a few hours*
- *Rua das Pedras, especially at night*
- *Fine restaurants*

INFORMAÇÕES TURÍSTICAS / TOURIST INFORMATION

visitebuzios.com / cidadesmaravilhosas.rj.gov.br

RJ Rio de Janeiro
Marca Registrada do Brasil

FARINATTA

Variados · *Diversified*

Ele, Alexandre Ferreira, artista plástico; ela, Elô Ramos, a chef, uma das poucas que viram sua culinária nascer e permanecer em Búzios, especialmente no tempo em que esteve ao lado do irmão, o saudoso Nelsinho do Quintal. Era um personagem. Suas receitas ficaram ali, em Geribá, inclusive aquelas que invocam outros nomes. É o caso do nhoque do presidente – o Collor –, preparado com batatas apenas, a inglesa e a doce, sem farinha. E o macaquito, uma homenagem nunca desvendada, mas que revela camarões com jeitão caiçara preparados com banana-da-terra. Há ainda pratos instigantes, como o cordeiro profano, um picadinho com toque indiano e farofa crocante, e o *ossobuco* do fim do mundo, preparado com aquele nhoque presidencial.

He, Alexandre Ferreira, artist; she, Elô Ramos, chef, one of the few who've seen their cuisine be born in Búzios and remain in Búzios, specially while she was beside her brother, the lamented Nelsinho do Quintal. He was a character. His recipes remain there, in Geribá, including those who invoke other names. That's the case with gnocchi do Presidente *– for President Collor – prepared just with potatoes – English and sweet – with no flour. And with the* macaquito *(little monkey), in honor of someone never revealed, but that displays shrimp* caiçara *style made with plantain bananas. There are also intriguing dishes, like the profane lamb, diced with crunchy flour and an Indian touch, and the end of the world* ossobuco*, prepared with that presidential* gnocchi.

Rua Enseada do Albatroz, 116 · Búzios
+55 22 2623-1934
www.farinatta.com.br
Segunda a domingo para jantar.
Mondays to Sundays for dinner.

FELICE

Variados · ***Diversified***

Restaurante, bar, café e gelateria, que se inspira nos modelos da tradicional escola italiana, no subsolo do shopping center. Saladas, sanduíches e pratos leves como o cuscuz com peito de frango marinado seguem a linha da matriz da casa, em Ipanema.

Restaurant, bar, café and gelateria, *inspired by the models of the traditional Italian school, on the basement floor of a shopping center. Salads, sandwiches and light dishes like* cuscus *with marinated chicken breast follow the style of this place's main restaurant, in Ipanema.*

Rua Gomes Carneiro, 30 · Ipanema
Ver demais endereços no final do capítulo. *See other addresses at the end of the chapter.*
+55 21 2522-7749
www.felice.com.br
Segunda a domingo para almoço e jantar. *Mondays to Sundays for lunch and dinner.*

FIAMMETTA

Pizzas

Rede de pizzarias que começou com perfil clássico e orgulhoso, como na época em que João Luiz Garcia, o Janjão, tinha as rédeas na mão. Ele saiu, mas ainda estão lá os mais de trinta sabores de pizza feitos rigorosamente dentro dos padrões oficiais, que exigem farinha de trigo tipo 00 e forno a lenha regulado a precisos 400°C. A demanda por variedade falou mais alto, e as casas da cidade dividem-se entre fornadas e bufês com massas e outras especialidades italianas.

A chain of pizza parlors that began with a classic and proud profile, like when João Luiz Garcia, a.k.a. Janjão, held the reins. He left, but the over 30 flavors of pizza are there, still made rigorously to official standards, that require the use of flour type 00 and a wood stove kept at precisely 400°C. The demand for variety was stronger and the branches around town divide themselves among pizza ovens and pasta buffets and other Italian specialities.

Avenida das Américas, 7777, loja 303
Rio Design Barra · Barra da Tijuca
Ver demais endereços no final do capítulo. *See other addresses at the end of the chapter.*
+55 21 2438-7500
www.fiammetta.com
Segunda a domingo para almoço e jantar. *Mondays to Sundays for lunch and dinner.*

LA FIDUCIA

Italiana · *Italian*

Enquanto o sommelier Valmir Pereira esteve por lá, a casa ganhou fama pelas massas e assados finos de caças, que lhe valeram o prêmio Ospitalità Italiana, muito em função do modelo inspirado pelo D'Amici, onde Valmir trabalhou por muito tempo. Depois, chegou Alderício, antigo sommelier do Gibo e do Arlecchino, que mantém o estilo sem muito mistério: serviço discreto e atento e um cardápio de tradições italianas nos molhos apurados em tomates e vinhos.

While sommelier Valmir Pereira was there, this place was famous for its pasta and the fine roasts of game meat. It was awarded with the Ospilità Italiana, mostly for the model it adopted, inspired by D'Amici, where Valmir worked for a long time. Then came Alderício, the former sommelier from Gibo and Arlecchino. He maintained the style without any mysteries: a discreet and attentive service and a menu of Italian traditions with refined sauces in tomatos and wine.

Rua Duvivier, 21 · Copacabana
+55 21 2295-7474 / 2244-4465
www.lafiducia.com.br
Segunda a domingo para almoço e jantar. *Mondays to Sundays for lunch and dinner.*

FILÉ DE OURO

Carnes · *Steak*

Tudo começou com a proximidade da Rede Globo. Era um botequim sofisticado que virou um restaurante simples. Cortes de filé mignon, picanha ou contrafilé na chapa em apresentações que variam no preço e na fartura, dependendo do número de pessoas. Batata portuguesa, feijão e farofa de ovo completam a refeição. Quanto mais gente na mesa, mais barato fica. Por isso o grande número de famílias inteiras em fila na porta, todos os sábados e domingos, em uma autêntica romaria.

It began with being close to the Globo TV Network. This was a sophisticated botequim *that turned into a simple restaurant. Cuts of* filet mignon, picanha *sirloin cap or sirloin steak on the grill in dishes that vary in size and price, depending on the number of people ordering them. Chips, beans and egg-and-flour* farofa *complete the meal. The more people on the table, the cheaper it is. That's why there is such a high number of large families queuing up at the door, every Saturday and Sunday, in a true pilgrimage.*

Rua Jardim Botânico, 731 · Jardim Botânico
+55 21 2259-2396
Terça a sábado para almoço e jantar. Domingo para almoço. *Tuesdays to Saturdays for lunch and dinner. Sundays for lunch.*

LA FIORENTINA

Italiana · *Italian*
Pizzas

A casa dos artistas. Um despojado restaurante no calçadão largo de Copacabana com um salão repleto de história e tradição. Assinaturas de grandes artistas cobrem as colunas e paredes. A pizza e a comida italiana simples, que cumpre seu papel, agradam sempre, especialmente após meia-noite. Hoje sob o comando de Catito Peres, o lugar volta a viver seus momentos de glória.

Where artists feel at home. A casual restaurant on Copacabana's beachfront with a dinning hall full of history and tradition. Autographs from great artists cover the columns and walls. The pizza and the simple Italian food, which plays its part, are always pleasing, especially after midnight. Now under the command of Catito Peres, the place is once more living its moments of glory.

Avenida Atlântica, 458A · Copacabana
+55 21 2543-8395
www.lafiorentina.com.br
Segunda a domingo para almoço e jantar. *Mondays to Sundays for lunch and dinner.*

FIORINO

Italiana · *Italian*

Um grande, belo e bem-conservado casarão avarandado do começo do século XX. Aqui está um dos mais conceituados restaurantes da Zona Norte, orgulho da Tijuca, com um cardápio variado de massas tradicionais e uma boa carta de vinhos. Tem mais de trinta anos e foi o primeiro endereço da pequena, porém consistente, cadeia de restaurantes italianos dos irmãos Ana Lúcia e João Carlos Aleixo. Eles apostam em casas extremamente bem-instaladas com cozinhas italianas *standard* e sempre com o atrativo de vinhos a preços bem convidativos.

A large, beautiful and well preserved house surrounded by verandas, from the early 20th century. This is one of the best regarded restaurants on the North Side, the pride of Tijuca, with a diverse menu of traditional pasta and a nice wine list. It's over 30 years old and was the first address of the small, but consistent, chain of Italian restaurants belonging to brothers Ana Lúcia and João Carlos Aleixo. They place their bets on places extremely well installed with standard Italian kitchens and always with the attraction of affordable prices on wine.

Avenida Heitor Beltrão, 126 · Tijuca
+55 21 2567-4476 / 2567-3386
www.ristorantefiorino.com.br
Segunda a sábado para jantar. Domingo para almoço e jantar. *Mondays to Saturdays for dinner. Sundays for lunch and dinner.*

FOGO DE CHÃO

Carnes · *Steak*

Uma superprodução. Nascida em São Paulo pelas mãos do gaúcho Arri Coser, como manda toda boa churrascaria, a Fogo de Chão hoje pertence a um poderoso fundo de investimentos norte-americano. Chegou ao Rio com fama, atendimento correto feito por sulistas autênticos e uma vista para o Pão de Açúcar que impressiona até os cariocas. O tradicional rodízio, com cortes interessantes e um suntuoso bufê, atrai centenas de pessoas diariamente. Uma indústria! Em 2015 chega à Barra com um espaço no CasaShopping.

A superproduction. Born in São Paulo through the hands of Arri Coser, from Rio Grande do Sul, as with all good churrasco *sites, Fogo de Chão now belongs to a powerful American investment fund. It came to Rio preceded by its fame, with a correct service done by authentic southerners and a view to Pão de Açúcar that impresses even the Cariocas. The traditional* rodízio, *with interesting cuts and a sumptuous buffet, attracts hundreds of people every day. An industry! In 2015 it's arriving in Barra with a place in CasaShopping mall.*

Avenida Repórter Nestor Moreira, s/nº Botafogo
+55 21 2279-7117
www.fogodechao.com.br
Segunda a domingo para almoço e jantar. *Mondays to Sundays for lunch and dinner.*

FORNERIA SÃO SEBASTIÃO

Pizzas

Muita gente ignora – ou não se lembra – que se trata de uma casa criada por Rogério Fasano, que hoje pertence a Alexandre Accioly e João Paulo Diniz. O ambiente moderno, com jeitão despojado, é assinado pelo conceituado paulistano Isay Weinfeld. Como se pode perceber, é uma casa cheia de grifes! Comida? Claro, mas de pratos leves, sanduíches e uma pizza para o fim

de tarde dos domingos. Simpático para um intervalo durante as compras ou para uma comidinha despretensiosa, mas correta, depois do cinema.

Lots of people don't know – or don't remember – that this is a place created by Rogério Fasano, now belonging to Alexandre Accioly and João Paulo Diniz. The modern setting, with a casual air, bears the signature of celebrated Isay Weinfeld, from São Paulo. As you can notice, it's a restaurant full of designer labels. Food? Of course, but light dishes, sandwiches and a pizza for Sunday evenings. A friendly place for a break during shopping or for an unassuming but honest bite after the movies.

Rua Maria Quitéria, 136 · Ipanema

+55 21 2287-0335 / 2522-1159

www.laforneria.com.br

Segunda a sexta para jantar. Sábado e domingo para almoço e jantar. *Mondays to Fridays for dinner. Saturdays and Sundays for lunch and dinner.*

FRATELLI

Italiana · *Italian*

Um dos raríssimos exemplos de casa que abriu na Barra, fez sucesso e veio para a Zona Sul. Fica em uma esquina discreta do Leblon, longe da badalação próxima ao canal. A aparência tranquila de restaurante de bairro é acompanhada por uma comida italiana simples e clássica, assinada pelo chef veneziano Massimo Torresan. Local de equilíbrio mantido há duas décadas por uma figura carioca folclórica e tão discreta quanto o próprio restaurante: o empresário Joaquim Moreira. Para os amigos, Seu Moreira.

One of the extremely rare examples of a place that opened in Barra, became a success and moved over to the South Side. It's on a discreet corner of Leblon, far from the hype going on near the canal. Its quiet neighbourhood restaurant appearance is joined by a simple and classic Italian cuisine, bearing the signature of Venetian Chef

Massimo Torresan. A poised place upkept for two decades by a folksy Carioca figure as discreet as the own restaurant: businessman Joaquim Moreira. To his friends, Seu Moreira.

Avenida Lúcio Costa, 2916 · Barra da Tijuca

Ver demais endereços no final do capítulo. *See other addresses at the end of the chapter.*

+55 21 2494-6644

www.fratellirestaurante.com.br

Segunda a domingo para almoço e jantar. *Mondays to Sundays for lunch and dinner.*

FUNGHI D'ORO

Internacional · *International*

Há muitos produtores de cogumelo em todo o estado do Rio, mas esse é o único local com restaurante especializado no ingrediente, que utiliza os diferentes tipos cultivados em viveiro próprio. Há o *shitake*, que guarnece o nhoque; o *cardoncello*, que enriquece o risoto; os champignons, que acompanham o *stinco* de cordeiro. Coisa fina. E fresca, o que é fundamental, inclusive para o pão da casa, assado com... cogumelos. O restaurante fica num sítio em área de preservação ambiental e é decorado com peças de antiquário.

There are many mushroom producers in the state of Rio, but this is the only place with a restaurant specialized in the ingredient, making use of the different types cultivated in the restaurant's own nursery. There's shitake, *which goes with* gnocchi; cardoncello, *which enriches the risotto;* champignons, *which go with the lamb* stinco. *A refined thing. And fresh, something fundamental. And this extends to the house bread, baked with... mushrooms. The restaurant is in a preserved environmental area and is decorated with items from antiquarians.*

Estrada Caminho do Imperador, 1333 Rocio · Petrópolis

+55 24 2291-5682

www.funghidoro.com.br

Sexta e sábado para almoço e jantar. Domingo para almoço. *Fridays and Saturdays for lunch and dinner. Sundays for lunch.*

GARDEN

Variados · *Diversified*

Brasileira · *Brazilian*

O Garden, em Ipanema, tem a cara de um bistrô de bairro. Ele está ali, renitente, há cinquenta anos, com a mesma aparência de casa familiar, apesar das reformas, e com clientes que conhecem a brigada. Tem receitas infalíveis de carnes e frutos do mar, com direito a cozidos, picadinhos e pudim de leite para sobremesa. Uma atração à parte é a *paella*, receita que o joalheiro Pepe Torras, um catalão nativo, garante ser autêntica.

Garden, in Ipanema, has the appearance of a neighbourhood bistro. It's been there for 50 years, stubbornly, with the same air of a family home, in spite of the refurbishing, and with clients who know the brigade. It has sure-fire recipes of beef and seafood, including boiled stews, minced picadinho *meat stew and a milk-and--eggs flan for dessert. An attraction in itself is the* paella, *with a recipe that jeweller Pepe Torres, a native Catalan, swears is authentic.*

Rua Visconde de Pirajá, 631, loja B
Ipanema
+55 21 2259-3455
https://pt-br.facebook.com/gardenrestauranteipanema
Segunda a sábado para almoço e jantar. Domingo para almoço. *Mondays to Saturdays for lunch and dinner. Sundays for lunch.*

GIUSEPPE GRILL

Carnes · *Steak*

Como em um típico restaurante de carnes, como sugere o nome, você encontra *prime ribs*, bifes de tira e a maminha sempre macia, mas foram os peixes frescos que fizeram a fama da casa. Não deixe de pedir o namorado grelhado servido sobre folhas de bananeira. E há o creme de espinafre sem creme de leite, receita da vó de Marcelo Torres, o mesmo do Laguiole, que aqui é sócio de Roberto Augusto.

Like in a typical steak house, as the name suggests, you can find here prime ribs, strips of beef, and the always soft rump cuts, but it was the fresh fish that gave the house its fame. Ordering the grilled sand perch served on banana tree leaves is a must. And there's the spinach cream, with no sour cream, a recipe from Marcelo Torres' grandmother. Marcelo is the same from Laguiole, here in a partnership with Roberto Augusto.

Avenida Bartolomeu Mitre, 370
Leblon
Ver demais endereços no final do capítulo. *See other addresses at the end of the chapter.*
+55 21 2249-3055
Segunda a domingo para almoço e jantar. *Mondays to Sundays for lunch and dinner.*

GRAND CRU

Casa de vinhos · *Wine*

Uma das poucas casas administradas por importadoras de vinhos que ainda se mantém no mercado. Tem uma cozinha sem grandes ambições, planejada para não interferir no

negócio principal: os rótulos que a casa traz de todo o mundo e que promove em rodadas de degustação. É a filosofia mais correta com quem vai ali para degustar a sua taça: é o prato que harmoniza com o vinho, não o contrário.

One of the few places managed by wine importers that are still in the market. It has a cuisine with no great ambitions, planned so it won't interfere with the main business: labels brought in from all parts of the world, promoted by the house in its tastings. The most correct philosophy for those who go there to enjoy their glass of wine: it's the dish that harmonizes with the wine, not the other way around.

Rua Lopes Quintas, 180 · Jardim Botânico

Ver demais endereços no final do capítulo. *See other addresses at the end of the chapter.*

+55 21 2511-7045

www.grandcru.com.br

Segunda a domingo para almoço e jantar. *Mondays to Sundays for lunch and dinner.*

GUIMAS

Variados · *Diversified*

Seu fundador, Chico Mascarenhas, é um português que aprendeu a comer em Lisboa e a cozinhar em Paris. Desse caminho, surgiu a fórmula do Guimas, um bistrô essencial, de pratos simples como o *steak tartare* na ponta da faca ou o *steak au poivre* de incrível maciez. Massas, risotos e delicadezas como cavaquinhas completam o cardápio. É o simples mais sofisticado da cidade!

The founder, Chico Mascarenhas, is a Portuguese who learned how to eat in Lisbon and how to cook in Paris. From this route came the formula for Guimas, an essential bistro, with simple dishes like the knife-cut steak tartare *or the incredibly soft* steak au poivre. *Pasta, risotto and delights like slipper lobsters complete the menu. It's the most sophisticated simple place in town!*

Rua José Roberto Macedo Soares, 5
Gávea
+55 21 2259-7996
www.restauranteguimas.com.br
Segunda a domingo para almoço e jantar. *Mondays to Sundays for lunch and dinner.*

GULA GULA

Fast (gourmet) Food

A rede de Pedro de Lamare é um exemplo de marketing gastronômico bem-sucedido, mas sem jamais deixar cair a peteca dos sabores criados pelo patriarca Fernando, fundador da primeira loja, em 1984. São dele algumas das receitas que até hoje marcam o Gula Gula e que se tornaram a cara do Rio, como as saladas de batata frita e de carne desfiada, o pastel de queijo brie e o penne de gorgonzola e nozes.

Pedro de Lamare's chain of restaurants is an example of successful gastronomy marketing, but without dropping the ball with the flavors

created by patriarch Fernando, founder of the first place in 1984. He's the one behind some of the recipes that mark Gula Gula up to this day and that have become symbols of Rio, like the shredded meat and French fries, the brie pastel, *and the penne with gorgonzola and nuts.*

Avenida General San Martin, 1196
Leblon
Ver demais endereços no final do capítulo. *See other addresses at the end of the chapter.*
+55 21 2294-0650 / 2294-8792
www.gulagula.com.br
Segunda a domingo para almoço e jantar. *Mondays to Sundays for lunch and dinner.*

HERR PFEFFER

Alemã · *German*

A rigor, é uma casa do grupo Adega do Pimenta. O espírito germânico aparece no joelho de porco – no cardápio de quinta-feira – e nos patês, embutidos e outras especialidades que encomendam de uma fazenda em Mendes. Por iniciativa de Fábio Santos, filho do Pimenta, o restaurante investe em cervejas especiais, mesmo com a concorrência séria da vizinhança de porta, como o Botequim Informal e a Academia da Cachaça. O nome carrega uma tradição: trata-se de uma homenagem a Holf Pfeffer, fundador da Adega e antigo mestre cervejeiro da Brahma.

Strictly speaking, this place belongs to the group that owns Adega do Pimenta. The German spirit shows in the einsbein *- on Thursday's menu - and in the spreads, processed meat and other specialities they order from a farm in Mendes. By initiative of Fábio Santos, Pimenta's son, the restaurant invests in premium beer, even with the stiff competition from neighbors like Botequim Informal and Academia da Cachaça. The name bears a tradition: it's a tribute to Holf Pfeffer, who founded Adega and was an old beermaster at Brahma.*

Rua Conde Bernadotte, 26 · Leblon
+55 21 2239-9673
www.herrpfeffer.com.br
Segunda a domingo para almoço e jantar. *Mondays to Sundays for lunch and dinner.*

ÍCARO

Variados · *Diversified*

É uma das casas da família Paludo, com raízes entre os restaurantes de Niterói. De lá veio a fórmula que reúne um leque para agradar qualquer fome, das pizzas aos sushis, dos pratos à la carte ao bufê de almoço, passando por uma estação de massas, o "pastashow", em que o cliente monta o seu próprio prato, escolhendo o tipo e o molho.

It's one of the places in the Paludo Family, who have their roots in Niterói restaurants. That's where their formula came from, gathering a range of choices to please any kind of hunger, from pizzas to sushi, *from à la carte to self-service buffet, passing through a pasta station, the "pastashow", where a customer can put together his own dish, choosing types and sauces.*

Rua Lauro Müller, 116, loja A41B
Shopping Rio Sul · Botafogo
+55 21 2546-1900
www.icarogastronomia.com.br
Segunda a domingo para almoço e jantar. *Mondays to Sundays for lunch and dinner.*

IMPERATRIZ LEOPOLDINA

Internacional · *International*

O barão do café Joaquim Passos teve de pedir autorização à princesa Isabel antes de mandar construir seu palacete no centro de Petrópolis, em 1875. É lá que hoje funciona o hotel Solar do Império, que abriga o restaurante Imperatriz Leopoldina, num salão belíssimo, com afrescos nas paredes e cardápio assinado pela chef Claudia Mascarenhas. Ela volta à casa com seu bacalhau pensado na cama, o lombo de cordeiro em crosta de ervas e molho de jabuticaba, o polvo confitado com risoto de alho-poró e, para a manhã, o *waffle* de pão de queijo. E ainda tem o chá da tarde com torradas Petrópolis. Um luxo.

Coffee baron Joaquim Passos had to request Princess Isabel an authorization before he could build his palace in downtown Petrópolis, in 1875. There, today, is the Hotel Solar do Império, with its restaurant Imperatriz Leopoldina, which has a gorgeous dining hall, with frescos on the walls and a menu bearing Claudia Mascarenha's signature. She returns to this restaurant with her bacalhau pensado na cama *(cod "pondered in bed", with green peppers, punched potatos, garlic and olive oil), her lamb loin in an herbs crust and* jabuticaba *sauce, her octopus confit with leek risotto and, for mornings, cheesebread waffles. And there's still the evening tea with Petrópolis toast. A luxury.*

Avenida Koeller, 376 · Centro
Petrópolis
+55 24 2103-3000
www.solardoimperio.com.br
Segunda a domingo para café da manhã, almoço e jantar. *Mondays to Sundays for breakfast, lunch and dinner.*

IN HOUSE CAFÉ E BISTRÔ

Bistrô

As andanças do chef Alex Herzog pelo mundo renderam guias – e o cardápio desse simpático bistrô, que dá tratamento interessante a itens tão diversos quanto a *bruschetta* de entrada e o bacalhau do prato principal. A atenção está também na decoração, que lembra uma sala de estar, e na adega, de mais de 120 rótulos.

Chef Alex Herzog's roamings throughout the world have yielded tourist guides – and a menu for this friendly bistro, which lends an interesting treatment to items so diverse as bruschetta *for openers and codfish for the main course. Pay attention also to the décor, remindful of a parlor, and to the wine cellar, with over 120 labels.*

Avenida das Américas, 7777, loja 345
Rio Design Barra · Barra da Tijuca
+55 21 2438-7638
www.inhousecafebistro.com.br
Segunda a domingo para almoço e jantar. *Mondays to Sundays for lunch and dinner.*

INTIHUASI

Peruana · *Peruvian*

Não importa se Margarita Pinto está há três décadas no Brasil.

Peruana da gema, ela desvenda direitinho a cozinha de seu país e suas nuances: o mar, a montanha, o caráter oriental, os piscos que serve em drinques ou em doses de garrafas selecionadas por uvas, como em uma adega. Para comer, invista no circuito de ceviche, na *pachamanca* – um cozido farto de carnes – ou, ainda mais típico, nas *canchitas*, milho local servido com chips de banana-da-terra. É uma viagem completa, sem passaporte nem nada.

It doesn't matter if Margarita Pinto has been in Brazil for three decades. A true Peruvian, she rightly unfolds her country's cuisine and its nuances: the ocean, the mountains, the oriental traits, the piscos she serves in poured drinks or in bottles selected by the grapes, as in a wine cellar. For eating, invest in the ceviche *circuit, in the* pachamanca *– a stew with meat galore – or, for even more typical food, in the* canchitas, *a local corn served with plantain banana chips. It's a round trip, with no need of passport or anything.*

Rua Barão do Flamengo, 35, loja D
Flamengo
+55 21 2225-7653
www.intihuasi.art.br
Segunda a sábado para almoço e jantar. Domingo para almoço. *Mondays to Saturdays for lunch and dinner. Sundays for lunch.*

JANGO'S BAR

Frutos do mar · *Seafood*

Onde fica esse bar? Não procure em terra, mas nas águas da praia do Dentista (o dentista é o famoso Olympio Faissol), onde os serviços do pequeno restaurante do comandante Jango flutuam, mansos, a bordo de uma traineira. Ele organiza, a mulher cozinha, uma das filhas prepara as bebidas e a outra atende aos pedidos, que chegam por celular ou rádio, dos barcos vizinhos. Os clientes recebem, de lancha ou caiaque, lulas à dorê, pastéis de camarão, bolinhos de bacalhau, filezinhos de peixe e até combinados de sushi e sashimi.

Where is this bar? Don't look for it on land, but in the waters of Dentist Beach (the dentist is the famous Olympio Faissol), where the services of Captain Jango's little restaurant float, smoothly, aboard a trawler. He organizes, the wife cooks, one of the daughters prepares the drinks and the other takes the orders, that come in by mobile or radio, from the neighboring boats. Customers receive breaded calamari à dorê, shrimp pastéis *turnovers, codfish rolls, fish filets or even sushi and sashimi combinations, delivered by kayak or motor boat.*

Praia do Dentista, s/nº · Ilha da Gipoia
Angra dos Reis
+55 24 99991-2801

JARDINETO

Brasileira · *Brazilian*

Parece cenografia: o ambiente campestre, a umidade da mata vizinha, o silêncio da região isolada e os jardins que batizam a casa antiga, que, por causa de Guida Fernandes, ganhou a fama de local para ir sem pressa. Ela passou o bastão da gerência e da cozinha para dois jovens, aos quais confiou o cardápio de pratos fartos com fórmulas simples e lentas, como a paleta de cordeiro, marca da casa, que vem acompanhada de feijoada branca.

It looks like a movie set: the country atmosphere, the moisture from a nearby woods, the silence of this isolated spot and the gardens that give the ancient house its name. Guida Fernandes created the fame surrounding this place as somewhere you can go with no hurries. She passed the torch of the management and the kitchen to a young couple to whom she entrusted the menu of plentiful dishes with simple and slow formulas, like the lamb leg, a house trademark, that comes with a feijoada *of white beans.*

Rua Luciano Gallet, 75 · Vargem Grande
+55 21 2428-1053
www.jardineto.com.br
Quinta, sexta e domingo para almoço. Sábado para almoço e jantar. *Thursdays, Fridays and Sundays for lunch. Saturdays for lunch and dinner.*

JULIUS BRASSERIE

Bistrô / Contemporâneo
Contemporary

Apesar do nome, é um bistrô. Simpático, num dos recantos mais bucólicos do Rio: a praia da Urca, ao lado do antigo cassino. Valeria a pena só pela paisagem, mas não é apenas isso. Enquanto admira a vista, flane com calma pelo cardápio simples, mas cheio de surpresas. Ele traz saladas contemporâneas, carnes de caça e risotos. Durante a semana, um cardápio executivo permite aventuras por uma cozinha interessante sem maiores sustos no bolso.

The name says brasserie but it's a bistrô. A nice place, in one of Rio's most idyllic corners: Urca Beach, beside the former casino. The scenery alone is worth the visit, but there's more to it. While you admire the view, feast your eyes calmly on the menu, simple but full of surprises. It includes contemporary salads, dishes of game meat and risottos. On weekdays, a set menu allows for adventures through an interesting cuisine that doesn't frighten your wallet.

Avenida Portugal, 986 · Urca
+55 21 3518-7117
Terça a domingo para almoço e jantar. *Tuesdays to Sundays for lunch and dinner.*

KOTOBUKI

Japonesa · *Japanese*

Foi um dos pioneiros da culinária japonesa na cidade, quando era comandado por Marina Tasakhi, que ensinava os pescadores a tratar o atum com cuidado para não prejudicar a textura. Hoje, em novos endereços e com novos donos, a casa aposta nos combinados de sushi e sashimi, em alguns preparados de peixe cru com molhos diferentes, nos saquês importados e no bufê de almoço.

One of the pioneers of Japanese cuisine in town, when it was run by Marina Tasakhi, who taught fishermen how to treat the tuna with care so as not to spoil the texture. Now, with new owners and new addresses, the restaurant goes for the sushi and sashimi combinations, some dishes of raw fish with different sauces, imported sakes and a lunch buffet.

Praia de Botafogo, 400, loja 703
Botafogo Praia Shopping · Botafogo
Ver demais endereços no final do capítulo. *See other addresses at the end of the chapter.*
+55 21 3171-9595
www.kotobuki.com.br
Segunda a domingo para almoço e jantar. *Mondays to Sundays for lunch and dinner.*

LAGOON GOURMET

Complexo gastronômico · *Gastronomy Complex*

Turístico, familiar, programa completo. Instalado no estádio de remo da Lagoa, o complexo conta com casa de shows, cinema, espaço infantil e área de eventos. Abriga os restaurantes Giuseppe Grill Mar, Gula Gula, Pax Delícia e Quadrifoglio Caffè, além do bar lounge San Remo. Cada estabelecimento tem seus salões próprios para receber os clientes, mas, ao sentar-se na área em comum na varanda, o frequentador encontra uma versão reduzida dos cardápios de cada um deles. Isso significa que, se estiver em grupo, é uma boa sugestão, uma vez que cada um pode pedir o prato do restaurante que preferir. E a vista para a lagoa Rodrigo de Freitas é deslumbrante, um convite a mais para se acomodar por ali! Outro caminho é escolher entre o Quiosque do Português, famoso por suas caipirinhas, ou o Sushi Lagoa, se estiver com vontade de comidinha japonesa. Para adoçar, tem Sorvete Brasil. Os amantes de produtos nacionais e importados devem dar uma passada na delicatéssen Empório Gourmet Show, onde há bons rótulos de vinhos. E de quebra no andar superior está o Miranda, casa de shows com uma programação bem--equilibrada. O Rio é uma festa!

A place for tourists, for family outings, for a complete programme. Installed in the former rowing stadium at Lagoa, the complex has a concert hall, movie theaters, a playground and a space for events. And the restaurants Giuseppe Grill Mar, Gula Gula, Pax Delícia and Quadrifoglio Caffè, besides the lounge bar San Remo. Each establishment has its own hall to receive its customers, but if you sit in the common area, on the veranda, you'll find a smaller version of each one's menu, This means that if you're with a group, this spot is a good suggestion, for each person can order from the restaurant he or she prefers. And the view of Lagoa Rodrigo de Freitas is amazing, one more reason to settle over there. Another option is to choose among Quiosque do Português, famous for its caipirinhas, *and Sushi Lagoa, if you feel like having Japanese. To sweeten up, there's Sorvete Brasil. Lovers of Brazilian and imported products should stop by the deli Empório Gourmet Show, where there are nice wine labels. And for tops, on the top floor there's Miranda, a venue with a steady calendar of concerts. Rio's a party!*

Avenida Borges de Medeiros, 1424
Lagoon · Lagoa

Ver restaurantes e endereços no final do capítulo. *See restaurants and addresses at the end of this chapter.*

LAMAS

Brasileira · *Brazilian* / Tradição carioca · *A Carioca tradition*

Faz parte da história da boemia nacional. Os pratos são fartos e não há experiência mais carioca que derrubar alguns chopes ao lado do formidável filé à milanesa do Lamas – ou, para estômagos mais fortes, da língua, macia e amanteigada, com purê de batata. No salão barulhento e rodeado de espelhos, de decoração *délabré*, garçons de primeira, à moda antiga, circulam freneticamente até alta madrugada. É o Rio boêmio dos bons tempos, que no Lamas pulsa como nunca.

Lamas is part of the history of Brazilian bohemia. Dishes are plentiful and there isn't an experience more Carioca than knocking back some beers alongside Lama's remarkable breaded steak, the filé à milanesa. *Or, for stronger stomachs, than facing the tongue, soft and buttery, with smashed potatos. In the noisy hall, surrounded by mirrors, with a* délabré décor, *first-*

-rate waiters, in the old-times fashion, serve frenetically into the dawn. This is bohemian Rio like in the good old days, a Rio that in Lamas pulses forever.

Rua Marquês de Abrantes, 18
Flamengo

+55 21 2556-0799 / 2556-0229
www.cafelamas.com.br
Segunda a domingo para café da manhã, almoço e jantar. *Mondays to Sundays for breakfast, lunch and dinner.*

LIMA RESTOBAR

Peruana · *Peruvian*
Novidades · *Novelties*

O chef Marco Espinoza virou uma espécie de rei dos incas da cozinha brasileira. Os restaurantes peruanos são todos com ele, do Taypá, em Brasília, passando pelo Tupac e o El Chalaco, no eixo Ipanema-Leblon. E ele reina com estilo, trazendo espetinhos de entrada (*anticuchos*), com uma rodada de piscos, que estão no meio do caminho entre o martíni e a caipirinha. Os pratos são tão ousados quanto curiosos, do *ají de gallina*, um creme de frango sobre torradinhas com condimento delicado e diferente, ao *chalaca*, um farto ceviche de peixes e mariscos, passando pelo *tacu-tacu*, que lembra um arroz de frutos do mar. Sem falar dos *tiraditos*!

*Chef Marco Espinoza became a sort of King of the Incas in Brazilian cuisine. All the Peruvian restaurants belong to him, from Taypá, in Brasília, to Tupac and El Chalaco, in the Ipanema-Leblon circuit. And he reigns in style, bringing skewered entrées (*anticuchos*), with a round of* piscos, *a drink halfway between a martini and a* caipirinha. *Dishes are as bold as curious, from* ají de gallina, *a chicken cream over toast with a delicate and different seasoning, to* chalaca, *a abundant serving of fish and shellfish* ceviche, *passing through* tacu-tacu, *which recalls rice with seafood. Not to mention the* tiraditos*!*

Rua Visconde de Caravelas, 113
Botafogo

+55 21 2527-2203
www.limarestobar.com.br
Segunda a sábado para almoço e jantar. Domingo para almoço. *Mondays to Saturdays for lunch and dinner. Sundays for lunch.*

LOCANDA DELLA MIMOSA

Italiana · *Italian*

Pousada de grande charme, restaurante e motivo para ir a Itaipava nos fins de semana. Mas, como os caminhos da serra, o lugar teve uma trajetória sinuosa, com altos e muitos baixos, com um entra e sai de chefs. Os altos, na época de Danio Braga, em que a cozinha italiana e a pousada de seis quartos ganharam padrão e fama. Os baixos, quando as dificuldades surgiram e o chef italiano cedeu as rédeas ao dramaturgo noveleiro Aguinaldo Silva, que acabou assinando um episódio dessa história. Mas Danio está de volta, responsável pelos pratos e copos, renovando a cozinha, um dos itens da reforma geral que fizeram na casa. Intocados o clássico *brunch* dos fins de semana e a pizza dos domingos.

This lodge with plenty of charm, and with this restaurant, is a good reason for going to Itaipava on weekends. But, like the mountain roads that reach there, this place covered a sinuous route, with ups and downs, with chefs coming and going. The ups were during Danio Braga's time, when the Italian cuisine and the six-room lodge became well known for its high standards. The downs came when problems kept turning up and the Italian chef passed the helm over to Aguinaldo Silva, a soap opera screenwriter, who ended up penning a new episode in this story. But Danio is back, in charge of glasses and dishes, renewing the kitchen, just one of the items that are being refurbished in the place. The classic brunch on weekends and the Sunday pizzas will of course remain the same.

Alameda das Mimosas, 30 (acesso pela BR040, Km 71) · Itaipava · Petrópolis
+55 24 2233-5450
www.locanda.com.br
Sexta a domingo para almoço e jantar. *Fridays to Sundays for lunch and dinner.*

MAJÓRICA

Carnes · *Steak* / Tradição carioca *A Carioca tradition*

Depois de um incêndio em 2012, a churrascaria voltou igualzinha. Ambiente tradicional e serviço sem pressa, que em nada lembram os rodízios. Pastel obrigatório como entrada e carnes com os cortes tradicionais. Serviço à antiga mesmo, mas com uma audiência tão fiel que não se importa em passar um bom tempo procurando vaga para estacionar.

After burning down in 2012, this steak house did a comeback. It's still the same: a traditional atmosphere and service in no hurry, nothing remindful of the rodizios. Pastéis, *a deep-fried turnover, are a must as an entrée and for steaks there are all the traditional cuts. Service is old-fashioned, but the public here is so faithful they don't mind spending some time looking for a space to park their cars.*

Rua Senador Vergueiro, 11 · Flamengo
+55 21 2205-6820 / 2265-6945
www.majoricario.com.br
Segunda a domingo para almoço e jantar. *Mondays to Sundays for lunch and dinner.*

MÁLAGA

Variados · *Diversified*

Por décadas, a casa funcionou apenas como choperia e, em 2006, tornou-se restaurante. Com um nome que sugere cardápio espanhol, o lugar traz um pouco de tudo: pratos portugueses, alemães, franceses. A variedade é imensa, mas nem por isso compromete a qualidade. O *labskaus* – feito exatamente como no norte da Alemanha – e o leitãozinho à Bairrada são dois exemplos famosos, que chegam a provocar fila na porta.

This place was just a beer house for decades and then, in 2006, it became a restaurant. With a name suggestive of Spanish cuisine, it's the restaurant with a bit of everything: Portuguese, German, French dishes. There's a huge variety but this doesn't compromise the quality. Labskaus – *done exactly like in north Germany – and* leitãozinho à Bairrada, *a roasted piglet, are two famous examples, attracting long queues at the door.*

Rua Miguel Couto, 121 · Centro
+55 21 2253-0862 / 2233-3515
www.malaga.com.br
Segunda a sexta para almoço e jantar.
Mondays to Fridays for lunch and dinner.

MAMMA JAMMA

Pizzas

Mamma Jamma reafirmou o Jardim Botânico como um polo de pizzas. Criada em "laboratório" para atender ao gosto do carioca, compete com suas irmãs de igual para igual. Feita com critérios aprimorados, foi formatada para crescer. Tem o toque da chef Flávia Quaresma e passeia com desenvoltura entre os sabores tradicionais ou mais sofisticados, como a *gamberotto, aglio e pepe* e alho-poró.

Mamma Jamma reestalished Jardim Botânico as a pizza center. Conceived in a "lab" to better cater to Cariocas' taste, it competes on equal terms with its sister restaurants. Made according to high standards, it was formatted so as to grow in time. With the touch of Chef Flávia Quaresma, it strolls nimbly among traditional or more sophisticated flavors, such as gaberotto, aglio e pepe *and leek.*

Rua Saturnino de Brito, 50 · Jardim Botânico
+55 21 3875-1223
www.mammajamma.com.br
Segunda a domingo para jantar.
Mondays to Sundays for dinner.

MANEKINEKO

Japonesa · *Japanese*

Culinária japonesa com toque contemporâneo, em que os sushis e sashimis ganham estilos, molhos e acabamentos diferentes, desde os camarões envoltos em ninho de macarrão ao molho teriyaki e peixes como o atum e o salmão acompanhados de molhos de frutas. Ou fórmulas como o harumaki que ganham sabores como os de Nutella ou banana.

Japanese cuisine with a contemporary touch, in which sushi and sashimi acquire styles, sauces and different finishing, from shrimp wrapped in a macaroni nest to teriyaki sauce and fish like tuna and salmon in fruit sauces. Or formulas like the harumaki with added flavors of Nutella or banana.

Rua Dias Ferreira, 410 · Leblon
Ver demais endereços no final do capítulo. *See other addresses at the end of the chapter.*
+55 21 2540-6981
www.manekineko.com.br
Segunda a domingo para almoço e jantar. *Mondays to Sundays for lunch and dinner.*

MARGUTTA

Italiana · *Italian*
Frutos do mar · *Seafood*

Quando inaugurou, há exatos vinte anos, tornou-se rapidamente um ponto movimentado, com uma cozinha italiana simples comandada por Paolo Neroni, ao lado da mulher, Conceição, que se tornou chef e conhecida personagem do mundo gastronômico. De entrada, três especialidades: panelinhas de camarão com alho, champignons de Paris com vinho branco e *mozzarella in carrozza*. E ainda massas, risotos corretos e o famoso pargo ao sal grosso. No endereço do Centro, em plena FIRJAN, é referência para executivos e almoços de negócios.

When it opened, twenty years ago, it quickly became a busy place, with a simple Italian cuisine run by Paolo Neroni and his wife, Conceição, who later became a chef widely known among the world of gastronomy. For openers, three specialities: little pots of shrimp with garlic, Paris champignons *in white wine and* mozzarella in carrozza. *And there are still pasta, risottos nicely done and the famous red snapper with sea salt. The downtown address, right at FIRJAN, headquarters of the Industry Federation, is a reference for businessmen and business lunches.*

Avenida Henrique Dumont, 62
Ipanema
Ver demais endereços no final do capítulo. *See other addresses at the end of the chapter.*
+55 21 2259-3887 / 2259-3718
www.margutta.com.br
Segunda a quinta para jantar. Sexta a domingo para almoço e jantar. *Mondays to Thursdays for dinner. Fridays to Sundays for lunch and dinner.*

A MARISQUEIRA

Portuguesa · *Portuguese*
Frutos do mar · *Seafood*

É o típico restaurante da Copacabana dos anos 1950: retrô, com garçons usando gravata-borboleta, ambiente sem luxo e especialidades portuguesas. Tem todas as formas de arroz, peixes assados ou em caldeiradas, bacalhaus desfiados ou em postas, bolinhos, rissoles e sobremesas de amêndoas.

It's the typical Copacabana restaurant from the 1950s: retro, with waiters wearing bowties, a setting with no luxuries and Portuguese specialities. It has all kinds of rice, fish as a roast or in kettles, codfish shredded or in flitches, rolls, rissoles and almond desserts.

Rua Barata Ribeiro, 232 · Copacabana
+55 21 2547-3920 / 2236-2062
Segunda a domingo para almoço e jantar. *Mondays to Sundays for lunch and dinner.*

MEE

Japonesa · ***Japanese***
Novidades · ***Novelties***

Trouxeram gente do Kinoshita, em São Paulo, para dar grife à casa, desnecessário para quem está no Copacabana Palace. Mas trouxeram também um modelo diferente, um combinado entre japonês e chinês, com sushis e assados saídos do *wok* convivendo no mesmo cardápio. O ambiente é elegante e despojado, com luzes e decoração bem-planejadas tanto nas mesas do salão quanto no balcão.

They brought in people from Kinoshita, in São Paulo, to give the place a name – not quite necessary for a restaurant in Copacabana Palace. But they also brought a different model, a combination of Japanese and Chinese, with sushi and roasts coming from a wok to mingle in the same menu. With an elegant and basic mood, the lighting and interior decoration is well planned, both at the counter as on the tables in the dining hall.

Avenida Atlântica, 1702 · Copacabana Palace · Copacabana
+55 21 2548-7070
www.copacabanapalace.com.br
Segunda a domingo para jantar.
Mondays to Sundays for dinner.

MIAM MIAM

Contemporâneo · ***Contemporary***

Um ambiente descolado: meia-luz, decoração minimalista com direito a mesas e cadeiras diferentes umas das outras, trilha sonora em estilo *lounge* e um traço *vintage* com tijolos aparentes, originais do casarão em Botafogo. Comidinhas com Brasil nos ingredientes – da pupunha ao vatapá – e com um toque oriental na apresentação. Coisas que fizeram de Roberta Ciasca uma chef *cult* e *cool*.

A trendy atmosphere: low lights, minimalist décor where tables and chairs are different from each other, a lounge soundtrack and traces of vintage with all the brickwork from the original house in Botafogo. Savouries having Brazil in the

ingredients – from pupunha *palm to* vatapá, *a paste of shrimp, coconut milk and peanuts – and with an oriental touch in its appearance. Things that made Roberta Ciasca a cool and cult chef.*

Rua General Góes Monteiro, 34
Botafogo
+55 21 2244-0125
www.miammiam.com.br
Terça a sábado para jantar. *Tuesdays to Saturdays for dinner.*

MINIMOK

Japonesa · *Japanese*

Com a concorrência do Sushi Leblon logo ao lado, o Minimok tem de ser bastante criativo. E afrouxar um pouco a gravata do sushi tradicional, com invenções crocantes, peixes diferentes e até ingredientes mais ousados (pupunhas, mini-tacos e sais negros), especialmente quando o inquieto chef Checho Gonzales faz seus cardápios especiais para a casa. Mesinhas expostas na calçada completam o mix necessário da Dias Ferreira.

*With the competition of Sushi Leblon right beside it, Minimok had to be pretty creative. And loosen up a bit the formality of traditional sushi, with crunchy inventions, different fish and even daring ingredients (*pupunha *palm, minitacos and black salt), specially when Checho Gonzales, the restless chef, does his special menus for the house. Small tables laid out on the sidewalk complete the mix necessary to Dias Ferreira.*

Rua Dias Ferreira, 116 · Leblon
Ver demais endereços no final do capítulo. *See other addresses at the end of the chapter.*
+55 21 2511-1476
www.minimok.com.br
Segunda a domingo para almoço e jantar. *Mondays to Sundays for lunch and dinner.*

LA MOLE

Italiana · *Italian*
Popular

Culinária despretensiosa que é hoje uma importante cadeia

de comida simples, com preços bastante razoáveis. Mantém o couvert – com patê, ovos de codorna, salaminho, linguiça, queijo e outras iguarias – desde a inauguração da primeira casa da rede, no Leblon, em 1958. Almoços comerciais e famílias à noite e nos fins de semana, com a pizza de domingo. No cardápio, entre escalopinhos, canelones, picadinhos e carne--seca, opções de inspiração italiana simples.

With an unpretentious cuisine, now it's an important chain of restaurants with simple food and pretty reasonable prices. It has kept the couvert – patê, *quail eggs, salami, sausage, cheese and other delights – since it opened its first place, in Leblon, in 1958. Set menus for lunch, a family menu at night and on weekends, and pizzas on Sundays. On the menu, cutlets, cannelloni, hash and jerked beef, choices with a simple Italian inspiration.*

Rua Dias Ferreira, 147, lojas C/D
Leblon
Ver demais endereços no final do capítulo. *See other addresses at the end of the chapter.*
+55 21 3460-0800
www.lamole.com.br
Segunda a domingo para almoço e jantar. *Mondays to Sundays for lunch and dinner.*

NAM THAI

Asiática · *Asian*
Tailandesa · *Thai*

É o único restaurante de cozinha declaradamente tailandesa que cumpre a palavra. Explica-se: o dono e chef, David Zisman, médico brasileiro, viveu a gastronomia local, morando lá por tempo suficiente para largar tudo e partir para o calor do fogão e dos condimentos. Por isso, o Nam Thai oferece itens originais, que não se vê em lugar nenhum. E que chegam ao cardápio com a orientação devida quanto ao nível de incandescência do prato.

The only restaurant that openly proclaims itself to offer a Thai cuisine and lives up to this name. Here's the reason: the owner and chef, David Zisman, a Brazilian doctor, has spent time among the local gastronomy. He lived in Thailand long enough to jettison everything and move forward into the heat of the stove and the spices.

That's why Nam Thai offers original items, which you don't see anywhere else. And that reach the menu with due orientation as to the dish's ideal level of incandescence.

Rua Rainha Guilhermina, 95 · Leblon
+55 21 2259-2962
www.namthai.com.br
Terça a domingo para almoço e jantar. Segunda para jantar. *Tuesdays to Sundays for lunch and dinner. Mondays for dinner.*

O NAVEGADOR

Brasileira · *Brazilian*

O nome pode sugerir um restaurante de frutos do mar, mas é apenas uma referência ao Clube Naval, onde ocupa um salão no sexto andar. No cardápio, a chef Teresa Corção exercita uma convicção quase patriótica em pratos bem brasileiros com um toque de reinvenção, mas com intransigência quanto aos produtos orgânicos, que traz até do Acre. Quase um manifesto filosófico do Instituto Maniva, que criou e preside.

The name may suggest a seafood restaurant, but it's only a reference to the Clube Naval, where it occupies a dining hall on the sixth floor. On the menu, Chef Teresa Corção employs a conviction that's almost patriotic, with the very Brazilian dishes, with a touch of reinvention, but steadfast as to the organic products, which she brings even from faraway Acre. Practically a philosophical statement issued by the Instituto Maniva, that she created and over which she presides.

Avenida Rio Branco, 180, 6º andar
Clube Naval · Centro
+55 21 2262-6037
www.onavegador.com.br
Segunda a sexta para almoço.
Mondays to Fridays for lunch.

NORI

Japonesa · *Japanese*

Para quem curte almoço ou jantar com vista, a casa abre o visual da lagoa Rodrigo de Freitas. No salão com decoração moderna, há as entradinhas nipônicas, os combinados, os yakissobas e os espetinhos preparados na robata, uma grelha com fundo de vidro. E alguns pratos mais ocidentais como o risoto de lula e o salmão no leito de palmito pupunha.

For those who enjoy lunch or dinner with a view, this place offers the scenery of Lagoa Rodrigo de Freitas. In the dining hall with a modern decoration, there are the Nipponese entrées, the combined dishes, yakissobas and skewers prepared on a robata, a grill with a glass bottom. And more occidental dishes like calamari risotto and salmon in a bed of pupunha *palm.*

Avenida Afrânio de Melo Franco, 290, loja 402B · Shopping Leblon · Leblon
+55 21 2540-5082
www.restaurantenori.com.br
Segunda a domingo para almoço e jantar.
Mondays to Sundays for lunch and dinner.

OÁSIS

Carnes · *Steak*

De todas as churrascarias com serviço de rodízio, essa mantém o padrão há mais tempo, com seu circuito de carnes argentinas e seus cortes no melhor estilo portenho. O salão é enorme, mas o atendimento "olho no olho" mostra que a casa é nossa. Atenção para cortes raros, como a ponta de agulha assada à perfeição no calor do carvão, um dos poucos cortes nesse gênero em toda a cidade.

Of all the steak houses with the rodízio *system, this is the one who has kept its standards for the longest, with its circuit of Argentine beef and its cuts in the best* porteño *style. The dining hall is enormous, but service is "eye to eye", showing that you can feel at home in this place. Pay attention to the rare cuts, like the short ribs roasted to perfection over the heat from the coals, one of the few cuts of its kind in all of Rio.*

Estrada do Joá, 136 · São Conrado
+55 21 3322-2883 / 3322-3114
www.churrascariaoasis.com.br
Segunda a domingo para almoço e jantar.
Mondays to Sundays for lunch and dinner.

OPIUM

Asiática · *Asian*

O menu do restaurante instalado no Ipanema Plaza Hotel é um grande combinado asiático. Encontra-se de tudo: sushi bar, peixes e frutos do mar com *curries* indianos ou leite de coco vietnamita, arrozes tailandeses, o molho ao gengibre dos chineses e clássicos da globalização, como o camarão ao molho de abacaxi e o atum ao molho *teriyaki*.

The menu of this restaurant installed at Ipanema Plaza Hotel offers a large combination of Asian dishes. You may find everything here: sushi bar, fish and seafood with Indian curry or Vietnamese coconut milk, Thai rice, Chinese ginger sauce and classics of globalization, such as shrimp in pineapple sauce and tuna in teriyaki sauce.

Rua Farme de Amoedo, 34
Ipanema Plaza Hotel · Ipanema
+55 21 3687-2014
www.restauranteopium.com.br
Segunda a domingo para almoço e jantar.
Mondays to Sundays for lunch and dinner.

ORO

Contemporâneo · *Contemporary*

O chef Felipe Bronze parou quieto e superou a fase em que entrou e saiu de diversos restaurantes e consultorias. Virou um astro da TV e criou um personagem: o chef marketeiro mágico! Uma visita ao seu restaurante é quase como assistir a um show de David Copperfield, com uma cozinha cheia de truques, espumas e gelo-seco. O menu degustação apresenta uma leitura pessoal de receitas internacionais, que remete a temas emocionais da infância do carioca, da pipoca ao curau, passando pelo brigadeiro e pelo pão de queijo.

Chef Felipe Bronze settled down and got over the phase in which he joined and left several restaurant and consultant services. He became a TV star and created a character:

the magical marketing chef! A visit to his restaurant is almost like watching a David Copperfield show, with a kitchen full of tricks, foam and dry ice. The tasting menu presents a personal reading of international recipes, recalling emotional themes from the Carioca's childhood, from popcorn to curau *- a custard of corn juice - from the* brigadeiro *chocolate candy to the* pão de queijo *cheesebread roll.*

Rua Frei Leandro, 20 · Jardim Botânico
+55 21 2226-4586 / 97864-9622
www.ororestaurante.com.br
Segunda a sábado para jantar.
Mondays to Saturdays for lunch.

OSTERIA DELL'ANGOLO

Italiana · ***Italian***

Ponto de famosos, o Osteria é um restaurante italiano à moda antiga, em que fartos *antipasti*, massas, risotos e frutos do mar estão no foco do cardápio e dos italianíssimos Alessandro Cucco e Luciano Pessina. O sucesso foi tão grande que os proprietários partiram para uma ampliação, compraram a casa vizinha e transformaram o lugar numa tratoria, com direito a pizza.

Where the famous meet. Osteria is an Italian restaurant in the old style, in which plentiful dishes with antipasti, *risottos and seafood are the main focus of the menu, by the totally Italians Alessandro Cucco and Luciano Pessina. It was such a success that the owners planned expansions, bought the house next door and transformed the place into a* trattoria, *including pizzas.*

Rua Paul Redfern, 40 · Ipanema
+55 21 2259-3148
www.osteriadellangolo.com.br
Segunda a domingo para almoço e jantar. *Mondays to Sundays for lunch and dinner.*

OUI OUI

Contemporâneo · ***Contemporary***

Restaurante descolado e com o ar de criatividade da chef Roberta Ciasca, do Miam Miam. Começa com o local e o ambiente – um casarão antigo com duas decorações distintas, nos estilos anos 1920 e anos 1970. E continua no cardápio, que aposta nas pequenas porções que podem ser combinadas ao bel prazer do freguês. Entram na combinação, por exemplo, o *brûlée* de *grana*

padano, o filé mignon em marinada de capim-limão e o *vol-au-vent* de rabada com *mascarpone*.

A trendy restaurant, with the creative vibe of Chef Roberta Ciasca, from Miam Miam. It starts with its location and its setting – an ancient house with two distinct styles of interior decoration: from the 1920s and from the 1970s. Then it continues throughout the menu, which goes for small portions that can be combined as the customer pleases. This combination may include, for example, grana padano brûlée, filet mignon *marinated in lemon grass and the oxtail* vol-au-vent *with* mascarpone.

Rua Conde de Irajá, 85 · Botafogo
+55 21 2527-3539
www.restauranteouioui.com.br
Segunda a sexta para almoço e jantar. Sábado para jantar. *Mondays to Fridays for lunch and dinner. Saturdays for dinner.*

OUTBACK

Carnes · *Steak*
Hambúrgueres · *Burgers*

A rede americana com decoração à australiana foi sucesso imediato quando surgiu. Foi trazida pelo mesmo empreendedor que implantou originalmente o Mc Donald's, Peter Rodenbeck. Pratos clássicos, como as batatas com

queijo e bacon, as costelinhas com molho barbecue e o *onion bloom*, um cebolão empanado que ninguém descobre como se faz. Além de sobremesas gigantescas para várias colheres. Combina com juventude, família, grupos e negócios.

The American chain with an Australian setting was an instant hit when it came out. It was brought here by the same enterpriser who originally implanted McDonald's, Peter Rodenbeck. Classic dishes, like potatoes with cheese and bacon, ribs with barbecue sauce and the onion bloom, a big breaded onion that nobody discovers how is done. And also the huge desserts for several spoons. It goes with youth, family, groups and business.

Avenida Afrânio de Melo Franco, 290, loja 405D · Shopping Leblon · Leblon
Ver demais endereços no final do capítulo. *See other addresses at the end of the chapter.*
+55 21 3875-1609
www.outback.com.br
Segunda a domingo para almoço e jantar. *Mondays to Sundays for lunch and dinner.*

P. F. CHANG'S

Chinesa · *Chinese*
Asiática · *Asian*

São mais de 350 pelo mundo inteiro. Decoração cenográfica, meia-luz e atendimento mais do que educado. Está tudo lá: o *squab*, que se monta com alface na mão, os camarões, picante ou acridoce, a imensa sobremesa, que batizaram de Muralha da China – e, na saída, a estátua do cavalão em terracota. Interessante para grandes grupos, como os brasileiros tanto gostam!

More than 350 around the world. In a scenographic setting, in low lights, service is more than polite. It's all there: squab, a dish you assemble with the lettuce at hand, shrimp, spicy or bittersweet, the enormous dessert they christened The Great Wall of China – and, as you exit, the horse statue in terracotta. Interesting for large groups, the way Brazilians like to go out!

Avenida Ayrton Senna, 2150
CasaShopping · Barra da Tijuca
+55 21 2108 6351
www.pfchangs.com.br
Segunda a domingo para almoço e jantar.
Mondays to Sundays for lunch and dinner.

PARADOR LUMIAR

Brasileira · *Brazilian*

Num mundo perfeito, todos poderiam passar um tempo no Parador Lumiar e no restaurante chefiado por Isaías Neries. Nem mesmo a feijoada, que é servida aos sábados, pesa no estômago. Igualmente levinho é o risoto de rabada, especialidade da casa ao lado de um prato chamado Da Roça, um arranjo de carne-seca passada na manteiga de garrafa acompanhada de arroz, farofa e aipim e banana fritos. O doce de leite da casa é especial. A carta de vinhos também é bastante boa. As garrafas ficam guardadas numa adega de pedra.

In a perfect world, everyone should spend some time at Parador Lumiar and at the restaurant run by Isaias Neries. Not even the feijoada, *a bean stew with rice, kale and several kinds of pork, served on Saturdays, weighs on the stomach. Just as light is the oxtail risotto, a house speciality along with a dish called Da Roça, a jerked-beef arrangement with butter-in-a-bottle, accompanied by rice, manioc, manioc flour and fried bananas. The house's* dulce de leche *is special. The wine list is also pretty good. Bottles are kept in a stone cellar.*

Estrada do Amargoso, s/nº · Lumiar
Nova Friburgo
+55 22 2542-4777 / 2542-4774
www.paradorlumiar.com
Segunda a domingo para almoço e jantar. *Mondays to Sundays for lunch and dinner.*

PARADOR VALENCIA

Espanhola · *Spanish*

O valenciano Vicente Más Gonzalez, ou Paquito, aprendeu a cozinhar ajudando o pai a preparar as refeições da família. Formado em arquitetura, projetou alguns restaurantes antes de abrir, por insistência dos amigos, o próprio, que decorou com seu acervo de quadros de Portinari, Miró e Antonio Dias. No cardápio, a fama é das *paellas* – a mais tradicional, valenciana, leva coelho, pato e *escargot*. O restaurante serve também a *paella* negra (de lula, feita na própria tinta), a de peixe e a de bacalhau, além de pratos como paletas de cordeiro com molho de Jerez, o cabrito Siete Puertas e *tapas* diversas.

Vicente Más Gonzalez, or Paquito, is from Valencia, and learned to cook helping his father prepare the family meals. He majored in Architecture and designed some restaurants, but his friends insisted so much that he opened his own, and decorated it with his collection of paintings by Portinari, Miró and Antonio Dias. On the menu, the paellas *claim their fame – the most traditional one, the Valencian, includes rabbit, duck and escargot. The restaurant also serves the black* paella *(with squid, made in squid ink), besides the fish and the cod* paellas, *and also dishes with lamb legs in Jerez sauce, the Siete Puertas goat and several* tapas.

Rua Celita de Oliveira Amaral, 189
Itaipava · Petrópolis
+55 24 2222-1250 / 2222-4767
www.valencia.com.br
Sexta e sábado para almoço e jantar. Domingo para almoço. *Fridays and Saturdays for lunch and dinner. Sundays for lunch.*

PARIS 6

Bistrô

Novidades · *Novelties*

É a Barra da Tijuca mostrando um pouco da sua alma paulistana. Tudo graças ao espírito boêmio desse enorme restaurante com muito de "bistrôzão", seja na decoração, na iluminação baixa e quente ou no cardápio, que apresenta uma cozinha francesa simplesinha misturada com seus primos italianos. Vai noite adentro. Nos fins de semana, o buxixo é grande, inclusive calçada afora, criando um autêntico Baixo Barra.

It's Barra da Tijuca revealing a bit of its São Paulo soul. Thanks to the bohemian spirit of this large restaurant

with a hint of "big bistro" in its setting, in the low warm lights or in the menu, introducing a quite simple French cuisine mixed with its Italian cousins. Open all night long. On weekends, the crowd is loud, occupying the sidewalks, creating a true Baixo Barra, *the place where everybody goes!*

Avenida Erico Verissimo, 725
Barra da Tijuca
+55 21 2494-7320
Aberto 24 horas. *Open 24/7.*

PARRÔ DO VALENTIM

Portuguesa · ***Portuguese***

O Parrô do Valentim é a mais tradicional casa portuguesa da Região Serrana. Além de receitas típicas, serve exclusividades pinçadas do caderno de receitas da família, como os bacalhaus à Valentim e à Guilhermina. Também vale dar uma paradinha na loja para levar alguns pecados em forma de doces, como pastéis de nata e ovos moles de Aveiro.

Parrô do Valentim is the most traditional Portuguese restaurant in Rio's mountainous region. Besides typical recipes, it serves exclusive dishes compiled from the family's recipe notebook, like the codfish Valentim-style and Guilhermina-style. Worth stopping by the shop and taking home some temptations in form of sweets, such as pastéis de nata, *an egg-tart pastry, and* ovos moles de Aveiro, *a delicacy made of egg yolk and sugar.*

Estrada União e Indústria, 10289
Itaipava · Petrópolis
+55 24 2222-1281
www.parrodovalentim.com.br
Terça a sábado para almoço e jantar. Domingo para café da manhã, almoço e jantar. *Tuesdays to Saturdays for lunch and dinner. Sundays for breakfast, lunch and dinner.*

PÉRGULA

Tradição carioca · *A Carioca tradition*

O espaço é emblemático: o palácio criado pela família Guinle, hoje pertencente ao grupo Orient Express, é, sem dúvida, o hotel mais tradicional do Rio. A localização, entre a piscina e a praia, é única. Funciona à la carte e oferece um enorme bufê com fartura e qualidade no almoço. Tem direito a um *brunch* impecável e uma feijoada aos sábados, como manda a tradição. Ali podemos viver o presente – estando com amigos e vendo o vaivém de personalidades internacionais – ou o passado, onde diariamente Jorginho Guinle, na mesa 1, e Ibrahim Sued, na mesa 2, comandavam a festa por onde desfilavam Brigitte Bardot, Katherine Hepburn, Clark Gable, Ava Gardner e centenas de outros... Uma passagem obrigatória!

It´s an emblematic location: the palace created by the Guinle family, now belonging to the Orient-Express group is, without a doubt, the most traditional hotel in Rio. And this restaurant´s spot, between the pool and the beach, is unique. Service is à la carte *but for lunch there's a vast buffet with abundance and quality. It also has an impeccable brunch and a* feijoada *on Saturdays, as tradition demands. There we can live the present – being among friends and watching the flow of international celebrities – or the past, where every day Jorginho Guinle, at table 1, and Ibrahim Sued, at table 2, command the ball in which Brigitte Bardot, Katherine Hepburn, Clark Gable, Ava Gardner and hundreds of others dance by... Going there is a must!*

Avenida Atlântica, 1702 · Copacabana Palace · Copacabana
+55 21 2545-8787
www.copacabanapalace.com.br
Segunda a domingo para café da manhã, almoço e jantar. *Mondays to Sundays for breakfast, lunch and dinner.*

PIZZARIA GUANABARA

Pizzas / Tradição carioca *A Carioca tradition*

É uma fatia da história da boemia da cidade e da sociologia do Leblon. E são fatias fartas, com queijos que derretem no balcão ou nas mesas, em torno de um chope regular e de condimentos que incluem a clientela cativa e pitadas de um adorável espírito de decadência. Há quem prefira outros pratos da coleção *vintage* da casa, como o *minestrone* do fim de noite, a truta à meunière com *panaché* de legumes ou o frango à passarinho. Foi ali que nasceu o chamado Baixo Leblon. A casa pertence ao empresário Chico Recarey e possui outras duas filiais na cidade, bem menos folclóricas.

A slice of Sociology in Leblon and a piece of the history of Rio's bohemia. And so the pieces of pizza are big, with the cheese melting over the counter or onto the tables, along with a regular draft beer and condiments that include a captive clientele and dabs of an adorable decadent spirit. There are those who prefer other choices in this place's vintage collection, like the minestrone *to close off the night, the trout* à meunière *with vegetable* panaché *or* frango a passarinho, *deep-fried chunks of chicken with garlic and parsley. It was there that Baixo Leblon, a highlight of Rio's nightlife, was born. The place belongs to entrepreneur Chico Recarey and it has two other branches in town, not so folkloric.*

Avenida Ataulfo de Paiva, 1228
Leblon

Ver demais endereços no final do capítulo. *See other addresses at the end of the chapter.*

+55 21 2294-0797 / 2294-0171

www.pizzariaguanabara.com.br

Segunda a domingo para almoço e jantar. *Mondays to Sundays for lunch and dinner.*

POBRE JUAN

Carnes · *Steak*

A decoração clássica e austera e o serviço muito bom são os mesmos nos dois endereços da marca paulistana na cidade. Boas carnes, especialmente aquela que leva o nome da casa, uma parte mais saborosa do *prime rib*. O restaurante investe em buscar cortes originais de raças de gado pouco conhecidas. A cerveja Porteña, em garrafa grande, e as empanadas

remetem-nos a Buenos Aires. A adega é interessante e vale a pena pedir um *clericot*, para abrir os trabalhos.

The classic and austere interior decoration and the outstanding service are the same in both the two Rio addresses of this brand that came from São Paulo. Nice cuts of meat, specially the one with the house's name, a more flavorful part of prime rib. This restaurant invests in seeking out original cuts from lesser known livestock breeds. The Porteña beer, in a large bottle, and the empanadas *pastry remind us of Buenos Aires. The cellar is interesting and it's worth ordering a* clericot, *for starters.*

Estrada da Gávea, 899, 3º andar
Fashion Mall · São Conrado

Ver demais endereços no final do capítulo. *See other addresses at the end of the chapter.*

+55 21 3324-5381

www.pobrejuan.com.br

Segunda a domingo para almoço e jantar. *Mondays to Sundays for lunch and dinner.*

POMAR ORGÂNICO

Saladas globais · *Global Salads*

A ideia, a escolha do local – muito próximo ao Itanhangá Golf Club – e até a criação de alguns pratos vieram da atriz Giovanna Antonelli, que desenvolveu esse restaurante de comida orgânica em parceria com o colega Reynaldo Gianecchini e com a chef Andrea Henrique, autora de um livro sobre desintoxicação alimentar. Delicadezas como um suco verde de receita própria e pratos leves como mini--hambúrgueres de cogumelos dão o tom do cardápio, com direito a uma carta de vinhos orgânicos.

The idea, the choice of location – close to Itanhangá Golf Club – and even the creation of some dishes came from actress Giovanna Antonelli, who developed this organic food restaurant in partnership with colleague Reynaldo Gianecchini and with Chef Andrea Henrique, author of a book on food detox. Delicacies like green juice, from a self-made recipe, and light choices like mushroom miniburgers set the tone for the menu, which also has an organic wine list.

Estrada da Barra da Tijuca, 1636 Itanhangá
+55 21 2494-6745
Terça a sábado para almoço e jantar. Domingo para almoço. *Tuesdays to Saturdays for lunch and dinner. Sundays for lunch.*

POMODORINO

Italiana · *Italian*

Parece uma casa de fazenda, mas com vista para a lagoa Rodrigo de Freitas. Dentro, é um salão italiano nos detalhes, da decoração aos utensílios, dos azeites ao ponto dos risotos, passando por um cardápio de massas como o *pappardelle* e o *garganelli* artesanais, que a proprietária Ana Lúcia Ramos invoca da família, da região Emília-Romanha, no norte da Itália.

It looks like a farmhouse, but with a view to Lagoa Rodrigo de Freitas. Inside, it´s an Italian dining hall in the details, from the décor to the utensils, from the olive oils to the way the risottos are cooked, and introducing a pasta menu with items like homemade pappardelle *and* garganelli, *which owner Ana Lúcia Ramos invokes from her family, up in the Emília-Romagna region, in Northern Italy.*

Avenida Epitácio Pessoa, 1104 · Lagoa
+55 21 3813-2622 / 3813-2299
www.pomodorino.com.br
Segunda a sábado para jantar. Domingo para almoço e jantar. *Mondays to Saturdays for dinner. Sundays for lunch and dinner.*

PORCÃO

Carnes · *Steak*

É a marca que deu o definitivo formato carioca ao rodízio de carnes e um padrão internacional ao churrasco, com o desfile das carnes crepitantes em torno dos clientes, em um sistema que enlouquece os turistas até hoje.

Durante anos, foi a referência máxima dos restaurantes para ir com a família, nas unidades de Ipanema ou da Barra, ou para almoços de negócios, na Porcão Rios, onde a vista única da baía de Guanabara e do Pão de Açúcar é cortesia da casa. Nesse momento, a casa passa por uma reorganização, buscando o padrão e o sucesso do passado.

This is the brand that gave a definite Carioca format to rodízio *(nonstop serving of different cuts of meat) and set an international standard for* churrasco, *with sizzling skewers of meat parading around the customers, a system that still makes tourists go crazy. For years, it was the top reference in restaurants for family outings, at the Ipanema or Barra units, or for a business lunch, at Porcão Rios, where the unique view of Pão de Açúcar and Baía da Guanabara is on the house. Currently, the place is undergoing a remake, seeking the standards and the same success as before.*

Avenida Infante Dom Henrique, s/nº
Aterro do Flamengo

Ver demais endereços no final do capítulo. *See other addresses at the end of the chapter.*

+55 21 3521-2900

www.porcao.com.br

Segunda a domingo para almoço e jantar. *Mondays to Sundays for lunch and dinner.*

POUSADA DA ALCOBAÇA

Brasileira · *Brazilian*

Simplicidade e muito sabor nessa pousada que funciona num casarão do início do século passado, cercado por jardins floridos. A vontade de ficar é grande, mas não é necessário se hospedar para ir ao restaurante. A cozinha é tocada pela chef Laura Góes, que aposta na qualidade dos ingredientes e em clássicos como peixe ao molho de camarão, carne assada ao molho ferrugem, vitela ou lombo assados e patos com molho de laranja ou purê de aipim, tudo preparado em fogão a lenha. Aos sábados tem feijoada e, uma vez por mês, cozido português.

Simplicity and lots of flavors in this lodge that's in a large house from the early 20th century, surrounding by gardens in bloom. You really feel like staying there, but you don't have to be a hotel guest to enjoy the restaurant. The kitchen is run by Chef Laura Góes, who cares for the quality of the ingredients in classics like fish in shrimp sauce, roast beef in gravy, roasted veal or loin cuts and duck in orange sauce or with mashed manioc, all done in a wood stove. On Saturdays there's feijoada, *the traditional bean stew with rice, kale and different kids of pork, and, once a month, there's the Portuguese* cozido, *a stew with several meats and vegetables.*

Rua Agostinho Goulão, 298 · Corrêas Petrópolis
+55 24 2221-1240
www.pousadadaalcobaca.com.br
Segunda a domingo para café da manhã, almoço e jantar. *Mondays to Sundays for breakfast, lunch and dinner.*

Q BISTRÔ BRASILEIRO

Brasileira · *Brazilian*

Quer observar o movimento? Escolha a varanda, no início da trepidante rua Dias Ferreira. O cardápio da jovem chef Sara Lubliner, paulista de Santos, traz tons brasileiros – crocantes, como as manjubinhas com quiabo e o croquete de rabada com mostarda de melaço, ou agridoces, como a barriga de porco com vinagrete de maxixe e o rosbife de filé com risoto de banana-da-terra.

Do you want to watch the movement? Pick the veranda, at the beginning of bustling Rua Dias Ferreira. Sara Lubliner is a young chef from Santos, in the state of São Paulo, and her menu comes in Brazilian tones – crunchy, like the anchovies with okra and the oxtail croquette with honey syrup mustard, or bittersweet, like the pork belly with gherkin vinaigrette *or the roast beef steak with plantain banana risotto.*

Rua Dias Ferreira, 617 · Ipanema
+55 21 2113-0564
www.restauranteq.com.br
Segunda a domingo para almoço e jantar. *Mondays to Sundays for lunch and dinner.*

QUADRIFOGLIO

Italiana · *Italian*

Uma charmosa casa no Jardim Botânico. Hoje comandada por um grupo de profissionais vindos do Gero e do Fasano, como o chef Lomanto Oliveira e o maître Francisco Pereira, o Chiquinho. Além das massas, há interessantes tratos à carne de porco, às paletas de cordeiro e às *battutas*, versões italianas dos *tartares*. Ambiente agradável com um toque de intimidade.

Tem mais dois endereços, na Lagoa e na Barra da Tijuca.

A charming house in Jardim Botânico. Presently it is run by a group of pros coming from Gero and Fasano, like Chef Lomanto Oliveira and maître Francisco Pereira, a.k.a. Chiquinho. Along with the pasta, the pork, the lamb legs and the battutas, *an Italian version of* tartare, *have received interesting treatments. A nice atmosphere with a touch of intimacy.*

There are two more addresses, in Lagoa and in Barra da Tijuca.

Rua J. J. Seabra, 19 · Jardim Botânico

Ver demais endereços no final do capítulo. *See other addresses at the end of the chapter.*

+55 21 2294-1433

www.quadrifogliorestaurante.com.br

Segunda a sábado para almoço e jantar. *Mondays to Saturdays for lunch and dinner.*

QUADRUCCI

Italiana · *Italian*

A casa compõe a festa que é a rua Dias Ferreira e é o melhor terraço da área. Atrai especialmente uma bela clientela feminina, sempre agradável aos olhos. E mantém uma comida interessante e criativa, a cargo do chef Ronaldo Canha, que aqui ganhou sotaque italiano. Folhas e guarnições orgânicas.

This place joins the party that is Rua Dias Ferreira and has the best terrace around. It attracts especially a beautiful feminine clientele, always pleasing to the eye. And carries an interesting and creative menu, which acquired here an Italian accent, under Chef Ronaldo Canha. Organic greeneries and garnishes.

Rua Dias Ferreira, 233 · Leblon

+55 21 2512-4551

www.quadrucci.com.br

Segunda a domingo para almoço e jantar. *Mondays to Sundays for lunch and dinner.*

QUINTA

Brasileira · *Brazilian*

Um dos restaurantes de Vargem Grande com ambiente bucólico, que traz o isolamento de uma fazenda à mesa, seja no casarão reformado ou na varanda cercada por verde. Procurem bem, pois o letreiro é tão discreto quanto a casa. A partir daí, caipirinhas na entrada e doces caseiros na saída (para levar, inclusive) pontuam o cardápio de opções bem brasileiras, como a moqueca de frutos do mar e o marreco assado. Há quem sonhe com a torta de castanha-do-pará servida com sorvete de creme e mel com sementes de baunilha.

One of those restaurants in Vargem Grande with a pastoral atmosphere, bringing to the table the secludedness of a farm, whether in the refurbished farmhouse or on the veranda surrounded by greenery. Keep your eyes open, for its signpost is as discreet as the house. From there on, caipirinhas *for starters and homemade sweets for closers (and also for takeaways) punctuate the menu, with its choices that are so very Brazilian, like the seafood* moqueca *stew and the roasted teal. People dream of the cashew nuts pie served with ice cream and honey with vanilla seeds.*

Rua Luciano Gallet, 150 · Vargem Grande

+55 21 2428-1396 / 2428-2568

www.quinta.net

Sábado e domingo para almoço.
Saturdays and Sundays for lunch.

RÁSCAL

Bufê · *Buffet* / Pizzas

A qualidade está presente nesse bufê instalado em diversos shoppings, com direito a produtos e quitutes frescos e a uma boa seleção de saladas e legumes, ceviches e *carpaccios*, *vitellos tonnatos* e massas longas ou recheadas. Tem até uma polpetone de lembrar o Jardim de Napoli em São Paulo. A clientela forma um curioso mix: no almoço, atende de homens de negócios a compradores em geral dos shoppings; já à noite e nos fins de semana é um lugar para jantares familiares. Experimente a pizza, feita em forno a lenha.

You can see the quality in this buffet installed in several shopping malls, offering fresh products and nibbles and a nice selection of salads and vegetables, ceviches *and* carpaccios, vitellos tonnatos *and long or stuffed pasta. There' s even a polpettone that recalls Jardim de Napoli in São Paulo. Its clientele forms a curious mix: at lunch, the place serves from businessmen to shoppers; but at night and weekends it' s a place for family dinners. Try the pizza, baked in a wood stove.*

Avenida Afrânio de Melo Franco, 290, loja 406/B · Shopping Leblon · Leblon
Ver demais endereços no final do capítulo. *See other addresses at the end of the chapter.*
+55 21 2259-6437
www.rascal.com.br
Segunda a domingo para almoço e jantar. *Mondays to Sundays for lunch and dinner.*

RESTÔ

Internacional · *International*

O ambiente lembra um pouco uma casa de praia em Búzios, bem informal e despretensioso. A comidinha também segue a mesma linha, incluindo saladas e sanduíches. Há sugestões de pratos para compartilhar no centro da mesa, como o risotinho de rabada, a *bruschetta* de ovo pochê e o marinado de salmão, batizado de "tesouro do mar". Tem a cara de programa para depois do cinema.

The atmosphere sort of recalls a beach house in Búzios, very informal and unassuming. Their savouries go along the same line, including salads and sandwiches. There are suggestions to share as table centers, like the oxtail risotto, the poached egg bruschetta *and the marinated salmon, named here* "tesouro do mar" *(sea treasure). Seems like a good place to go after a movie.*

Rua Joana Angélica, 184 · Ipanema
+55 21 2287-0052
www.restoipanema.com.br
Segunda a domingo para almoço e jantar. *Mondays to Sundays for lunch and dinner.*

RIO MINHO

Portuguesa · *Portuguese*

A lendária sopa Leão Veloso – versão brasileira da *bouillabaisse*, um portento boêmio de frutos do mar, para ser tomada de madrugada e levantar os ânimos – foi inventada ali. Com 130 anos de vida, o mais antigo restaurante do Rio sustenta com dignidade o posto, preservando com a mesma qualidade não só a sopa, mas todo o cardápio marinho, servido sob inspiração lusa que domina também o ambiente, tomado por azulejos portugueses.

The legendary Leão Veloso soup – the Brazilian version of bouillabaisse, *a bohemian prodigy of seafood, to be consumed before dawn to raise your spirits – was invented there. A hundred and thirty years old, the oldest restaurant in Rio upholds its post with dignity, preserving, with the same quality, not only the soup, but the whole sea menu, served under the Portuguese influence that also commands the setting, overrun by Portuguese decorative tiles.*

Rua do Ouvidor, 10 · Centro
+55 21 2509-2338
Segunda a sexta para almoço.
Mondays to Fridays for lunch.

RISO

Italiana · *Italian*

Pequeno e charmoso restaurante instalado na Galeria de Artes Riso, com intenção de bistrô moderno e florido pela frequência de uma agência de modelos que fica ali perto. Abre para almoço e jantar, mas é pelo buxixo da noite que se tornou *point*. Suas mesas ultrapassam os limites do restaurante e espalham-se pela pracinha da antiga vila onde está instalado. Vale pelo ambiente, pelo cenário, pela frequência.

A little charming restaurant installed in Galeria de Artes Riso, with the purpose of being a modern bistro, adorned by the clientele of a model agency nearby. Open for lunch and for dinner, but it's for its exciting nightlife that it became a meeting point. The tables have poured over the limits of the restaurant and taken over the

VISCONDE DE MAUÁ

Formada pelas vilas de Mauá, Maringá e Maromba, a região oferece cachoeiras e rios cristalinos, canto dos pássaros e clima ameno, um convite ao descanso. O cenário também é esplêndido para a prática de esportes como o voo livre, canoagem, trilhas, mountain bike e passeios em 4x4. Nos últimos anos, as vilas se destacam ainda por receber grandes eventos, como a Temporada da Truta, o Festival de Inverno, a Festa do Pinhão e o Festival Gastronômico.

ATRAÇÕES

- Pico das Agulhas Negras no Parque Nacional de Itatiaia
- Bird watching, também no parque
- Visita a Penedo, a pequena Finlândia

Formed by the towns of Mauá, Maringá and Maromba, this region offers crystalline waterfalls and rivers, singing birds and a comfortable climate, an invitation to relax. It is also a splendid scenario for sports such as hang gliding, canoeing, hiking, mountain bike and off-road rides. In recent years, the towns have become famous for hosting events such as the Trout Season, Winter Festival, Pine Feast and the Gastronomic Festival.

ATTRACTIONS

- *Agulhas Negras Peak in Itatiaia National Park*
- *Bird watching, also in the Park*
- *Visit to Penedo, known as Little Finland*

INFORMAÇÕES TURÍSTICAS / TOURIST INFORMATION

visiteviscondedemaua.com.br / cidadesmaravilhosas.rj.gov.br

RJ Rio de Janeiro
Marca Registrada do Brasil

little square of the old villa *where it's installed. Worthy for its atmosphere, for its setting, for its customers.*

Rua Aníbal de Mendonça, 175 · Ipanema
+55 21 2147-8259
www.riso.art.br
Terça a sábado para almoço e jantar. Domingo para almoço. *Tuesdays to Saturdays for lunch and dinner. Sundays for lunch.*

ROSMARINUS

Internacional · *International*

A descrição soa como um quadro. É um belo casarão vermelho às margens do rio Preto, com lareira silenciosa e luz de velas à noite. Lugar perfeito para encontros a dois. Há também a cozinha do chef Julio Buschinelli, de onde saem especialidades vindas das águas locais – como a truta Visconde de Mauá, já cantada em prosa e verso – e da horta orgânica própria, além do *confit* de pato com molho de amoras e batatas douradas.

Its description sounds like a painting. It's at the lovely red large house on the banks of the Rio Preto, with a quiet fireplace and candlelight at nights. A perfect place for a twosome. There's also the kitchen run by Chef Julio Buschinelli, turning out specialities coming from the local waterways – like the Visconde de Mauá trout, lauded in song and verse – and from the restaurant's own organic garden.

There's also the duck confit *with browned potatos and sauce made of* amoras, *a kind of red berry.*

Estrada Mauá-Maringá, Km 1
Visconde de Mauá
+55 24 3387-1550
www.rosmarinus.com.br
Segunda para jantar. Quarta a sábado para almoço e jantar. Domingo para almoço. *Mondays for dinner. Wednesdays to Saturdays for lunch and dinner. Sundays for lunch.*

ROYAL GRILL

Carnes · *Steak*

É uma casa de carnes, mas com um modelo próprio: a picanha é mostrada ao cliente fatiada e grelhada peça por peça, no ponto desejado e na brasa, em pequenas churrasqueiras próximas à mesa. Por ser a carne que mais sai, é também a mais fresca, junto com o coração de alcatra, mas não saia disso. Dois acompanhamentos são mandatórios: o arroz maluco e o palmito extraído na hora da casca assada, uma moda que a casa lançou na década de 1980, quando ainda se chamava Rodeio. Clientela fiel mesclada com decoradores e arquitetos frequentadores do CasaShopping.

It's a steak house but with it's own model: picanha, *the sirloin cap, is shown to the customer, then sliced and grilled piece by piece, over coals, to the customer's preference, in small* churrasco *grills beside the table. Since it's the cut most in demand, it's also the freshest, together with* coração de alcatra, *the eye of rump, but don't stray from these two orders. There are two mandatory side dishes: the "crazy rice" (with bacon, potatos, onions, eggs and parsley); and heart of palm extracted on the spot from its roasted trunk, a fad the house invented in the 1980s, when its name was still Rodeio. A faithful clientele mixed with interior decorators and architects shopping at CasaShopping.*

Avenida Ayrton Senna, 2150, bloco G, loja B · CasaShopping · Barra da Tijuca
+55 21 3325-6166
Segunda a domingo para almoço e jantar. *Mondays to Sundays for lunch and dinner.*

SÁ

Contemporâneo · *Contemporary*
Novidades · *Novelties*

A chamada cozinha contemporânea ganhou recentemente esse restaurante totalmente remodelado no térreo do hotel Miramar. O jovem chef Paulo Goés vem com credenciais poderosas, pois trabalhou nas cozinhas de Alex Atala, de Claude Troisgros e do estrelado espanhol Mugaritz. Aplica sua experiência em um cardápio rico em frutos do mar, com robalo crocante, *confit* de polvo e vermelho com flã de rúcula. Sala grande e confortável com serviço hoteleiro.

The so-called contemporary cuisine recently gained this totally remodelled restaurant on the ground floor of Hotel Miramar. Young Chef Paulo Góes comes with powerful credentials, for he worked in kitchens run by Alex Atala, Claude Troisgros and

at the prized Mugaritz, in Spain. He applies his experience to a menu rich in seafood, with crunchy sea bass, octopus confit *and sockeye salmon with arugula flan. A large and comfortable dining hall with the service of a hotel.*

Avenida Atlântica, 3668 · Hotel Miramar · Copacabana
+55 21 2195-6200
www.sarestaurante.com.br
Segunda a domingo para almoço e jantar. *Mondays to Sundays for lunch and dinner.*

SALITRE

Casa de vinhos · *Wine*
Variados · *Diversified*

O vinho comanda as ações nessa casa, em uma adega com sistema em que a pessoa compra como em uma loja comum e pode degustar na mesa ou levar pra casa. Se a ideia for ficar por ali, o copo acompanha carnes e peixes de um cardápio simples, com algumas opções montadas e facilidades como saladas e *carpaccios*, no caso de apetites mais rápidos.

Wine commands activities in this place. The cellar works with a system in which a person can buy a bottle as in a normal shop and can savour it seated at a table or take it home. If the idea is to enjoy it there, wine is accompanied by fish and meat on a simple menu, with some set choices and easy food like salads and carpaccios, for faster appetites.

Rua Barão da Torre, 632 · Ipanema
Ver demais endereços no final do capítulo. *See other addresses at the end of the chapter.*
+55 21 2540-5719
www.salitrevinhos.com.br
Segunda a domingo para almoço e jantar. *Mondays to Sundays for lunch and dinner.*

SAWASDEE

Asiática · *Asian*

Marcos Sodré veio de Búzios para a capital e trouxe o modelo americano de encarar a cozinha tailandesa e dos arredores, da Índia à Indonésia, mas sempre com sabores ricos e sem condimentos agressivos. Com isso, vale a pena procurar na carta vinhos escolhidos para esse estilo, como os *rieslings* alsacianos e os espanhóis mais frescos.

Marcos Sodré came from Búzios to the capital city and brought with him the American model of dealing with cuisine from Thailand and surroundings, from India to Indonesia, but always with rich flavors, without aggressive condiments. With this in mind, it's worth to search the wine list for types that go with this style, such as the Alsatian Rieslings *and the fresher Spaniards.*

Rua Dias Ferreira, 571 · Leblon
Ver demais endereços no final do capítulo. *See other addresses at the end of the chapter.*
+55 21 2511-0057
www.sawasdee.com.br
Segunda a domingo para almoço e jantar. *Mondays to Sundays for lunch and dinner.*

SEIDÔ

Japonesa · ***Japanese***

Nao Hara, que ganhou fama com seu restaurante do Centro, Shin Miura, no edifício Avenida Central, abriu uma casa uma nota acima do que se espera de um japonês. Bem ao gosto do carioca, ele combina seus sushis com frutas e molhos adocicados. Entre os sashimis, mais criatividade, com cortes que o chef faz pessoalmente num balcão ao fundo e que chegam em espetos ou em crostas, como a de pistache.

Nao Hara, who came to fame with his downtown restaurant, Shin Miura, in Avenida Central building, opened a place with a higher pitch than expected from a Japanese restaurant. Well to the taste of Cariocas, he combines his sushi with fruits and sweet sauces. Among the sashimi, more creativity, with cuts done personally by the chef on a counter in the back of the restaurant and which arrive on a stick or in crusts, like in the pistachio crust.

Rua J. J. Seabra, 10 · Jardim Botânico
+55 21 2530-0675 / 2530-0780
www.seidorestaurante.com.br
Segunda a sexta para jantar. Sábado e domingo para almoço e jantar. *Mondays to Fridays for dinner. Saturdays and Sundays for lunch and dinner.*

SHIN MIURA

Japonesa · ***Japanese***

Para alguns, o melhor japonês do Centro. Para outros, menos modestos, o melhor japonês do Rio. Ali, em um obscuro canto do edifício Avenida Central, o sushiman Nao Hara dá seu expediente durante o dia. A grande dica é pedir o que ele chama de "esqueminha": uma

combinação de quatro das mais de vinte opções no cardápio. Outra dica: ir cedo para conseguir lugar no balcão. Ou tentar lugar no endereço mais recente, no RB1.

For some, the best Japanese restaurant downtown. For others, less modest, the best Japanese restaurant in Rio. There, in an obscure corner of the Avenida Central building, sushiman Nao Hara performs during the day. The big tip is to order what he calls "esqueminha", a combination of four among the 20 options on the menu. Another tip: go early, to catch a place on the counter. Or try getting a spot in its newest address, in the RB1 building.

Avenida Rio Branco, 156, loja 324
Edifício Avenida Central · Centro

Ver demais endereços no final do capítulo. *See other addresses at the end of the chapter.*

+55 21 2262-3043

www.shinmiura.com.br

Segunda a sexta para almoço. *Mondays to Fridays for lunch.*

SHIRLEY

Frutos do mar · *Seafood*

A curiosidade de ter sido inaugurado em 31 de março de 1964, justamente no dia do golpe militar, não deixou traumas ao pequeno Shirley.
Ao longo dessas cinco décadas, ele se tornou um dos mais queridos restaurantes de bairro do Leme –

pequeno, simples e aconchegante. Imperam ali diversos tipos de camarão e pratos de tradição espanhola. Ao chegar, admire os peixes expostos no balcão e, se quiser, já escolha o seu. Enquanto o prato não vem, o chope bem-tirado e as sardinhas ao escabeche são introduções obrigatórias.

The trivia of having been inaugurated on March 31st, 1964, right on the day of a military coup in Brazil, didn't cause traumas to little Shirley. Along these five decades, it became one of the dearest restaurants in Leme – small, simple and cozy. Several kinds of shrimp and traditional Spanish dishes rule there. On arriving, admire the fish displayed on the counter and, if you wish, go ahead and choose yours. While waiting for your order, a well drawn draft beer and sardines in marinade are mandatory introductions.

Rua Gustavo Sampaio, 610 · Leme
+55 21 2275-1398
Segunda a domingo para almoço e jantar. *Mondays to Sundays for lunch and dinner.*

SI SEÑOR!

Tex-mex

O menu da rede criada em São Paulo privilegia porções do estilo tex-mex. No ambiente decorado com ícones mexicanos, há sugestões para beliscar, como o *jalapeño* com queijo cremoso e o *chili fries*, variação das batatas fritas com cheddar e bacon. Na sequência, todo aquele repertório do que o americano imagina que seja a mesa mexicana: tacos, burritos, nachos, tortilhas e *quesadillas*, regadas a tequilas, mojitos e margaritas.

This chain created in São Paulo has a menu that favors portions in the tex-mex style. In a setting decorated with Mexican icons, there are suggestions for morsels, like the jalapeño *with creamy cheese and the* chili fries, *a variation on French fries with cheddar and bacon. In the sequence, all that repertoire that Americans imagine makes a Mexican table:* tacos, burritos, nachos, tortillas *and* quesadillas, *washed down with* tequilas, mojitos *and* margaritas.

Rua Farme de Amoedo, 39 · Ipanema
Ver demais endereços no final do capítulo. *See other addresses at the end of the chapter.*
www.sisenor.com.br
+55 21 3435-6364
Segunda a quinta das 11h30 a 0h. Sexta das 11h30 às 2h. Sábado das 13h às 2h. *Mondays to Thursdays from 11:30 am to midnight. Fridays from 11:30 am to 2 am. Saturdays from 1 pm to 2 am.*

SÍRIO E LIBANÊS

Árabe · *Arab*

A cafta grelhada no carvão – coisa rara nos dias de hoje – é o ponto alto na viagem aos sabores árabes proposta com sobriedade e competência há quase cinquenta anos pelo Sírio e Libanês. Ao estilo inconfundível dos restaurantes clássicos do Centro, com decoração sóbria e garçons da velha escola, é uma boa pedida tanto para almoços rápidos, em que os quibes e esfirras imperam, quanto para refeições completas e servidas sem pressa.

Kofta *grilled over coals – a rare thing nowadays – is the high point in this trip through Arab flavors proposed with competence and earnestness by Sírio e Libanês for almost 50 years. In the unmistakable style of classic restaurants downtown, with a sober setting and old-school waiters, it's a nice place for a quick lunch, where* kibbeh *and* sfihas *rule, both in complete meals or served with no rush.*

Rua Senhor dos Passos, 217 · Centro
+55 21 2224-1629 / 2224-5676
www.sirioelibanes.com.br
Segunda a sábado para almoço. *Mondays to Saturdays for lunch.*

STUZZI BAR

Noite · *Nightlife*

Bar minúsculo no fim do Leblon. Mesmo em dias de semana, é a casa da rua Dias Ferreira que recebe mais gente, embora seja o espaço em que caiba menos pessoas. O resultado aparece na calçada em frente, que congestiona a saída da rua. Explicação? Poderiam ser os tira-gostos italianos – os *stuzzichini*, que batizam a casa –, ou os drinques elaborados, como o de melancia com malagueta, mas não é nada disso. No Rio é assim: o pessoal adota e pronto.

A tiny bar at the end of Leblon. Even on weekdays, it's the place on Rua Dias Ferreira where there's more people, though it's the space that holds less people. The result is evident on the sidewalk in front, congesting the street exit. How do you explain this? It could be the Italian appetizers – the stuzzichini that are this place's namesake – or the elaborate drinks, such as watermelon with red pepper, but it's none of this. That's how things are in Rio: people latch on to places and that's it.

Rua Dias Ferreira, 48 · Leblon
+55 21 2274-4017
www.stuzzibar.com.br
Terça a sábado para jantar. Domingo para almoço e jantar. *Tuesdays to Saturdays for dinner. Sundays for lunch and dinner.*

TEN KAI

Japonesa · *Japanese*

Sem menosprezar nossos gloriosos cearenses, aqui os sushimen são japoneses mesmo, e a comida é correta e criativa. O proprietário, Cesar Hasky, cuida do restaurante com carinho. Tudo isso, unido a uma decoração *clean* com ares dos asiáticos modernos da Europa, faz do Ten Kai um sucesso. O bar é ótimo para ver e ser visto; o balcão, para assistir à técnica dos sushimen ou escolher os ingredientes. Tanto na matriz de Ipanema quanto na filial do Centro, que abre só para o almoço, a ótima carta de saquês merece atenção.

Not to depreciate our glorious Northeasterners, but the sushimen here are really Japanese, and the food is proper and creative. The owner, Cesar Hasky, has a tender care for this restaurant. All this, joining a clean setting with an air of modern Asian restaurants in Europe, make Ten Kai a big hit. The bar is great for the art of seeing and being seen; the counter, to watch the sushimen's techniques or for choosing the ingredients. Both in the main restaurant in Ipanema and the Downtown branch – open only for lunch – the excellent sake list is worthy of your attention.

Rua Prudente de Morais, 1810
Ipanema

Ver demais endereços no final do capítulo. *See other addresses at the end of the chapter.*

+55 21 2540-5100

www.cozinhajaponesa.com.br/restaurante/tenkai

Terça a sexta para jantar. Sábado e domingo para almoço e jantar. *Tuesdays to Fridays for dinner. Saturdays and Sundays for lunch and dinner.*

THAI BRASIL

Tailandesa · *Thai*

Marina Schlaghaufer cozinha em casa e transmite esse aconchego aos clientes, num ambiente despojado e quase doméstico, com mesas no jardim ou no salão – que tem céu pintado no teto e bananeiras nas paredes. O nome denuncia a cozinha: ingredientes brasileiros com fórmulas e condimentos que conheceu na Tailândia, à base de legumes, frutos do mar e sopas diferentes, como a de feijão, ou temperos exóticos, como o limão *kaffir*.

Marina Schlaghaufer does her cooking at home and conveys this warmth to her customers, in a basic and almost domestic setting, with tables in the garden or the dining hall – which has a sky painted on the ceiling and banana trees on the walls. Its name reveals its cuisine: Brazilian ingredients with formulas and condiments she met in Thailand, based on vegetables, seafood and different soups, such as the bean soup, or exotic seasonings, like the kaffir *lime.*

Rua do Comércio, 308, loja A · Paraty
+55 24 3371-2760
www.thaibrasil.com.br
Segunda a domingo para jantar. *Mondays to Sundays for dinner.*

TOGU

Japonesa · *Japanese*

Ninguém tinha pensado nisso: dar a um bistrô um tema oriental. E sofisticado, aliando cores e sabores de diversas escolas do sudeste asiático, da China e do Japão para construir um cardápio multifacetado, com muitas influências latino-americanas, especialmente brasileiras. O salão estreito e com poucas mesas, ampliado por espelhos, oferece um clima de tranquilidade reforçado pela música ambiente, sempre *cool*. Sua localização, no coração da Dias Ferreira, transformou-o numa espécie de camarote privilegiado da badalação da rua.

No one had thought of this before: to give a bistro an Oriental theme. And a sophisticated one too, aligning colors and flavors from different schools in Southeast Asia, China and Japan to produce a multifaceted menu, with many Latin American influences, especially Brazilians. The narrow hall, with few tables, but enlarged by mirrors, offers a calm mood reinforced by the ambient music, always cool. Its location, in the heart of Dias Ferreira, made it into a sort of privileged box seat to observe people cruising along the street.

Rua Dias Ferreira, 90, loja B · Leblon
+55 21 2294-2749 / 2294-2798
www.togu.com.br
Terça a domingo para almoço e jantar. Segunda para jantar. *Tuesdays to Sundays for lunch and dinner. Mondays for dinner.*

TRAGGA

Carnes · *Steak*
Novidades · *Novelties*

É um dos lugares que tentam reproduzir o ambiente e o cardápio das casas de carnes de Buenos Aires, com direito a *parrillas* com *chinchulines* e *mollejas*, preparadas no ponto que as texturas finas exigem. Para quem prefere algo mais consistente na entrada, versões fiéis das empanadas *criolla* e *salteña*. Na sequência, as difíceis escolhas entre o *chorizo*, o *vacio* (fraldinha) e a *tapa de cuadril*, equivalente à nossa picanha velha de guerra, e, mais recentemente, o bife *tragga*, uma capa de bife de *ancho* com a gordura marmorizada, uma delícia.

It's one of those places that try to recreate the menu and the atmosphere of Buenos Aires steak houses. Openers include parrillas *with* chinchulines *and* mollejas, *prepared to the point that fine textures demand. For those preferring something more consistent, faithful versions of the* criolla *and* salteña *empanadas. Further on, difficult choices between* chorizo, vacio *(flank steak) and* tapa de cuadril, *the equivalent to the Brazilian* picanha *and, more recently,* tragga *steak, a cube roll* ancho *with marbled fat. Delicious.*

Rua Capitão Salomão, 74 · Humaitá
+55 21 3507-2235
www.tragga.com.br
Segunda a domingo para almoço e jantar.
Mondays to Sundays for lunch and dinner.

TRIGO

Brasileira · *Brazilian*

Os trinta anos de comida caseira chamaram a atenção de críticos, que saíram dali deixando estrelas reluzentes e dando um toque de refinamento a esse cantinho tranquilo e aconchegante ao pé da serra das Araras. Nessa casa antiga com jardim de inverno, desbrava-se o caminho por uma estradinha no meio da mata para se encontrar simplicidades como picadinho de filé mignon, arroz de bacalhau, rabada com agrião e polenta e pirão de leite com carne-seca.

Its 30 years of home cooking came to the attention of gastronomy critics, who awarded it shiny stars, and lent a touch of refinement to this calm and

cozy corner at the foot of the Araras mountain range, in an old house with a winter garden. You venture your way along a little road in the middle of the forest to discover simplicities such as minced filet mignon, *codfish rice, oxtail with watercress and cornbread, and jerked-beef with a* pirão *made of milk and mashed manioc.*

Estrada Bernardo Coutinho, 2651
Araras · Petrópolis
+55 24 2225-1730
Sexta e sábado para almoço e jantar. Domingo para almoço. *Fridays and Saturdays for lunch and dinner. Sundays for lunch.*

TRUTAS DO ROCIO

Peixes · *Fish*

Escondido no sopé do Morro do Boné, à beira do rio Quilombo, está o Trutas do Rocio, um segredo bem guardado da Região Serrana. A especialidade da casa, evidentemente, são os pratos que levam o famoso peixe de rio como ingrediente principal, mas também tem truta nas entradas (patês, bolinhos e ceviches). A casa tem criação própria, e os peixes saem da água direto para a panela, podendo ser pescados pelo próprio cliente. As crianças vibram com essa experiência cada vez mais rara e o ambiente torna-se um convite para o almoço em família nos fins de semana.

Hidden in the foothills of Boné, on the banks of Rio Quilombo, lies Truta do Rocio, a well kept secret of Rio's mountainous region. The house speciality, evidently, are dishes carrying the famous freshwater fish as a main ingredient, but there' s also trout in the entrées (patê, *rolls and* ceviches). *The place grows its own trout, and fish come out of the water directly into the pan, and can even be fished by the customer him/herself. Kids go wild with this increasingly rare experience and this atmosphere becomes an invitation for a family outing on weekends.*

Estrada de Vargem Grande, 6333
Rocio · Petrópolis
+55 24 2291-5623
www.trutas.com.br
Sexta a domingo para almoço. *Fridays to Sundays for lunch.*

VIEIRA SOUTO

Italiana · *Italian*

Esse casarão tem história: viu Ipanema nascer e a gastronomia do bairro crescer, com alguns dos restaurantes que passaram por ali, inclusive o de José Hugo Celidônio. O Vieira Souto, mais recente, traz apuro em risotos de arroz *acquerello* e polentas finas, inclusive a de farinha *taragna*, rica e granulosa, com grandeza de prato principal. A chegada de nova administração da adega e a influência do dublê

TERESÓPOLIS

A cidade deve seu nome – Teresópolis ou Cidade de Teresa – à esposa de Dom Pedro II, Teresa Cristina. A beleza natural da mais alta das cidades do Estado do Rio de Janeiro fez de Teresópolis destino preferencial da família imperial. Os 20 mil hectares do Parque Nacional da Serra dos Órgãos, repletos de trilhas e cachoeiras, são realmente de tirar o fôlego. Quem também costuma se hospedar por lá é a Seleção Brasileira de Futebol, na Granja Comary, aberta à visitação do público.

ATRAÇÕES

- Rota da Cerveja do Rio de Janeiro
- Parque Nacional da Serra dos Órgãos
- Granja Comary

The city - Teresópolis means 'city of Teresa' - was baptized after Dom Pedro II´s wife, Teresa Cristina. The natural beauty of the city located on the highest point of the state of Rio de Janeiro made Teresópolis a favorite destination for the imperial family. Covering 20 thousand hectares, Serra dos Órgãos National Park offers a myriad of breathtaking trails and waterfalls. A frequent guest of the city is the Brazilian national soccer team, at their magnificent training center in Granja Comary, open for visitors.

ATTRACTIONS

- *Rio de Janeiro Beer Tour*
- *Serra dos Órgãos National Park*
- *Granja Comary*

INFORMAÇÕES TURÍSTICAS / TOURIST INFORMATION

teresopolis.rj.gov.br / cidadesmaravilhosas.rj.gov.br

RJ Rio de Janeiro
Marca Registrada do Brasil

de gerente e sommelier João Souza merecem atenção para essa atual fase da casa.

This old house has a history: it watched as Ipanema was born and the neighborhood's gastronomy grew, through several restaurants installed there, including José Hugo Celidônio's. The most recent one is Vieira Souto, bringing refinement to risottos of acquerello *rice and thin slices of cornbread, including one made with* taragna *flour, rich and grainy, with the greatness of a main dish. The arrival of a new management for the cellar and the influence of manager and sommelier João Souza merit attention for this new phase.*

Avenida Vieira Souto, 234 · Ipanema
+55 21 2267-9282 / 2267-0486 / 2513-4182
www.vieirasoutoristorante.com.br
Segunda a quinta para jantar. Sexta e sábado para almoço e jantar. Domingo para almoço. *Mondays to Thursdays for dinner. Fridays and Saturdays for lunch and dinner. Sundays for lunch.*

VILA ST. GALLEN

Alemã · *German* / Cervejas especiais · *Premium beer*

É cervejaria, é restaurante e é também uma pequena Disney boêmia, graças à reprodução de uma vila alemã completa, em tamanho natural, com direito a capela, chafariz e loja de *souvenirs*. No paladar, comida germânica com cervejas artesanais num bistrô de ambiente art nouveau, a poucos metros das próprias cubas de fermentação das cervejas que vendem para o Rio.

It's a beer house, it's a restaurant and it's also a little bohemian Disneyland, with its reproduction of a German village in full, life sized, including a chapel, a fountain and a souvenir shop. For savouring, German food with home brewed beer in a bistro with an art nouveau setting, a few meters from the fermentation vats for the beer sold in Rio.

Rua Augusto do Amaral Peixoto, 166
Teresópolis
+55 21 2642-1575
www.vilastgallen.com.br
Quarta a sexta para jantar. Sábado e domingo para almoço e jantar. *Wednesdays to Fridays for dinner. Saturdays and Sundays for lunch and dinner.*

LA VILLA

Francesa · ***French***

O conceito despretensioso de restaurante de bairro descontraído, que oferece cardápio simples mas com ingredientes selecionados, nunca foi levado muito a sério na cidade. Exceção a esse jovem La Villa, nova casa do chef francês Damien Montecer, ex-Térèze, que aposta em clássicos francesíssimos mas sem frescuras. O cardápio, sempre curto e objetivo, mescla criações sazonais com pratos fixos, dentre os quais o *entrecôte au poivre*, com impecáveis batatas fritas, é uma das principais referências.

The unassuming concept of a casual local restaurant, offering a simple menu but with selected ingredients – this was never taken seriously in this city. Exception made for this young La Villa, a new place by French Chef Damien Montecer, ex-Térèze, who placed his bets on classics that are totally French but with no frills. The menu, always short and to the point, blends seasonal creations with set dishes, among which the entrecôte au poivre, *with impeccable French fries, is one of the references.*

Rua Álvaro Ramos, 408 · Botafogo
+55 21 2542-2771
Terça e quarta para almoço. Quinta a domingo para almoço e jantar. *Tuesdays and Wednesdays for lunch. Thursdays to Sundays for lunch and dinner.*

LE VIN

Francesa · ***French***

Quer viver um pouco da Rive Gauche parisiense no Rio? Procure uma das mesinhas na rua, que são pura descontração em clima de bistrô das calçadas de Paris. E as especialidades daquelas esquinas estão tanto ali quanto na filial da Barra: *moules et frites*, *confit* de pato, *terrines*, *blanquette*, salada *tiède*, *steak tartare*, *pain perdu* e, principalmente, ostras. Uma carta de vinhos modesta, que não quer machucar o bolso dos fãs. Mais uma experiência bem-sucedida de São Paulo que deu certo no Rio.

Want to live a bit of the Parisian life on the Rive Gauche, but in Rio? Look for one of the tables out there on the street, totally casual, with the air of a Paris sidewalk bistro. The specialities of these sidewalk corners can be found both at this address and at the Barra branch: moules et frites, *duck* confit, terrines, blanquette, tiède *salad,* steak tartare, pain perdu *and, above all, oysters. A modest wine list, that doesn't intend to hurt the fans' wallets. Another experience successful in São Paulo that has done well in Rio.*

Rua Barão da Torre, 490 · Ipanema
Ver demais endereços no final do capítulo. *See other addresses at the end of the chapter.*
+55 21 3502-1002
www.levin.com.br
Segunda a domingo para almoço e jantar. *Mondays to Sundays for lunch and dinner.*

YALLA

Árabe · *Arab*

A diversidade da rua Dias Ferreira surpreende: tem até árabe! E com jeitão de lanchonete, com a tradicional culinária sírio-libanesa em embalagem moderna. No menu estão as indefectíveis *mezzes* (versões árabes das *tapas*), além de falafel, burreca, esfirras, *fatouch*, quibe cru, *hommus* e *babaganouch*. Tudo é feito na casa e com direito ao jeitinho brasileiro, como a feijoadinha libanesa do almoço: um picadinho de cordeiro, feijão-vermelho e arroz branco. Manter a qualidade não é um desafio, afinal de contas, a casa pertence a Yasmin Habre, filha do proprietário do Amir, na praça do Lido. Filha de peixe...

The diversity on Rua Dias Ferreira is astonishing: it even has an Arab! And with a snack bar look, presenting the traditional Syrian & Lebanese cuisine in a modern packaging. On the menu, the unfailing mezzes *(the Arab version of* tapas*), besides* falafel, burreca, sfihas, fatouch, *raw* kebbeh, hommus *and* babaganouch. *All this is self-made with a Brazilian touch, as in the Lebanese* feijoadinha *for lunch: minced lamb, red beans and white rice. Upkeeping its quality isn't such a challenge: after all, the place belongs to Yasmin Habre, daughter to the owner of Amir, that restaurant on Praça do Lido. The apple never falls far...*

Rua Dias Ferreira, 45 · Leblon
+55 21 2540-6517
www.yallabistro.com
Segunda a domingo para almoço e jantar. *Mondays to Sundays for lunch and dinner.*

YUMÊ

Japonesa · *Japanese*

Não é um restaurante japonês tão badalado quanto as casas do Leblon e de Ipanema, mas é lindo, talvez mais do que todos os outros. O cliente pode jantar sob um teto de vidro, à luz natural ou ao luar, e sobre um piso transparente que cobre uma piscina de carpas. Mais romântico impossível. A intenção é um pouco essa – em japonês, *yumê* significa "sonho". No cardápio, o básico, com os tradicionais sushis, *temakis*, *sukiyakis* e *teppans*, e uma ou outra ousadia, como *tempurá* de jaca e ostra empanada ao molho de tamarindo.

This isn't a Japanese restaurant with the hype of similar places in Ipanema and Leblon, but it's gorgeous, perhaps more than all the others. Customers may dine under a glass roof, in natural lighting or by moonlight, and over transparent flooring covering a carp tank. More romantic? Impossible. This is the intention – in Japanese, yumé *means "dream". On the menu, basic choices, like the traditional sushi,* temakis, sukiyakis, *and* teppans, *and one or other daring dish, such as jackfruit* tempura *and breaded oysters in tamarind sauce.*

Rua Pacheco Leão, 758 · Jardim Botânico
+55 21 3205-7321
www.yumekin.com
Segunda a quinta para jantar. Sexta a domingo para almoço e jantar. *Mondays to Thursdays for dinner. Fridays to Sundays for lunch and dinner.*

ZAZÁ BISTRÔ

Contemporâneo · ***Contemporary***

O charme desse pequeno restaurante é a própria casa que ocupa, na esquina entre duas icônicas ruas de Ipanema, mas é no tatame do segundo andar que o clima zen-romântico do Zazá se reforça. Ali, pode-se comer descalço, sentado no chão em meio a almofadas, ouvindo boa música e degustando pratos e drinques contemporâneos e orgânicos, quase todos de inspiração asiática, que usam ingredientes vindos de uma horta mantida pelo próprio restaurante. Uma curiosa mistura de comida *fusion*, gente descolada e turismo!

The charm of this small restaurant is the house it occupies, on the corner of two iconic streets in Ipanema, but it's on the tatami on the second floor that Zaza's zen-romantic mood really settles in. There, you can eat barefoot, sitting on the floor in midst of cushions, listening to nice music and savouring organic and contemporary dishes and beverages, almost all of Asian inspiration, using ingredients coming from a garden kept by the restaurant itself. A curious mix of fusion *food, trendy people and tourism!*

Rua Joana Angélica, 40 · Ipanema
+55 21 2247-9101
www.zazabistro.com.br
Segunda e terça para jantar. Quarta a domingo para almoço e jantar. *Mondays and Tuesdays for dinner. Wednesdays to Sundays for lunch and dinner.*

ZUKA

Contemporâneo · *Contemporary*

É o segundo restaurante de Ana Carolina Gayoso, Beatriz Stewart e Marina Hirsch, o trio de proprietárias do famoso Sushi Leblon, que fica em frente. O sucesso da primeira casa atravessou a rua Dias Ferreira e, apostando no estilo contemporâneo do cardápio e do ambiente de Bel Lobo, tornou-se um celeiro de chefs. Começou com Felipe Bronze e continuou com a geniosa Ludmilla Soeiro, que também saiu, mas voltou este ano com a expectativa de fazer pratos de referência da cidade. Entre eles, o zuka na pedra, com um sortimento de petiscos, quase uma *tapa* vertical, o espaguete de pupunha com molho de raiz-forte, que acompanha o atum, e os ovos moles – moles mesmo, um creme – com sorvete de canela. Um sonho!

The second restaurant belonging to Ana Carolina Gayoso, Beatriz Stewart e Marina Hirsch, the trio that owns the famous Sushi Leblon, right across the street. The success of their first place spread through Rua Dias Ferreira, and, relying on the menu's contemporary style and Bel Lobo's décor, this second place became fertile ground for chefs. It started with Felipe Bronze and continued with testy Ludmilla Soeiro, who also left, but came back this year expecting to create dishes which will be references in Rio. Among them, zuka *cooked over stone, with an arraignment of morsels, almost a vertical* tapa, pupunha *palm spaghetti in horseradish sauce, accompanying the tuna, and* ovos moles, *an egg yolk and sugar treat – such a creamy cream! – with cinnamon ice cream. A dream!*

Rua Dias Ferreira, 233 · Leblon
+55 21 3205-7154
www.facebook.com/zukaleblon
Terça a domingo para almoço e jantar. Segunda para jantar.
Tuesdays to Sundays for lunch and dinner. Mondays for dinner.

ENDEREÇOS ADICIONAIS

RESTAURANTES · DESTAQUES

BAZZAR CAFÉ
www.bazzar.com.br
Avenida Afrânio de Melo Franco, 290, loja 205A · Shopping Leblon · Leblon
+55 21 2294-3660
Segunda a domingo para almoço e jantar.
Mondays to Sundays for lunch and dinner.

Avenida Rio Branco, 44 · Centro
+55 21 2519-9000
Segunda a sexta para almoço.
Mondays to Fridays for lunch.

BRÁZ
Avenida Erico Verissimo, 46
Barra da Tijuca
+55 21 2491-7170
www.brazpizzaria.com.br
Segunda a domingo para jantar.
Mondays to Sundays for dinner.

CAVIST
www.cavist.com.br
Rua Barão da Torre, 358 · Ipanema
+55 21 2123-7900
Segunda a sábado para almoço e jantar.
Mondays to Saturdays for lunch and dinner.

Avenida das Américas, 3900, loja 201
VillageMall · Barra da Tijuca
+55 21 3252-2747
Segunda a domingo para almoço e jantar.
Mondays to Sundays for lunch and dinner.

Rua Erico Verissimo, 901, loja A
Barra da Tijuca
+55 21 2493-6161
Segunda a sábado para almoço e jantar.
Mondays to Saturdays for lunch and dinner.

CT BRASSERIE
Estrada da Gávea, 899, 3º andar
Fashion Mall · São Conrado
+55 21 3322-1440
www.ctbrasserie.com.br
Segunda a domingo para almoço e jantar.
Mondays to Sundays for lunch and dinner.

ESCH CAFÉ
Rua do Rosário, 107 · Centro
+55 21 2507-5866
www.esch.com.br
Segunda a sexta para almoço e jantar.
Mondays to Fridays for lunch and dinner.

SATYRICON
Avenida José Bento Ribeiro Dantas, 500
Búzios
+55 22 2623-2691
www.satyricon.com.br
Segunda a domingo para jantar.
Mondays to Sundays for dinner.

RESTAURANTES

ADEGÃO PORTUGUÊS
Avenida das Américas, 7777, 3º Piso
Rio Design Barra · Barra da Tijuca
+55 21 2431-2958 / 2438-1178 / 3328-0906
www.adegaoportugues.com.br
Segunda a domingo para almoço e jantar.
Mondays to Sundays for lunch and dinner.

ALESSANDRO & FREDERICO
www.alessandroefrederico.com.br
Avenida Ataulfo de Paiva, 270, lojas 112/113 · Leblon
+55 21 2512-8921 / 2512-9388
Segunda a domingo para almoço e jantar.
Mondays to Sundays for lunch and dinner.

Estrada da Gávea, 899, loja 101 D · Fashion Mall · São Conrado
+55 21 3322-1455 / 3322-4777
Segunda a domingo para almoço e jantar.
Mondays to Sundays for lunch and dinner.

Avenida das Américas, 7777, loja 349
Rio Design Barra · Barra da Tijuca
+55 21 2498-1481 / 3325-0647
Segunda a domingo para almoço e jantar.
Mondays to Sundays for lunch and dinner.

BERGUT
www.bergut.com
Avenida Erasmo Braga, 299, loja B · Centro
+55 21 2220-1887
Segunda a sexta para almoço. *Mondays to Fridays for lunch.*

Rua Miguel de Frias, 169, loja 2 · Icaraí
Niterói
+55 21 2620-7666
Segunda a sexta para almoço e jantar. Sábado para almoço. *Mondays to Fridays for lunch and dinner. Saturdays for lunch.*

CAPRICCIOSA
www.capricciosa.com.br
Segunda a domingo para jantar em todos os endereços. *Mondays to Sundays for dinner in all addresses.*

Rua Maria Angélica, 37 · Jardim Botânico
+55 21 2527-2656 / 2527-3283

Rua Domingos Ferreira, 187
Copacabana
+55 21 2255-2598 / 2255-1626

LA CARIOCA
Rua Garcia D'Ávila, 173, loja A · Ipanema
+55 21 2522-8184
www.lacarioca.com.br
Segunda a domingo para jantar.
Mondays to Sundays for dinner.

DA SILVA
Avenida Graça Aranha, 187, 4º andar
Clube Ginástico Português · Centro
+55 21 2524-1010
Segunda a sexta para almoço.
Mondays to Fridays for lunch.

Praia de Botafogo, 400, loja 504B
Botafogo Praia Shopping · Botafogo
+55 21 2237-9149
Segunda a domingo para almoço e jantar.
Mondays to Sundays for lunch and dinner.

EMPORIUM PAX
www.emporiumpax.com.br
Praça Santos Dumont, 31, 2º andar
Jockey Club · Gávea
+55 21 3114-5519
Sexta a segunda para almoço e jantar.
Terças, quartas e quintas para almoço.
Fridays to Mondays for lunch and dinner.
Tuesdays to Thursdays for lunch.

Praia de Botafogo, 400, 2º e 7º andares
Botafogo Praia Shopping · Botafogo
+55 21 3171-9713
Segunda a domingo para almoço e jantar.
Mondays to Sundays for lunch and dinner.

FELICE
Avenida Ataulfo de Paiva, 270, loja 108
Rio Design Leblon · Leblon
+55 21 2249-9361
www.felice.com.br
Segunda a domingo para almoço e jantar.
Mondays to Sundays for lunch and dinner.

FIAMMETTA
www.fiammetta.com
Segunda a domingo para almoço e jantar em todos os endereços.
Mondays to Sundays for lunch and dinner in all addresses.

Rua General Severiano, 97, loja 220
Casa & Gourmet Shopping · Botafogo
+55 21 2295-9096

Avenida das Américas, 4666, loja 220
Livraria da Travessa · Barra Shopping
Barra da Tijuca
+55 21 3411-1000

FRATELLI
Avenida General San Martin, 983 · Leblon
+55 21 2259-6699
www.fratellirestaurante.com.br
Segunda a domingo para almoço e jantar.
Mondays to Sundays for lunch and dinner.

GIUSEPPE GRILL
www.giuseppegrill.com.br
Avenida Borges de Medeiros, 1424
Lagoon · Lagoa
+55 21 2239-1503
Segunda a domingo para almoço e jantar.
Mondays to Sundays for lunch and dinner.

Rua da Quitanda, 49, loja A · Centro
+55 21 2507-6740
Segunda a sexta para almoço.
Mondays to Fridays for lunch.

GRAND CRU
www.grandcru.com.br
Segunda a sábado para almoço e jantar em todos os endereços. *Mondays to Saturdays for lunch and dinner in all addresses.*

Rua Ataulfo de Paiva, 348 · Leblon
+55 21 2540-9957

Rua Vinicius de Moraes, 130 · Ipanema
+55 21 2247-1089

Avenida das Américas, 7841, bloco 1,
loja 103 · Barra da Tijuca
+55 21 2431-0864

GULA GULA
www.gulagula.com.br
Segunda a domingo para almoço e jantar em todos os endereços. *Mondays to Sundays for lunch and dinner in all addresses.*

Avenida Ataulfo de Paiva, 270, subsolo 109
Rio Design Leblon · Leblon
+55 21 2540-8005 / 2540-8002

Avenida Borges de Medeiros, 1424
Lagoon · Lagoa
+55 21 2239-0881

Rua Henrique Dumont, 57 · Ipanema
+55 21 2259-3084 / 2274-2303

Rua Lauro Müller, 116, loja 401
Shopping Rio Sul · Botafogo
+55 21 2542-3132 / 2541-3139

Rua General Severiano, 97, loja 144
Casa & Gourmet Shopping · Botafogo
+55 21 2541-4045

Avenida Alexandre Ferreira, 220, loja A
Jardim Botânico
+55 21 2537-8906

Rua Marquês de São Vicente, 52, loja 136
Shopping da Gávea · Gávea
+55 21 2239-5594

Estrada da Gávea, 889, loja 224 · Fashion Mall · São Conrado
+55 21 2422-1797 / 2422-1752

Avenida das Américas, 4666, loja 106/P43
Barra Shopping · Barra da Tijuca
+55 21 2431-9180 / 2431-9186

Avenida das Américas, 7777, loja 331
Rio Design Barra · Barra da Tijuca
+55 21 2438-7608/ 2438-7609

Avenida Embaixador Abelardo Bueno, 1300 · Shopping Metropolitano · Barra da Tijuca
+55 21 3326-6610

Avenida Ministro Ivan Lins, 270, loja F
Barra da Tijuca
+55 21 2495-3534 / 2493-2995

Rua Primeiro de Março, 23, loja A · Centro
+55 21 3852-1174

Rua Senador Dantas, 80, loja A · Centro
+55 21 2252-8799 / 2262-7170

Avenida Maracanã, 987, loja 3026
Shopping Tijuca · Tijuca
+55 21 2567-5114

Rua Quinze de Novembro, 8, 4º piso
Plaza Shopping · Niterói
+55 21 2621-1180 / 2612-1124

KOTOBUKI
Avenida das Américas, 7777, loja 314
Rio Design Barra · Barra da Tijuca
+55 21 3328-8844

LAGOON GOURMET
EMPÓRIO GOURMET SHOW
Avenida Borges de Medeiros, 1424
Lagoon · Lagoa
+55 21 2249-9366
www.emporioshow.com.br
Segunda a sexta para almoço e jantar. Sábado e domingo para café da manhã, almoço e jantar. *Mondays to Fridays for lunch and dinner. Saturdays and Sundays for breakfast, lunch and dinner.*

GIUSEPPE GRILL MAR
Avenida Borges de Medeiros, 1424
Lagoon · Lagoa
+55 21 2239-1503
www.giuseppegrill.com.br
Segunda a domingo para almoço e jantar. *Mondays to Sundays for lunch and dinner.*

GULA GULA
Avenida Borges de Medeiros, 1424
Lagoon · Lagoa
+55 21 2239-0881
www.gulagula.com.br
Segunda a domingo para almoço e jantar. *Mondays to Sundays for lunch and dinner.*

QUIOSQUE DO PORTUGUÊS
Avenida Borges de Medeiros, 1424
Lagoon · Lagoa
+55 21 2239-9936
Segunda a domingo para almoço e jantar. *Mondays to Sundays for lunch and dinner.*

PAX DELÍCIA
Avenida Borges de Medeiros, 1424
Lagoon · Lagoa
+55 21 2249-8718
www.emporiumpax.com.br
Segunda a domingo para almoço e jantar. *Mondays to Sundays for lunch and dinner.*

QUADRIFOGLIO CAFFÈ
Avenida Borges de Medeiros, 1424
Lagoon · Lagoa
+55 21 2249-8762
www.quadrifogliorestaurante.com.br
Segunda a domingo para almoço e jantar. *Mondays to Sundays for lunch and dinner.*

SAN REMO
Avenida Borges de Medeiros, 1424
Lagoon · Lagoa

+55 21 2529-5300
Segunda a domingo para almoço e jantar.
Mondays to Sundays for lunch and dinner.

SORVETE BRASIL
Avenida Borges de Medeiros, 1424
Lagoon · Lagoa
+55 21 2529-5300

www.sorvetebrasil.com.br
Segunda a domingo para almoço e jantar.
Mondays to Sundays for lunch and dinner.

SUSHI LAGOA
Avenida Borges de Medeiros, 1424
Lagoon · Lagoa
+55 21 2422-6818
Segunda a domingo para almoço e jantar.
Mondays to Sundays for lunch and dinner.

MANEKINEKO
www.manekineko.com.br
Rua Barão da Torre, 472 · Ipanema
+55 21 2523-0300
Segunda a domingo para almoço e jantar.
Mondays to Sundays for lunch and dinner.

Rua Voluntários da Pátria, 446 · Cobal
Humaitá
+55 21 2537-1031
Segunda a domingo para almoço e jantar.
Mondays to Sundays for lunch and dinner.

Avenida Ayrton Senna, 2150, loja SK ·
CasaShopping · Barra da Tijuca
+55 21 2431-6935
Segunda a domingo para almoço e jantar.
Mondays to Sundays for lunch and dinner.

Estrada da Barra da Tijuca, 1636, bloco E,
lojas A e B · Itanhangá
+55 21 2492-2442
Segunda a sexta para jantar. Sábado e
domingo para almoço e jantar.
Mondays to Fridays for dinner. Saturdays and Sundays for lunch and dinner.

Rua da Quitanda, nº 86 · Loja 107 · Centro
+55 21 2568-7722
Segunda a sábado para almoço.
Mondays to Saturdays for lunch.

MARGUTTA
Avenida Graça Aranha, 1, 2° andar · Centro
+55 21 2563-4091 / 2240-1442

www.margutta.com.br
Segunda a sexta para almoço.
Mondays to Fridays for lunch.

MINIMOK
www.minimok.com.br
Rua Vinicius de Moraes, 121 · Ipanema
+55 21 2523-7026
Segunda a domingo para almoço e jantar.
Mondays to Sundays for lunch and dinner.

Avenida Lúcio Costa, 3460, loja 114
Barra da Tijuca
+55 21 2496-8854
Segunda a sexta para jantar. Sábado e
domingo para almoço e jantar.
Mondays to Fridays for dinner. Saturdays and Sundays for lunch and dinner.

LA MOLE
www.lamole.com.br
Segunda a domingo para almoço e jantar
em todos os endereços. *Mondays to Sundays for lunch and dinner in all addresses.*
Rua Joana Angélica, 159 · Ipanema
+55 21 3460-0800

Rua Dias da Rocha, 31, loja B · Copacabana
+55 21 3460-0800

Praia de Botafogo, 228, loja 102 · Botafogo
+55 21 3460-0800

Rua Lauro Müller, 116, loja A41C
Shopping Rio Sul · Botafogo
+55 21 3460-0800

Avenida Armando Lombardi, 175
Barra da Tijuca
+55 21 3460-0800
Avenida das Américas, 4666, loja 106
Barra Shopping · Barra da Tijuca
+55 21 3460-0800

Rua Joaquim José Couto, 90 · Recreio
+55 21 3460-0800

Avenida das Américas, 19019, loja 204
Recreio Shopping · Recreio
+55 21 3460-0800

Rua Marquês de Valença, 74 e 78 · Tijuca
+55 21 3460-0800

Rua Barão de São Francisco, 236, loja 451
Shopping Iguatemi · Vila Isabel
+55 21 3460-0800

Avenida Dom Helder Câmara, 5475, loja 4105 · Norte Shopping · Del Castilho
+55 21 3460-0800

Avenida Vicente de Carvalho, 909, loja 1012 · Carioca Shopping · Vicente de Carvalho
+55 21 3460-0800

Rua Fonseca, 240, loja 130D/F · Shopping Bangu · Bangu
+55 21 3460-0800

Avenida Maestro Paulo e Silva, 400, lojas 229/230 · Ilha Plaza · Ilha do Governador
+55 21 3460-0800

Rua Comendador Queiroz, 8 · Icaraí
Niterói
+55 21 3460-0800

Rua Quinze de Novembro, 8, 1º piso
Plaza Shopping · Niterói
+55 21 3460-0800

OUTBACK
www.outback.com.br
Segunda a domingo para almoço e jantar em todos os endereços. *Mondays to Sundays for lunch and dinner in all addresses.*
Rua Lauro Müller, 116, loja D91 · Shopping Rio Sul · Botafogo
+55 21 3486-7775

Avenida das Américas, 5000, lojas 105/106/107 · New York City Center · Barra da Tijuca
+55 21 3328-3030

Avenida das Américas, 6101 · Barra da Tijuca
+55 21 2438-5155

Avenida Embaixador Abelardo Bueno, 1300 · Shopping Metropolitano · Barra da Tijuca
+55 21 3095-9247

Avenida Maracanã, 987, SUC 0028, piso expansão · Shopping Tijuca · Tijuca
+55 21 2567-0686

PIZZARIA GUANABARA
www.pizzariaguanabara.com.br
Segunda a domingo para almoço e jantar em todos os endereços. *Mondays to Sundays for lunch and dinner in all addresses.*
Avenida Armando Lombardi, 75
Barra da Tijuca
+55 21 3153-4040 / 2491-1588

Avenida Mem de Sá, 17 · Lapa
+55 21 2224-9358 / 2224-5848

POBRE JUAN
Avenida das Américas, 3900, 3º andar
VillageMall · Barra da Tijuca
+55 21 3252-2637
www.pobrejuan.com.br
Segunda a domingo para almoço e jantar.
Mondays to Sundays for lunch and dinner.

PORCÃO
www.porcao.com.br
Segunda a domingo para almoço e jantar em todos os endereços. *Mondays to Sundays for lunch and dinner in all addresses.*
Rua Barão da Torre, 218 · Ipanema
+55 21 3521-2880

Avenida Armando Lombardi, 591
Barra da Tijuca
+55 21 3521-2814

QUADRIFOGLIO
www.quadrifogliorestaurante.com.br
Segunda a domingo para almoço e jantar em todos os endereços.
Mondays to Sundays for lunch and dinner in all addresses.
Avenida Borges de Medeiros, 1424
Lagoon · Lagoa
+55 21 2244-0536

Avenida das Américas, 3900, loja 304
VillageMall · Barra da Tijuca
+55 21 3252-2652

RÁSCAL
www.rascal.com.br
Segunda a domingo para almoço e jantar em todos os endereços. *Mondays to Sundays for lunch and dinner in all addresses.*
Rua Lauro Müller, 116, 1º piso · Shopping Rio Sul · Botafogo
+55 21 3873-0339

Avenida Ayrton Senna, 2150, bloco B, loja A · CasaShopping · Barra da Tijuca
+55 21 3325-0894

SALITRE
Avenida das Américas, 4666, lojas 145/146
Barra Shopping · Barra da Tijuca
+55 21 2408-3239
www.salitrevinhos.com.br
Segunda a domingo para almoço e jantar.
Mondays to Sundays for lunch and dinner.

SAWASDEE
Rua Barão da Torre, 446 · Ipanema
+55 21 3322-2150 / 3322-0710
www.sawasdee.com.br
Segunda a domingo para almoço e jantar.
Mondays to Sundays for lunch and dinner.

SHIN MIURA
Avenida Rio Branco, 1, loja C · Centro
+55 21 2253-0105 / 2253-0399
www.shinmiura.com.br
Segunda a sexta para almoço.
Mondays to Fridays for lunch.

SI SEÑOR!
Avenida das Américas, 5000 · New York City Center · Barra da Tijuca
+55 21 3258-3094
www.sisenor.com.br
Segunda a domingo para almoço e jantar.
Mondays to Sundays for lunch and dinner.

TEN KAI
Rua Senador Dantas, 75, loja H · Centro
+55 21 2240-5898
www.cozinhajaponesa.com.br/restaurante/tenkai
Segunda a sexta para almoço.
Mondays to Fridays for lunch.

LE VIN
Avenida das Américas, 4666, loja 152
Barra Shopping · Barra da Tijuca
+55 21 2431-8898
www.levin.com.br
Bistrô: Segunda a domingo para almoço e jantar.
Pâtisserie: Segunda a domingo para café da manhã, almoço e jantar.
Bistro: Mondays to Sundays for lunch and dinner.
Pâtisserie: Mondays to Sundays for breakfast, lunch and dinner

79,90
VIVEN
COLLECTION

BONI & AMARAL

O RIO É UMA FESTA!

BOTECOS, BARES & AFINS

Cervejaria
BOHEMIA
HISTÓRIA, CURIOSIDADE E INTERATIVIDADE.
CERVEJARIABOHEMIA.COM.BR
RESTAURANTE
TOUR INTERATIVO
CURSOS DE CERVEJA
BAR
EMPÓRIO BOHEMIA
HARMONIZAÇÃO
DEGUSTAÇÃO
PROCESSO DE PRODUÇÃO
JOGOS
BOHEMIA DIRETO DA FONTE
HISTÓRIA
MAIS DE 20 AMBIENTES
INTERATIVIDADE
Cervejaria
BOHEMIA
A Cervejaria Bohemia, a primeira do Brasil, é hoje um dos maiores centros de experiência cervejeira do mundo.
É muito mais que uma cervejaria e é muito mais que um museu também. São 20 ambientes que contam de forma interativa toda a história da cerveja e a visita acaba com uma deliciosa Bohemia tirada direto da fonte.
BEBA COM MODERAÇÃO
CERVEJARIA BOHEMIA
RUA ALFREDO PACHÁ, 166, PETRÓPOLIS

AFINAL, O QUE É UM BOTEQUIM?

ESSA É UMA PERGUNTA, caro leitor, que um dia já teve resposta fácil. Até meados dos anos 1960, boteco era coisa de proletário e ponto final. Lugar de gente muito simples, com pés-sujos enfiados em chinelo de dedo. Lugar de homem, sobretudo, e que fazia menina bonita apertar o passo quando passava diante da porta. E onde, muitas vezes, se fazia samba.

Mas o charme encardido dos azulejos velhos, o magnetismo da comida gordurosa e a arte que reluzia nas vozes e nos instrumentos dos frequentadores foram chamando a atenção de artistas, escritores, jornalistas, gente que formava opinião. Botequim, então, virou coisa de intelectual.

Com uma ajudinha da crise econômica que se abateu sobre o país nos anos 1980 e durou até meados da década de 1990, foi a vez de a classe média descobrir o botequim. Afinal, onde mais comer bem e beber à vontade sem se preocupar com a conta, com o manobrista, com o *dress code* ou com o volume da voz? Os bares populares começaram a virar fenômeno de massa. Ganharam cardápio escrito, garçom uniformizado, colunas nos jornais. Ganharam até banheiro feminino, veja só! Frequentar boteco passou a ser um símbolo de genuína "carioquice", independentemente de credo, sexo ou classe social. Os botecos, caro leitor, entraram na moda para não saírem mais.

Mas, afinal, o que é um botequim? Por conta disso tudo é que, agora, ficou muito mais difícil responder. No atual mundo dos botequins, simplicidade e sofisticação se misturam. Para alguns, o chique **Pipo** – bar de vanguarda do Leblon onde o chef **Felipe Bronze** transforma a couve do caldinho de feijão numa redução espumosa e faz caipirinha com champanhe – é tão boteco quanto o centenário **Paladino**, do Centro da cidade, onde os tradicionais petiscos portugueses são os mesmos desde a abertura. Já quem conhece as sócias **Kátia Barbosa** e **Rosa Ledo**, do **Aconchego Carioca**, sabe que seu estrelado bar, hoje requisitado por festivais gastronômicos no Brasil e no exterior, segue tão despojado quanto o **Bar da Portuguesa**, ícone dos pés-sujos suburbanos, onde os clientes ainda podem abrir a geladeira e pegar sua cerveja para acompanhar um pratinho de torresmo ou jiló. Os paladares - e os preços - são inteiramente distintos, é claro. Mas representam a mesma vocação do Rio para a gastronomia descontraída, simples e sem frescura.

Para mim, portanto, a definição de botequim no Rio não está mais na razão social da casa, nos produtos que vende ou na decoração das paredes. Não está escrito no cardápio nem escondido atrás do balcão. Está no espírito do dono.

E, principalmente, de quem frequenta o botequim.

— Juarez Becoza

AFTER ALL, WHAT IS A BOTEQUIM?

THIS IS A QUESTION, *my dear reader, that used to be easily answered. Up to the mid-1960s,* boteco *was a proletarian thing and that was it. A place for the common folk, with their dirty feet in flip flops. A place for men, above all, that made a lot of pretty girls quicken their step when they walked past those doors. And where, frequently, people made sambas.*

But the gritty charm of the old tiles, the magnetism of the greasy food and the art shining from the voices and instruments of the regulars were coming to the attention of artists, writers, journalists, opinion-makers. Botequim, *then, became an intellectual thing.*

With a little help from the economy crisis that hit the country in the 1980s and lasted till mid-1990s, it was the middle class' turn to discover the botequim. *After all, where else could you eat well and drink freely without worrying about the tab, about the valet, about the dress code, about your tone of voice? Popular bars were turning into a mass phenomenon. They acquired written menus, uniformed waiters, columns in the papers. They even got bathrooms for women, can you believe that? Going to a* boteco *became a symbol for being a genuine Carioca, regardless of sex, beliefs or social class.* Botecos, *dear reader, became fashionable and never went out of style.*

But, after all, what is a botequim*? Due to all this, now, it's become harder to answer. In the present world of* botequins, *simplicity and sophistication are joined. For some, the fancy* **Pipo** *- an avant-garde bar in Leblon where Chef* **Felipe Bronze** *transforms the kale from a bean broth into a foamy reduction and makes* caipirinha *with champagne - is as much a* boteco *as the centennial* **Paladino**, *from Downtown, where the traditional Portuguese tidbits are the same since it opened. Those who know partners* **Kátia Barbosa** *and* **Rosa Ledo**, *from* **Aconchego Carioca**, *can vouch that her prized bar, requested by gastronomy festivals in Brazil and other countries, continues to be as casual as* **Bar da Portuguesa**, *an icon of suburban dives, where customers may still open the fridge and get their own beer to wash down a plate of cracklings or gilo. Tastes - and prices - are entirely different, of course. But they represent the same calling that Rio has for a laidback, simple and no-frills gastronomy.*

So for me the definition of a Rio botequim *lies not in its registered name, in the products it sells or in the way the walls are decorated. It's not written on the menu or hidden behind the counter. It's in the owner's spirit.*

And, most of all, in those who go to a botequim.

— Juarez Becoza

REFERÊNCIA CARIOCA A CARIOCA REFERENCE

RECOMENDADO RECOMMENDED

ACONCHEGO CARIOCA

Brasileira · ***Brazilian***

Bar que se transformou em referência gastronômica. Um ninho de quitutes que hoje é plataforma para a nova cozinha carioca, com reinvenções como os bolinhos, especialmente o de feijoada (massa de feijão-preto recheada com couve e bacon), um ícone que inverteu as tendências e invadiu São Paulo. A virada tem a assinatura da chef Kátia Barbosa e da sócia Rosa Ledo. O tabuleiro de Kátia também traz versões de iguarias nordestinas, como o baião de dois, a moquequinha de camarão com creme de tapioca, a picanha de sol e a loucurinha da costelinha ao molho de goiabada. Até nas sobremesas sobram petiscos, como as almofadinhas recheadas com doce de leite. Com o sucesso, a casa tornou-se ponto obrigatório e revitalizou a antes esquecida Praça da Bandeira.

This bar became a gastronomic reference. A haven of tidbits, now a platform for the new Carioca cuisine, with reinventions like their scones, specially the feijoada *one (black beans dough with a cole and bacon filling), an icon that inverted trends and invaded São Paulo. This reversal carries the signature of chef Kátia Barbosa and her partner Rosa Ledo. Kátia's tray also presents*

KÁTIA BARBOSA

versions of Northeastern treats, like the baião de dois *(rice, beans and jerked beef), the* moqueca *shrimp stew with* tapioca *manioc cream, sun-cured* picanha *(top sirloin) and the delirious pork ribs with guava sauce. Even the desserts are overflowing with delicacies, like the manioc* almofadinha *filled with dulce de leche. With its success, the place became a stopping point and revitalized the formerly abandoned Praça da Bandeira.*

Rua Barão de Iguatemi, 379
Praça da Bandeira
+55 21 2273-1035
www.aconchegocarioca.com.br
Terça a sábado para almoço e jantar. Domingo para almoço.
Tuesdays to Saturdays for lunch and dinner. Sundays for lunch.

RECOMENDADO RECOMMENDED

ADEGA PÉROLA

Boteco

Eles não tinham a intenção, mas, a rigor, esse é o primeiro boteco de *tapas* do Rio, com mesas que se enchem de petiscos frios, muitos deles inesperados, como os alhos *confit*, as ovas de peixe, o polvo ao vinagrete e os famosos *rollmops*, rolinhos de cebola envoltos em sardinha crua, só para iniciados. O ambiente é de bar mesmo, daqueles alegremente desconfortáveis, com cadeiras pequenas e espaços apertados que ficam apinhados de gente, com chope em punho, no cair da noite.

This wasn't their intention, but, strictly speaking, this is the first tapas boteco in Rio, with tables filled with cold morsels, many of them unexpected, like the garlic confit, fish roe, octopus with vinagrete sauce (oil, vinegar and diced tomatoes, onions and peppers), and the famous rollmops, onion rolls wrapped in raw sardine, just for the initiated. A real bar atmosphere, one of those joyfully uncomfortable places, with small chairs and narrow spaces crowded with people, draft beer in hand, as night falls.

Rua Siqueira Campos, 138,
loja A · Copacabana
+55 21 2255-9425
Segunda a sábado para almoço e jantar.
Mondays to Saturdays for lunch and dinner.

RECOMENDADO RECOMMENDED

ADONIS

Boteco

Portuguesa · ***Portuguese***

Esse botequim de alma portuguesa, perto do Cadeg, tem um dos chopes mais cultuados do Rio, de serpentina antiga, amparado por bolinhos de bacalhau crocantes. O peixe é a estrela do menu, e suas porções fartas dão para toda a família. Às quartas e aos sábados, a rabada é motivo de peregrinação, servida também com arroz e, quando sobra, como caldinho – que, além de delicioso, previne qualquer ressaca.

SEU ANTERO E ISABELLE

This botequim *bar with a Portuguese soul, near the Cadeg market, has one of the most worshiped draft beers in Rio, drawn from an ancient serpentine coil, and bolstered by crispy codfish rolls. Fish is the big star of the menu, and its plentiful portions serve a whole family. On Wednesdays and Saturdays, the oxtail is a reason for pilgrimages, served with rice, and when there are leftovers, as a stew – not only delicious but a cure for any hangover.*

Rua São Luiz Gonzaga, 2156, loja A · Benfica

+55 21 3890-2283

www.baradonis.com.br

Segunda a sábado para almoço e jantar. Domingo para almoço.
Mondays to Saturdays for lunch and dinner. Sundays for lunch.

REFERÊNCIA CARIOCA A CARIOCA REFERENCE

ASTOR

Pé-limpo

É o varandão de Ipanema com uma produção paulistana! O chope tem uma tiragem especial, um dos melhores do Rio, e a decoração interna tem pinta de brasserie. As receitas foram criadas quase que em laboratório, pois trata-se de uma cadeia de restaurantes planejados. As comidinhas vão da panelinha de rabada e dos canapés de rosbife às caçarolas de ovos com linguiça, almôndegas apimentadas e feijoadas – a branca e a tradicional de sábado. Locais e turistas em um belo convívio!

It's a varanda on Ipanema with a production from São Paulo! The draft beer is specially drawn, one of the best in Rio, and the interior decoration has a brasserie look. The recipes were practically created in a lab, for this is a chain of planned restaurants. Tidbits range from minipots of oxtail and roastbeef canapés to the casseroles of eggs and sausage, spicy meatballs and feijoadas *– the one with white beans and the traditional one on Saturdays. Locals and tourists mingling beautifully!*

Avenida Vieira Souto, 110 · Ipanema
+55 21 2523-0085
www.barastor.com.br
Segunda a quinta para jantar. Sexta a domingo para almoço e jantar. *Mondays to Thursdays for dinner. Fridays to Sundays for lunch and dinner.*

INSTITUIÇÃO CARIOCA A CARIOCA INSTITUTION

BAR BRASIL

Boteco

Era um ponto de encontro histórico, da época em que a presidência ficava no Catete, e o Congresso, na Cinelândia. Hoje, é um reduto da boêmia transmitido de pais para filhos, de avôs para netos, que garante a alta linhagem do chope cremoso, que chega com a espuma dançando em copos do tipo caldeireta. Há um leque de petiscos no antigo estilo alemão, com salsichões, chucrutes e *kassler* com saladas de batatas.

This used to be an historic meeting point, back when Rio was the Federal Capital, the Presidency was in Catete and the Congress on Cinelândia. Today, it's a bohemian hangout bequeathed from father to child, from grandparents to grandchildren, assuring the noble lineage of the creamy draft beer, arriving with the foam dancing in shaker glasses. There's a gamut of morsels in the old German style, with sausages, sauerkraut e kassler *with potato salad.*

Avenida Mem de Sá, 90 · Lapa

+55 21 2509-5943

Segunda a sexta para almoço e jantar. Sábado para almoço. *Mondays to Fridays for lunch and dinner. Saturdays for lunch.*

REFERÊNCIA CARIOCA A CARIOCA REFERENCE

RECOMENDADO RECOMMENDED

BAR DA GEMA

Boteco

Um dos mais criativos representantes de uma nova geração de botecos que recriam acepipes em formatos caprichados. Como a coxinha de galinha, que aqui é servida imensa (para muitos, é a maior do Brasil), mas somente às sextas-feiras. E a audiência não é só carioca. Para provar o também monumental hambúrguer da casa (servido às quartas), andam vindo gourmets de São Paulo, que fazem questão de exibí-lo em seus blogs, como um troféu. No dia a dia, são infalíveis a polentinha com rabada e o pastel de feijão-gordo, que garantem a alegria dos frequentadores mais assíduos.

One of the most imaginative members of a new generation of botecos that recreate delicacies in neat shapes. Like the coxinha *(shredded chicken shaped with dough into a drumstick), served here in an enormous version (many say it's the largest in Brazil) – but only on Fridays. And the audience isn't just composed of Cariocas. Gourmets have been coming from São Paulo*

LEANDRO AMARAL E LUIZA SOUZA

to taste the house hamburger, also monumental (and served on Wednesdays). They make a point of exhibiting it on their blogs, like a trophy. On a daily basis, you can't go wrong with the oxtail with polenta cornmeal, and the beans pastel *(deep-fried pastry), a sure source of happiness for the most frequent regulars.*

Rua Barão de Mesquita, 615, loja C · Tijuca

+55 21 2208-9414

Terça a sexta para jantar. Sábado para almoço e jantar. Domingo para almoço. *Tuesdays to Fridays for dinner. Saturdays for lunch and dinner. Sundays for lunch.*

RECOMENDADO RECOMMENDED

BAR DA PORTUGUESA

Boteco

A lista de petiscos é digna de aplausos de pé. Fritada de bacalhau, jiló recheado com linguiça, pastéis, empadas, um torresmo de barriga admirável e... as sardinhas fritas!!! Todos os petiscos são saborosas razões para visitar a casa de Dona Donzília e seus filhos em Ramos, mas não são os únicos motivos. O que faz o lugar é também o ambiente familiar, as mesas na calçada e a vida calma, à moda antiga, dos botequins de subúrbio do Rio, onde o freguês é amigo, e o amigo é da família. Pelas paredes do bar, fotos e lembranças de Pixinguinha – que morou ali ao lado e é até hoje o cliente mais famoso – convivem com a coleção de camisas históricas do Vasco da Gama, time de coração da família.

The list of tidbits is worthy a standing ovation. Codfish frittata, scarlet eggplant stuffed with sausage, pastel *(deep-fried pastry),* empada *pies, an admirable panceta and... the fried sardines!!! All are tasty reasons to visit Dona Donzília and her son's place in Ramos, but there's even more than that. What makes this place is also the family atmosphere, sidewalk tables and the calm life, the old-fashioned way, of* botequins *in Rio's suburbs, where the customer is a friend, and the friend is family. On the bar's walls, pictures and memorabilia of Maestro Pixinguinha – who lived next door and is still the most famous customer – together with the collection of historical jerseys of the Vasco da Gama team, this family's passion.*

DONZÍLIA E CRIS

Rua Custódio Nunes, 155, loja D · Ramos

+55 21 2260-8979

Segunda a sexta para jantar. Sábado e domingo para almoço. *Mondays to Fridays for dinner. Saturdays and Sundays for lunch.*

INSTITUIÇÃO CARIOCA A CARIOCA INSTITUTION

RECOMENDADO RECOMMENDED

BAR LAGOA

Boteco

Alemã · *German*

Tombado pela prefeitura, é um patrimônio cultural do Rio de Janeiro. Há uma relação amorosa e misteriosa entre o carioca e o Bar Lagoa, cercada pela mística do mau atendimento, ao qual nem os antigos habitués são imunes. E há mistérios nas receitas, como a da salada de batatas, que certa vez Sérgio Cabral tentou desvendar – eles põem chope no preparo, afirmou. Diz-se também que, em vez de usar somente maionese, eles misturam purê de batata e noz-moscada. Com menos mistérios chegam o chope, sempre com colarinho na medida certa, e especialidades, como o *steak tartare* e o *kassler* com chucrute. Com ambiente *délabré* art déco, que poucos notam à meia-luz, essa é uma das últimas frentes da boêmia carioca, especialmente às quintas e aos domingos.

Protected by the City Hall as a historical site this is part of Rio de Janeiro's cultural heritage.

There's a loving and mysterious relationship going on between the Carioca and Bar Lagoa, surrounded by the mystique of lousy service, to which not even the oldest regulars are immune. And there are mysteries in the recipes, like in the potato salad, that once music journalist Sérgio Cabral tried to uncover – they put beer in the brew, he declared. People also say that instead of using just mayo, they mix in mashed potatoes and nutmeg. The draft beer is less mysterious, always with the head just right. As the steak tartare *and the* kassler *with sauerkraut. With art déco surroundings, which few notice in the half-light, this is one of the last fronts of Carioca bohemia, especially on Thursdays and Sundays.*

Avenida Epitácio Pessoa, 1674 · Lagoa
+55 21 2523-1135 / 2287-1112
www.barlagoa.com.br
Segunda a sexta para jantar. Sábado e domingo para almoço e jantar. *Mondays to Fridays for dinner. Saturdays and Sundays for lunch and dinner.*

REFERÊNCIA CARIOCA A CARIOCA REFERENCE

BAR URCA

Frutos do mar · *Seafood*
Portuguesa · *Portuguese*

Há regras que os cariocas fazem questão de infringir. Uma delas está à beira da baía de Guanabara, na murada diante desse antigo bar. A transgressão é simples: o cliente vai ao balcão de esquina, empunha sua cerveja e equilibra suas empadas ou pastéis de camarão, mas não entra. Atravessa a rua e transforma o muro da orla em um ponto de encontro descolado ao cair da tarde ou, nos fins de semana, desde a manhã. Há um cardápio lusitano no salão do segundo andar.

ARMANDO GOMES E OS FILHOS

There are rules that Cariocas make a point of breaking. One of these can be found by the shore of Baía de Guanabara, on the sea wall in front of this ancientbar. It's a simple transgression: the customer goes to the corner counter, grabs his beer, balances his empada *pies or shrimp* pastéis *(deep-fried pastry), but doesn't come in. He crosses the street and transforms the sea wall into a trendy meeting point as evening falls, or, on weekends, from early morning. There's a Portuguese menu served in the hall on the second floor.*

Rua Cândido Gaffrée, 205 · Urca

+55 21 2295-8744

www.barurca.com.br

Segunda a domingo para almoço e jantar. *Mondays to Sundays for lunch and dinner.*

RECOMENDADO RECOMMENDED

BOTERO

Boteco

Junto com a Cobal do Leblon e a churrascaria Plataforma, o antigo e pitoresco mercadinho São José das Artes, na Rua das Laranjeiras, era um dos locais preferidos do maestro Tom Jobim no Rio. Nos anos 1990, o espaço que promovia uma saudável convivência entre bares e ateliês era badaladíssimo. Depois, passou por um longo período de decadência e só voltou a se recuperar em 2012, quando abriu ali o Botero, do antigo chef do Miam Miam, Bruno Magalhães. O cardápio segue a linha altamente calórica – como apraz a qualquer botequim – e não economiza em linguiças, ovos, pães e massas artesanais, com destaque para a surpreendente lasanha de jiló.

With the Cobal Market and the steak house Plataforma in Leblon, this old and picturesque São José das Artes Market, in Laranjeiras, was one of Maestro Tom Jobim's favorite spots in Rio. In the 90s, this place promoting a healthy mingling of bars and ateliers was the thing. Later, it

BRUNO MAGALHÃES

went through a long decadent period and only made a comeback in 2012, when Botero opened there. Botero's from the former chef at Miam Miam, Bruno Magalhães. The menu is along a heavily caloric line – as suits any botequim *– and isn't sparse on the sausages, eggs, homemade bread and pasta, with the amazing scarlet eggplant lasagna as the highlight.*

Rua das Laranjeiras, 90 · Laranjeiras
+55 21 3235-6314
Terça a sábado para jantar. Domingo para almoço. *Tuesdays to Saturdays for dinner. Sundays for lunch.*

REFERÊNCIA CARIOCA A CARIOCA REFERENCE

RECOMENDADO RECOMMENDED

LEONARDO BOTTO

BOTTO BAR

Cervejas especiais

Premium beer

A rigor, todos os bares se dedicam às cervejas, mas esse caso é extremo, com um mestre cervejeiro, Leonardo Botto, administrando uma carta cobiçada, com muitas chegando em barris disputados a tapas. A casa tem mais de vinte torneiras bem calibradas. No cardápio, o reflexo da cultura de Botto e dos estilos dos rótulos, com hambúrgueres e até *carbonade flamande*, um ensopado de carne clássico da gastronomia flamenga, que só pode ser feito com cerveja belga.

Strictly speaking, all bars are beer joints, but this is an extreme case, with a master beermaker, Leonardo Botto, managing a coveted list, with people fighting over some brands when they arrive by the barrels. The house has over twenty nicely calibrated taps. On the menu, reflecting Botto's culture and the style on the beer labels, burgers and even carbonade flamande, *a beef stew that's a classic in the Flamenco cuisine, and that can only be done with Belgian beer.*

Rua Barão de Iguatemi, 205
Praça da Bandeira

+55 21 3496-7407
www.bottobar.com.br
Segunda a domingo para almoço e jantar. *Mondays to Sundays for lunch and dinner.*

RECOMENDADO RECOMMENDED

CACHAMBEER

Boteco

Se existe um bar que exprime com perfeição o espírito do carioca da gema é o Cachambeer. Pouco importa se você está confortavelmente instalado no salão, na imensa fila de espera dos finais de semana ou sentado numa mesa improvisada no meio-fio: se está no Cachambeer, você está de bom humor. A atmosfera é reflexo do espírito do dono, o empresário Marcelo Novaes, que comprou o velho botequim quase por acaso (de porre mesmo!) e acabou transformando o lugar em referência gastronômica da Zona Norte. Para muitos, o carro-chefe é a imensa costela de boi assada no bafo em churrasqueiras na calçada, premiada criação do cozinheiro Pança. Porém, muito além do cardápio generoso, o grande diferencial do Cachambeer é a alegria.

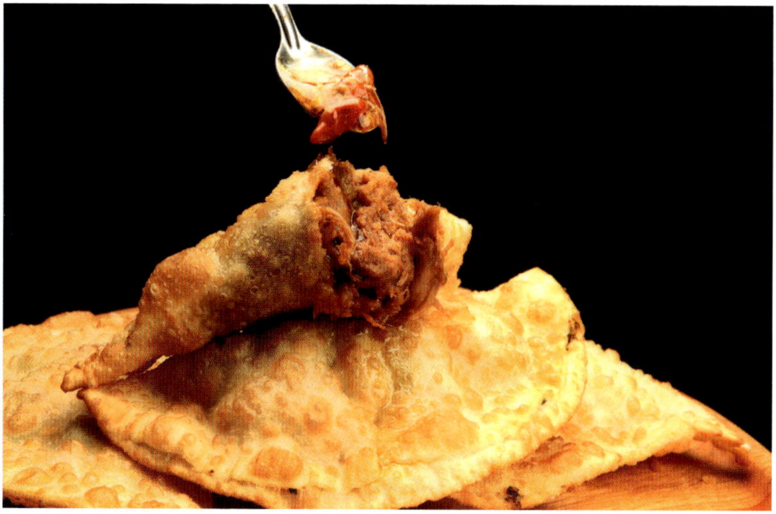

If there's a bar that expresses to perfection the spirit of the true Carioca, it's Cachambeer. It doesn't matter if you're comfortably installed in the hall, if you're stalled in the huge weekends queue or if you're seated at an improvised table on the curb: if you're at Cachambeer, you're in a good mood. The atmosphere reflects the owner's vibe: businessman Marcelo Novaes bought the old botequim *almost by chance (he was really drunk!) and ended up transforming the place into a gastronomic reference of Rio's North Side. For many, the flagship there is the enormous rib steak smoke-roasted in grills on the sidewalk, an awarded creation by cook Pança. However, beyond the generous menu, Cachambeer's big differential is the joy.*

PANÇA, ZÉ E MARCELO

Rua Cachambi, 475 · Cachambi

+55 21 3597-2002

www.cachambeer.com.br

Terça a sexta para jantar. Sábado para almoço e jantar. Domingo para almoço.
Tuesdays to Fridays for dinner. Saturdays for lunch and dinner. Sundays for lunch.

REFERÊNCIA CARIOCA A CARIOCA REFERENCE

MARCELO BARCELLOS · BARSA

CADEG

Mercado · *Market*

O Mercado Municipal do Rio de Janeiro (Cadeg) anda mais badalado do que nunca. Até pouco tempo, os frequentadores eram basicamente lojistas em busca de bons produtos com preços atraentes. As ofertas ficam espalhadas pelo complexo de pequenas ruas, becos e vielas, que mantém seu charme de mercado persa mesmo depois de meio século de existência. Hoje, muita gente vai até lá para comprar vinhos, flores, toda a sorte de alimentos e até de objetos de decoração. Porém, a maioria vai mesmo para visitar os bares e restaurantes, alguns mantidos em segredo pelos frequentadores. São 36 estabelecimentos ao todo, dedicados de alguma forma à gastronomia e que, desde cedo, causam filas de carros na porta e congestionam o trânsito nas redondezas, especialmente nos fins de semana. Chegar depois de meio-dia é encarar um bom tempo de espera por uma mesa.

Aos sábados acontece uma saborosa festa portuguesa, com fado nas alturas, no Cantinho das Concertinas, um dos mais antigos pontos do local. Há bacalhau farto nas mesas e nos balcões dos comerciantes. Os ares modernos já trazem um pouco de tudo para esse imenso empório culinário, das comodidades recentes como escadas rolantes até restaurantes mais arrumados, como o Barsa, passando pelas lojas de cervejas especiais.

Cadeg, Rio de Janeiro's Municipal Market, is more hyped than ever. Until recently, the clientele were basically shop owners seeking good products with attractive prices. These products are spread throughout the complex of little streets, alleys and lanes, maintaining its Persian market charm even after half a century of existence. Now, many people go there to buy wines, flowers and all sorts of food and decoration objects. However, most really go to visit bars and restaurants, some of which kept a secret by their regulars. There are 36 establishments in all, dedicated in some way to gastronomy.
Early in the day cars start queuing up at the door and block traffic all around, specially on weekends. Arriving after noon means facing a good wait for a table. On Saturdays there's a tasty Portuguese feast, with the traditional fado *music playing loud, at the Cantinho das Concertinas (Concertinas' Corner), one of the market's oldest spots. There's plentiful codfish on the tables and on vendors' counters. Modern airs now are bringing a bit of everything to this huge culinary emporium, from recent commodities like escalators to neater restaurants, like Barsa, not to mention the shops with premium beers.*

Rua Capitão Félix, 110 · Benfica
+55 21 3890-0202 / 3526-5717
www.cadeg.com.br
Segunda a sábado para almoço e jantar. *Mondays to Fridays for lunch and dinner.*

RECOMENDADO RECOMMENDED

CHICO E ALAÍDE

Brasileira · ***Brazilian***

Frequentadores das antigas do Bracarense bem sabem que o coração e a alma do bar eram o garçom Chico e a cozinheira Alaíde. Amigos de longa data, os dois bateram asas e abriram seu próprio boteco de calçada em 2009. São quarenta tipos de petiscos, todos de entrar para a história. Lá come-se o original de criações muito copiadas, como a empada de bobó de camarão, que ajudou a fazer a fama da antiga casa, e fritadas que não estão no mapa. Para muitos, a elegante Alaíde é a melhor quituteira do Rio. Seu trabalho é digno de aplausos! Apesar de sempre lotada, a casa não descuida do chope, tão bem-tirado que já ameaça os preferidos da cidade.

The old regulars at Bracarense know well that the heart and soul of that bar was the waiter Chico and the cook Alaíde. Longtime friends, both spread their wings and opened their own sidewalk boteco *in 2009. It serves forty kinds of tidbits, all worthy of going down in History. It's there that you can eat the original version of creations that have been copied a lot, like the empada pie with shrimp stew, that lead their former place to fame, and fritatas that are out of this world. Many consider the elegant Alaíde to be*

ALAÍDE E CHICO

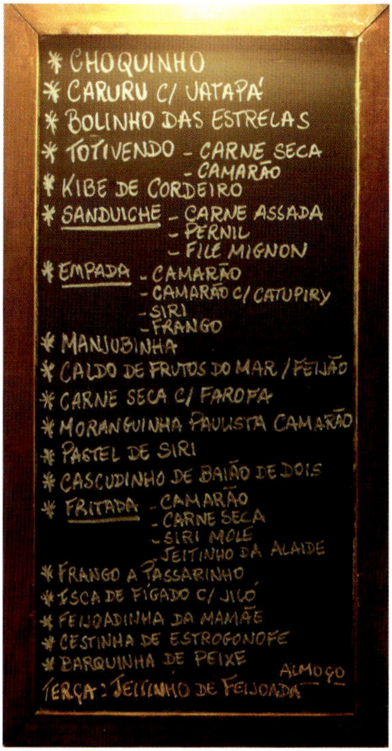

the best morsel maker in Rio. Her work is to be applauded! Even though it's always full, the house never neglects its beer, so well drawn that all the city's favorite places should take care.

Rua Dias Ferreira, 679 · Leblon

+55 21 2512-0028

www.chicoealaide.com.br

Segunda a domingo para almoço e jantar. *Mondays to Sundays for lunch and dinner.*

RECOMENDADO RECOMMENDED

DELIRIUM CAFÉ

Noite · *Nightlife*

Com o status de ser a única loja da mítica cervejaria belga Delirium Tremens fora da Europa, o Delirium Café abre suas torneiras e prateleiras carregadas de cerveja especial sempre ao pôr do sol. E lota rapidamente, transformando o salão e a calçada em frente numa imensa confraria com um único lema: todos ali estão atrás dos melhores rótulos do mundo. Para segurar a graduação alcoólica, *moules et frites*, linguiças artesanais e um cheeseburguer excelente.

With the status of being the only place belonging to the mythic beer company Delirium Tremens outside of Europe, Delirium Café opens its shelves and taps loaded with premium beer always on sundown. And fills up on the spot, transforming its hall and the sidewalk in front into an immense fraternity with a single motto: everyone there is after the best labels in the world, to keep a handle on the alcohol grade, moules et frites, *homemade sausage and an excellent cheeseburger.*

Rua Barão da Torre, 183 · Ipanema
+55 21 2502-0029
www.deliriumcafe.com.br
Segunda a domingo para jantar.
Mondays to Sundays for dinner.

REFERÊNCIA CARIOCA A CARIOCA REFERENCE

FEIRA DE SÃO CRISTÓVÃO

Turísticos · *Tourist*

Quase ninguém conhece a Feira de São Cristóvão pelo nome oficial – Centro Municipal Luiz Gonzaga de Tradições Nordestinas –, mas como Feira dos Nordestinos, de espírito alegre e descontraído. E a reconhecem também pela música, que toca aos berros, às vezes caótica, em todos os cantos do complexo. É uma algazarra que começa a borbulhar no fim da tarde de sexta-feira e segue até a noite de domingo. Antes era aberto, com as barracas voltadas para a rua. Hoje, a estrutura é fechada e organizada – não totalmente, para não quebrar o espírito do lugar, que reúne sertanejos saudosos de seus sons e sabores. É moda na sociedade e atração turística fundamental para quem quer conhecer muito do Rio e um pouco mais do Brasil. Tem até personagens como Lampião e seus cangaceiros, vestidos a caráter, prontos para fotos.

Um dos grandes atrativos de toda essa festa é a gastronomia regional do Nordeste. Muitas das mais de setecentas barracas da feira servem o maior clássico do nordeste: a carne de sol com baião de dois. O mais cobiçado está na Barraca da Chiquita, presente ali desde 1979. Tem paçoca de pilão e, como em muitas outras, buchada e sarapatel, e é a mais indicada para o mais sertanejo dos sabores: o bode assado. Outro ponto procurado pelos turistas é a Barraca do Maranhão, onde se serve uma exclusividade por aqui, o arroz de cuxá, preparado com vinagreira, uma erva que só lá sabem usar. E tem muita cerveja, cachaças locais com rótulos divertidíssimos e uma exclusividade de nível mundial, o guaraná Jesus, que é rosado e doce demais, mas também irresistível, imperdível, como a própria feira.

Practically no one knows the São Cristóvão Market by its official name – Centro Municipal Luiz Gonzaga de Tradições Nordestinas (Luiz Gonzaga Municipal Center of Northeastern Traditions) – but as the Feira dos Nordestinos *(Northeasterner's Market), with its joyous and casual spirit. And they recognize it also by the music, blasting loud, sometimes chaotic, in all corners of the complex. It's a ruckus that starts sizzling late in the afternoon on Fridays and goes straight on till Sunday evening. It used to be an open street fair, with stands on the sidewalks. Now it has a closed-in and more organized structure, gathering people from the Northeastern* sertão, *homesick for their sounds and their flavors. Going to this market is fashionable in society and also an essential tourist attraction for those who want to get to know lots about Rio and more about Brazil. There are even characters like historic bandit Lampião and his gang of* cangaceiros, *in period costume, ready for your pictures.*

One of the main attractions in all this festivity is the regional gastronomy from the Northeast. Many among the 700 stands in this market serve the great Northeastern classic: sun-cured beef with baião de dois *(rice, beans and jerked beef). The most popular is Barraca da Chiquita's stand, present there since 1979. There's* paçoca de pilão *(sun-cured beef crushed with a pestle, with rice, beans, bananas and manioc flour),* buchada *(goat innards) and* sarapatel *(pig tripe), and is the best indicated for the most Northeastern of treats: roasted goat. Another spot sought by tourists is Barraca do Maranhão, where they serve an exclusive recipe:* arroz de cuxá, *rice made with* vinagreira, *an herb that only people from that part of the country know how to use. And there's lots of beer, local* cachaças *with hilarious labels and a worldwide exclusive: the Jesus* guaraná *soft drink, so rosy and so sweet, but also irresistible, unmissable, like the market itself.*

Campo de São Cristóvão, s/nº
São Cristóvão

+55 21 2580-5335 / 2580-6946
www.feiradesaocristovao.org.br
Terça a quinta para almoço. Fim de semana: das 10h de sexta às 21h de domingo. *Tuesdays to Thursdays for lunch. Weekends: from 10 am Friday to 9 pm Sunday.*

INSTITUIÇÃO CARIOCA A CARIOCA INSTITUTION

RECOMENDADO RECOMMENDED

JOBI

Uma instituição da cidade, que enche dia, noite e madrugada adentro. Um chope e dois pastéis: o lugar-comum dos botequins pode ser encontrado com verdade absoluta numa das mesinhas com toalha quadriculada do diminuto salão do Jobi, hoje o bar mais famoso do Rio. O público é eclético. O chope é servido em proporções industriais por garçons que são praticamente celebridades, além das empadas, do pernil, das patinhas de caranguejo e do bife à milanesa com salada de batatas. Ambiente de total cosmopolitismo, comandado pelos sócios João e Manuel e por garçons como o Pires, que todos dizem que conhecem intimamente. São personagens da cidade, que se revezam atentos a tudo e principalmente à caixa, feita diretamente por eles. No ambiente rústico, dá para perceber a mão do decorador Chicô Gouvêa, que, de quando em quando, renova e aprimora o boteco. Único! Sem filial, sem franquia!

An institution in this city, always full, day and night and up to dawn. Draft beer and two pastéis *(deep fried pastry): the signature of* botequins *can be found with an absolute authenticity in Jobi's tiny hall, currently the most famous bar in Rio. The clientele is eclectic. Draft beer is served in industrial portions by waiters who are practically celebrities, not to mention* empada *pies, gammon, crab paws, and breaded steak with potato salad. The atmosphere is totally cosmopolitan, run by partners João and Manuel and by waiters like Pires, who everyone considers a close friend. They are Rio characters, taking turns caring for everything and mainly the cash desk, with all accounting done by them. The rustic décor has interior decorator Chicô Gouvêa's touch. Once in a while, he renews and improves the* boteco. *Unique! No branch, no franchise!*

Avenida Ataulfo de Paiva, 1166 · Leblon
+55 21 2274-0547
Segunda a domingo para almoço e jantar. *Mondays to Sundays for lunch and dinner.*

REFERÊNCIA CARIOCA A CARIOCA REFERENCE

RECOMENDADO RECOMMENDED

ORIGINAL DO BRÁS

Boteco

Se ainda paira alguma dúvida sobre o que é um genuíno botequim do subúrbio carioca, o Original do Brás é a resposta. Apesar de mergulhado na simplicidade, com seus azulejos alvinegros e mesinhas sob toldo na calçada, o Original foi o primeiro boteco suburbano a apostar numa gastronomia mais sofisticada, sem perder as raízes. O que faz chegar à mesa, por exemplo, um molho à base de redução de tamarindo em plena porção de lombinho.

If any doubt lingers about what is an authentic botequim *from the Carioca suburbs, Original do Brás is the answer. Though steeped in simplicity, with its black and white tiles and small tables under an awning on the sidewalk, Original was the first suburban* boteco *to bet on a more sophisticated gastronomy, without losing its roots. So now one can order, for example, a sauce based on tamarind reduction with a full portion of tenderloin.*

Rua Guaporé, 680, loja A
Brás de Pina

+55 21 3866-1313
www.originaldobras.com.br
Terça a quinta para jantar. Sexta e sábado para almoço e jantar. Domingo para almoço. *Tuesdays to Thursdays for dinner. Fridays and Saturdays for lunch and dinner. Sundays for lunch.*

REFERÊNCIA CARIOCA A CARIOCA REFERENCE

VENGA!

Tapas

A rigor, o conceito de *tapas* sempre foi familiar ao carioca que vai ao botequim, embora nunca identificado com esse nome. O Venga! foi o primeiro a assumir esse lado espanhol dos petiscos. Os irmãos Fernando e Roberto Kaplan abriram no Leblon, em 2009, e até hoje quem não chega por volta das sete horas da noite enfrenta longa espera. A casa original é pequena; já a filial de Ipanema, mais recente, é espaçosa e chegou com decoração de Chicô Gouvêa e iluminação de Maneco Quinderé. O lugar arrasa desde o primeiro minuto. A clientela tem uma energia maravilhosa e já está familiarizada com as *chistorras*, os *huevos revueltos de bacalao* e sua primeira fornada de *papas bravas*.

Strictly, the concept of tapas *has always been familiar to the Carioca who goes to* botequins, *though never answering to this name. Venga! was the first to adopt this Spanish side of tidbits. Brothers Fernando and Roberto Kaplan opened this place in Leblon, in 2009, and today if you don't arrive by 7pm you're in for a long wait. The original house is small, but the newer Ipanema*

branch is spacious and has an interior decoration by Chicô Gouvêa and lighting project by Maneco Quinderé. The place rocked from minute one. The clientele has a wonderful energy and is quite familiar with the chistorras *(minced pork sausage), the* huevos revueltos de bacalao *(codfish with scrambled eggs), the first serving of* papas bravas *(spicy potatoes).*

Rua Dias Ferreira, 113, loja B · Leblon
Ver demais endereços no final do capítulo. *See other addresses at the end of the chapter.*
+55 21 2512-9826
www.venga.com.br
Terça a domingo para almoço e jantar. Segunda para jantar. *Tuesdays to Sundays for lunch and dinner. Mondays for dinner.*

PRA QUEM QUER SER FELIZ
AS OPÇÕES DO CARDÁPIO
SÃO MARAVILHOSAS.

Foto Pão de Açúcar: Felipe Varanda
Foto Lagoa Rodrigo de Freitas: Marco Terranova

RIO 450

ACADEMIA DA CACHAÇA

Boteco

É daqueles pontos onde se leva um estrangeiro para conhecer várias coisas ao mesmo tempo: a cachaça, a caipirinha, as comidinhas. A bebida cobre paredes inteiras, com garrafas de várias origens e tipos, novas ou envelhecidas. As caipirinhas são uma aula de frutas brasileiras. Entre os petiscos, dois clássicos: o escondidinho e o arrumadinho, além de um monumento à culinária nacional, a empada de costela.

One of those places where you take a foreigner to taste several things at once: cachaça, caipirinha, *the food. There are whole walls covered with drinks, with bottles of all types and from several places, new or aged.* Caipirinhas *are a lesson in Brazilian fruits. Among the tidbits, two classics:* escondidinho *(manioc purée with jerked beef) and* arrumadinho *(manioc, green beans, butter and vinegar sauce). And a monument to Brazilian cuisine: spareribs* empada *pies.*

Rua Conde Bernadotte, 26, loja G · Leblon

Ver demais endereços no final do capítulo. *See other addresses at the end of the chapter.*

+55 21 2529-2680 / 22391542

www.academiadacachaca.com.br

Segunda a domingo para almoço e jantar. *Mondays to Sundays for lunch and dinner.*

ADEGA DO PIMENTA

Alemã · *German*

Tudo aquilo que o carioca sempre entendeu como cozinha alemã está em Santa Teresa, numa atmosfera de cidade do interior da Baviera: os salsichões de porco ou de vitela, as *terrines* de carnes curadas, o *kassler* e o *eisbein*. Chopes brasileiros e alemães e uma carta de cervejas especiais, germânicas ou não. Está também no Centro da cidade e em Petrópolis.

Everything that Cariocas have always perceived as German cuisine is in this Santa Teresa place, with an atmosphere of a Baviera village: pig or veal sausages, terrines *of cured meat,* kassler *and* eisbein. *Brazilian and German draft beer and a list of premium beer labels, German or not. Branches Downtown and in Petrópolis.*

Rua Almirante Alexandrino, 296 · Santa Teresa
Ver demais endereços no final do capítulo. *See other addresses at the end of the chapter.*
+55 21 2224-7554
www.adegadopimenta.com.br
Segunda a sexta para almoço e jantar. Sábado e domingo para almoço. *Mondays to Fridays for lunch and dinner. Saturdays and Sundays for lunch.*

ADEGA FLOR DE COIMBRA

Portuguasa · *Portuguese*

Recato é a palavra; pela famosa placa inibindo beijos de casais, pela localização inusitada, atrás da Sala Cecília Meireles, e pelo respeito às tradições da velha cozinha lusitana. Tudo isso em um daqueles locais discretos, que quem cultua botecos adora e defende. No cardápio, um bolinho de bacalhau longo e fino, que pede pimenta e azeite. Entre os pratos sempre generosos, o arroz de lula molhadinho, no melhor estilo "malandrinho", como dizem os portugueses. É uma viagem ao Rio antigo!

Prudence is the word. Due to the famous sign warning couples not to kiss, due to the unusual locale behind concert hall Sala Cecília Meireles, and due to respect for the traditions of the old Portuguese cuisine. All this in one of those discrete spots adored and defended by those who worship botecos. *On the menu, a long and narrow codfish roll, that begs for pepper and olive oil. Among the plentiful dishes, calamari rice, in the best "roguish" style, as the Portuguese say. A trip to the old Rio!*

Rua Teotônio Regadas, 34 · Lapa
+55 21 2224-4582 / 2224-9138
www.adegaflordecoimbra.com.br
Segunda a sábado para almoço e jantar. *Mondays to Saturdays for lunch and dinner.*

ALFAIA

Portuguesa · *Portuguese*

É um clássico de Copacabana, em que proliferam pratos portugueses com serviço à francesa. Ali estão também os azulejos antigos e a decoração com garrafas de vinho na parede. No cardápio, o farto bacalhau gera filas nos almoços dos fins de semana e tem a companhia de pratos à *belle meunière* e até de uma moqueca de ultramar.

A Copacabana classic, with abundant Portuguese dishes and a French style service. There are also the old tiles and the interior decoration with wine bottles on the wall. On the menu, the plentiful codfish dish makes for queues for lunch on weekends, with the company of dishes à belle meunière *and even a* moqueca *fish stew from overseas.*

Rua Inhangá, 30 · Copacabana
+55 21 2236-1222 / 2255-8882
www.restaurantealfaia.com.br
Segunda a domingo para almoço e jantar. *Mondays to Sundays for lunch and dinner.*

ARATACA

Brasileira · *Brazilian*

Nos últimos anos, a cozinha amazônica está em alta, ganhando homenagens de chefs como Roland Villard, no Rio, e Alex Atala, em São Paulo. Mas, justiça seja feita, o único endereço dedicado ao estilo está no Arataca, que já nos anos 1980 nos apresentava o tacacá, o pato no tucupi. E também a primeira cerveja diferente, a Cerpa, que foi moda absoluta por décadas, especialmente quando a casa esteve no Leblon. Produtos regionais, como uma seleção de farinhas e outras iguarias do Pará, estão à venda nesse misto de restaurante e empório.

For the last years, Amazon cuisine has been the top, being honored by chefs like Roland Villard, in Rio, and Alex Atala, in São Paulo. But, justice be done, the only address dedicated to this style is Arataca, that since the 80s introduces us to tacacá (manioc juice, jambu *herb and shrimp) and* pato no tucupi *(duck in manioc juice with the* jambu *herb). And also Brazil's first different beer, Cerpa, an absolute fashion for years, specially when the place was in Leblon. Regional products, like a selection of flours and other treats from Pará, are on sale at this mix of restaurant and emporium.*

Rua Domingos Ferreira, 41, loja B · Copacabana
+55 21 2549-2076 / 2548-6624
Segunda a domingo para café da manhã, almoço e jantar. *Mondays to Sundays for breakfast, lunch and dinner.*

BAR DA DONA ANA

Boteco

O nome oficial é Galeto 183, mas Bar da Dona Ana foi o apelido carinhoso dado por quem frequenta a casa. Um prato emblemático do Rio de Janeiro é a causa das filas constantes: o angu do Gomes, com rabada, coração de galinha e outras carnes em molho rico e suculento. Pratos fartos para dividir, com feijão e farofa de alto nível, e carnes grelhadas na brasa, incluindo os galetos, são uma atração.

The official name is Galeto 183, but the regulars at this place affectionately nicknamed it Dona Ana's Bar. The reason for the constant queues is one of Rio de Janeiro's emblematic dishes: angu do Gomes, *with corn flour, oxtail, chicken hearts and other kinds of meat in a rich and tasty sauce. Dishes are plentiful and can be shared, with top quality beans and* farofa *manioc flour. The steaks grilled over hot coals, including the cockerels, are an attraction.*

Rua de Santana, 183 · Cidade Nova

+55 21 2252-3914

Segunda a sexta para almoço e jantar. Sábado para almoço. *Mondays to Fridays for lunch and dinner. Saturdays for lunch.*

BAR DA FRENTE

Boteco

Cervejas especiais · *Premium beer*

Na frente do quê? Do famoso Aconchego Carioca. Em clima de casa de amigos, o bar da professora aposentada Valéria e da sua filha Mariana começou como ponto de espera do vizinho, que vive lotado. Mas ganhou vida própria e oferece um dos cardápios de petiscos mais criativos da cidade. Do croquete de estrogonofe com "molho" de batata palha ao premiado *harumaki* de costela de porco com requeijão – o "porquinho de quimono" –, tudo ali foge do estereótipo dos botequins tradicionais. Sem deixar de ser irresistivelmente carioca.

"Bar da Frente" means the bar in front. In front of what? Of the famous

Aconchego Carioca. Here you feel like you're at a friend's house. The bar belongs to Valéria, a retired teacher, and her daughter Mariana. It started out as a spot to linger while one waited for a place at the bar across the street, always full, but it gained a life of its own and offers one of the most creative tidbits menus in town. From the stroganoff croquette with shoestring potatoes "sauce" to the awarded harumaki *of pork ribs with cream cheese – "pig in a kimono" – everything there discards the stereotype of traditional* botequins. *While stlll being irresistibly Carioca.*

Rua Barão de Iguatemi, 388
Praça da Bandeira
+55 21 2502-0176
www.bardafrente.com.br
Terça a sábado para almoço e jantar. Domingo para almoço. *Tuesdays to Saturdays for lunch and dinner. Sundays for lunch.*

BAR DO ALTO

Boteco

A subida é árdua, mas a caipirinha e os petiscos compensam. E a vista, claro, que ali do Morro da Babilônia é deslumbrante. Localizado na laje de uma típica casa da favela, o Bar do Alto contrasta a simplicidade do ambiente com um cardápio de drinques e quitutes muito bem-elaborados. Tudo sob o comando de César Zerbinato, conhecido pelas feijoadas e pelos passeios que organiza no morro, por onde se tem acesso a algumas das mais belas trilhas da Zona Sul. O mototáxi é uma alternativa para chegar ao local.

It's a steep climb, but the caipirinha *and the tidbits are worth it. And the view, of course, which is amazing from up on Morro da Babilônia. Located on the roof of a typical favela house, Bar do Alto contrasts the simplicity of the place with a highly elaborated menu of drinks and morsels. All under the command of César Zerbinato, known for his* feijoadas *and for the sightseeing strolls he organizes on this hill, from where you can reach some of the most beautiful hiking trails in Rio's South Side. One alternative to reach this place is by motorcycle cab.*

Rua São Jorge, 4 · Leme
+55 21 2530-2506
Quarta a domingo para almoço e jantar. *Wednesdays to Sundays for lunch and dinner.*

BAR DO LADO

Boteco descolado · *Trendy* boteco

Típico bar para ver, ser visto e comer frugalmente. Com uma decoração despojada e sofisticada, realçada pelos ares da praia do Leblon, logo ali na frente, o bar anexo ao hotel Marina All Suites atrai jovens em busca de badalação. Tornou-se uma segunda opção ao sempre lotado Bar D'Hôtel, anexo ao vizinho Marina Palace. O cardápio não contempla pratos principais: só petiscos refinados e drinques. Muitos deles de inspiração japonesa, à base não apenas de saquê mas também de *shochu*, a "cachaça" do Sol-Nascente – uma aguardente feita de cevada, trigo, batata-doce ou arroz.

A typical bar to see people, to be seen by people and to eat frugally. With a stark and sophisticated décor, enhanced by the airs of Leblon Beach, right in front, this bar is an annex to Marina All Suites Hotel and attracts young people out for excitement. It became an option to the always crowded Bar D'Hôtel, an annex to nearby Marina Palace. The menu doesn't have main courses: just stylish morsels and drinks. Many of them with a Japanese inspiration, not only based on sake *but also on* shochu, *the cachaça from the Land of the Rising Sun, a brandy made of barley, wheat, sweet potatoes or rice.*

Avenida Delfim Moreira, 696
Hotel Marina All Suites · Leblon

+55 21 2172-1120

www.marinaallsuites.com.br

Segunda a domingo para jantar.
Mondays to Sundays for dinner.

BAR DO MINEIRO

Brasileira · *Brazilian*

A caprichada e saborosa feijoada é a grande responsável pelas filas na calçada nos fins de semana. Mas o bar de Santa Teresa tem inúmeros outros atributos. É um ótimo cenário para paquerar, com muita gente bonita e descolada. Ao chegar ao local, que tem as paredes revestidas de azulejos, abra o apetite com os pastéis, os bolinhos de feijão ou ainda a porção de aipim frito com torresmo. Refresque-se com uma boa cerveja de garrafa, sempre geladíssima, ou com a caipirinha de limão, outra ótima pedida! Se ainda houver espaço, encerre com o doce de laranja com queijo.

The well-served and tasty feijoada *is the big deal responsible for the queues along the sidewalk on weekends. But this bar in Santa Teresa has countless other features. It has great scenery to check people out, with lots of good-looking and rad clients. When you reach this place, with its walls covered in tiles, open your appetite with the* pastel *(deep-fried pastry), the bean buns or still the portion of manioc fries with pork crackles. Freshen up with a nice bottle of beer, always ice cold, or with a lemon* caipirinha*, another great order! If you still have some space in you, finish off with the orange jam with cheese.*

Rua Paschoal Carlos Magno, 99
Santa Teresa
+55 21 2221-9227 / 2508-8580
Terça a domingo para almoço c jantar.
Tuesdays to Sundays for lunch and dinner.

BAR DO MOMO

Bar gourmet · *Gourmet Bar*

As mesas na calçada dobram a esquina nos dias movimentados. Ainda assim, a minúscula e asseada cozinha dá conta da clientela, entre a qual volta e meia aparece um chef estrelado da Zona Sul. Tudo porque o Bar do Momo – que um dia pertenceu a um rei Momo de verdade – tem chamado atenção com sua gastronomia farta e caprichada. A "culpa" é de Antonio Carlos Laffargue, o Toninho, criador

TONINHO E TONHÃO

de alguns dos novos sucessos da gastronomia popular carioca, como o bolinho de arroz recheado com linguiça e queijo.

When it's a busy day tables on the sidewalk round the corner. Still, the tiny and tidy kitchen handles all the orders. One in a while a many-starred chef from the South Side pops in. All because Bar do Momo – that one day belonged to a real Momo, the King of Canaval – has come to attention with its plentiful and well done gastronomy. Antonio Carlos Laffargue, a.k.a. Toninho, is to "blame". He created some of the new hits of Rio's popular gastronomy, like the rice cakes with sausage and cheese fillings.

Rua General Espírito Santo Cardoso, 50 · Tijuca
+55 21 2570-9389
Segunda a sábado para almoço e jantar. Domingo para almoço.
Mondays to Saturdays for lunch and dinner. Sundays for lunch.

BAR DO OMAR

Boteco

Em geral, os melhores botequins são a cara do dono. O Bar do Omar, no alto do Morro do Pinto, não foge à regra. Construído na laje da casa da família, começou apenas com uma chapa para hambúrgueres e hoje vende até sashimi. O forte, porém, ainda são os sanduíches e os petiscos da Dona Ana, mulher de Omar. Graças à vista privilegiada, dali ainda se pode testemunhar as transformações pelas quais passa a zona portuária. De preferência, faça isso ao lado de uma carne de sol com aipim cozido na manteiga.

Generally, the best botequins *take after their owners. Bar do Omar, high on Morro do Pinto, is no exception. Built on the rooftop of Omar's family's home, it started out with one burger grill and now sells even sashimi. The strong suit, though, still are the sandwiches and the tidbits made by Dona Ana, Omar's wife. Thanks to the privileged view, from there you can also witness the transformations that Rio's port area is going through. Preferably, do this accompanied by a sun-cured beef with manioc cooked in butter.*

Rua Sara, 114 · Santo Cristo
+55 21 2518-3881
Terça a domingo para almoço e jantar.
Tuesdays to Sundays for lunch and dinner.

BAR DOS DESCASADOS

Boteco descolado · *Trendy* boteco

O bar ganhou esse apelido décadas atrás, quando o hotel Santa Teresa notabilizou-se por hospedar homens recém-separados. Agora, a expressão é um delicioso paradoxo, visto que o ambiente revela justamente o contrário: casais em franca intimidade, entre si e com os drinques delicados da casa. O menu de petiscos elaborado pelo Térèze, o restaurante do hotel, e a vista pitoresca da baía de Guanabara pelo viés da Zona Norte são luxos extras.

This bar got its name – For the Unmarried – decades ago, when Santa Teresa Hotel was renowned for lodging men who had recently split with their wives. Now the expression is a delicious paradox, for the atmosphere there is precisely the opposite, with lots of intimate couples. They are intimate with each other and with the house's delicate drinks. The menu elaborated

by Térèze, the hotel's restaurant and the picturesque view of Baía de Guanabara on its North Side are bonus luxuries.

Rua Almirante Alexandrino, 660
Hotel Santa Teresa · Santa Teresa
+55 21 3380-0200
www.santa-teresa-hotel.com/pt/bar-dos-descansados.php
Segunda a domingo para almoço e jantar. *Mondays to Sundays for lunch and dinner.*

BAR IMACULADA

Boteco

Para quem procura o que há de realmente original no Rio, está aí a dica: o bar, a calçada em frente e a ladeira em que se localiza, no Morro da Conceição. Tudo é história nessa casa que se tornou moda no *happy hour* do Centro. Os caldinhos de mocotó e de feijão seguram o ritmo da carta de cervejas, que ganha a companhia de bolinhos, pastéis, frangos à passarinho e diversos petiscos de outrora.

For those looking for something really original in Rio, here's a tip: this bar, the sidewalk in front of it, and the slope where it's at, on Morro da Conceição. Everything is historic in this house that became the thing for Downtown after-hours. The broths of beans and of cow's foot keep up the rhythm of the beer list, and keep company to the buns, the pastel *(deep-fried pastry), deep fried chicken and several old-time tidbits.*

Ladeira João Homem, 7 · Saúde
+55 21 2253-3999
www.barimaculada.com.br
De segunda a sábado para almoço e jantar. *Mondays to Saturdays for lunch and dinner.*

BAR LUIZ

Alemã · *German*

Fundado em 1887, o Bar Luiz é um dos três bares mais antigos do Rio e legítima instituição boêmia carioca. A caldeireta continua chegando com a espuma dançando de tão cremosa. Esse e outros charmes, como a decoração antiga, de 1927, fazem do bar um patrimônio do carioca que vai ao Centro. Um cliente que está sempre por lá é o famoso cartunista Jaguar, que se impacienta por não encontrar mesa nem no meio da tarde. Chucrutes completos com *kassler* e joelhos de porco dão o tom do cardápio.

Founded in 1887, Bar Luiz is one the three oldest bars in Rio and is an authentic Carioca bohemian institution. The shakers keep on coming with foam so creamy it dances in the glass. This and other charms, like the antique décor, from 1927, make this bar a heritage of the Carioca who goes Downtown. A client who's always there is Jaguar, the famous cartoonist, who gets impatient when he can't get a table even in the middle of the afternoon. Complete sauerkraut dishes with kassler *and* eisbein *set the tone for the menu.*

Rua da Carioca, 39 · Centro
+55 21 2262-6900
www.barluiz.com.br
Segunda a sexta para almoço e jantar. Sábado para almoço. *Mondays to Fridays for lunch and dinner. Saturdays for lunch.*

BAR VARNHAGEN

Boteco

Também conhecido como "Bar dos Passarinhos" por ser um histórico ponto de encontro de criadores e suas gaiolas, o Varnhagen é um dos botequins mais cenográficos do Rio. Num canto tranquilo e arborizado da praça que lhe empresta o nome, longe do burburinho do trânsito e da agitada vida noturna do lugar, o Varnhagen abre e fecha cedo seu salão de azulejos e chão de ladrilho hidráulico. Dona Natalina, a matriarca portuguesa que trouxe fama à casa com seus quitutes, faleceu em 2014, mas a comida caseira feita com temperos lisboetas se mantém com sua filha, Cidália, que preserva também a tradição da espetacular batida de limão-galego.

Also known as "Bar dos Passarinhos" (Birdies' Bar), since it's an historic meeting point for bird raisers and their cages. With this, Varnhagen is one of the most scenographic botequins *in Rio. In a quiet corner of the square from which it takes its name, far from the rumble of traffic and frantic night life of this area, in a spot full of trees, Varnhagen opens early and closes early. The walls are paneled with tiles and the floor with encaustic tiles. Dona Natalina, the Portuguese matriarch who gave the place its fame with her tidbits, passed away in 2014, but the homemade cooking done with spices from Lisbon lives on through her daughter, Cidália, who also preserves the tradition of the spectacular* batida *of lime and* cachaça.

Praça Varnhagen, 14A · Tijuca
+55 21 2254-3062
Terça a sexta para almoço e jantar. Sábado, domingo e feriados para almoço. *Tuesdays to Fridays for lunch and dinner. Saturdays, Sundays and holidays for lunch.*

BELMONTE

Boteco

A partir do seu original na praia do Flamengo, o Belmonte virou uma cadeia de sucesso. É o McDonald's dos botecos. Não tem dia em que as calçadas dos bares não fiquem cheias. O chope sempre bem-tirado e os petiscos tradicionais servem de chamarizes para a azaração – ou será o contrário? Entre os acepipes, a empada aberta de camarão é a campeã. No prato, quem dá as cartas é o bife de *chorizo* à Oswaldo Aranha, que, para quem nunca conheceu o original...

From the original bar on Flamengo Beach, Belmonte became a successful franchise. It's the McDonald's of botecos. *Not a day goes by that sidewalks in front of these bars aren't full. Draft beer always nicely drawn and traditional tidbits bring clients in for a night of flirting – or is it the other way around? Among delicacies, the open shrimp* empada *pie is the champ. As for dishes, the pork sausage in the Oswaldo Aranha style (with fried garlic) calls the shots, if you haven't eaten the original Oswaldo Aranha steak.*

Praia do Flamengo, 300 · Flamengo
Ver demais endereços no final do capítulo. *See other addresses at the end of the chapter.*
+55 21 2552-3349
Segunda a domingo para almoço e jantar. *Mondays to Sundays for lunch and dinner.*

BLÁ BLÁ CHAMPANHERIA

Champanheria · *Champagne*
Noite · *Nightlife*

Cores vibrantes, luzes quentes e decoração em estilo de *lounge* mediterrâneo moderno. Nada que lembre uma champanheria cheia de frescuras. Ao contrário, o clima ali é como diz o manifesto da entrada – "République de la Plage" – e como sugere a banheira suspensa no meio do salão, transbordando garrafas. Sim, há rótulos finos e caros, mas também muitas opções que atraem o público jovem, tanto na *flûte* simples quanto nos drinques, com direito a um tipo de quitute que é próprio para o espumante: o nosso amigo sushi.

Vibrant colors, warm lighting and interior decoration in the style of a modern Mediterranean lounge. Nothing that would remind one of a stuck-up champagne parlor. On the contrary, the vibe there is like the manifesto says at the entrance: "République de la Plage". And as the bathtub suspended over the hall suggests, overflowing with bottles. Yes, there are fine and expensive labels, but also plenty of choices to attract the young crowd, both in a simple flûte *or in regular drinks. Each comes with a kind of tidbit quite proper for the sparkling: our friend sushi.*

Avenida Erico Verissimo, 843
Barra da Tijuca
+55 21 2495-0040
www.facebook.com/blablachampanheria
Terça a sábado para jantar.
Tuesdays to Saturdays for dinner.

BOTECO D.O.C.

Boteco gourmet · *Gourmet* boteco

É uma grata surpresa em Laranjeiras. Pequeno, simples e com um toque elegante. Sim, tem cara de boteco, mas com o ar jovem que o chef Gabriel Carvalho leva para a cozinha. Em noites mais cheias, o pequeno salão ganha o reforço da calçada, onde a clientela se acomoda para provar os petiscos com toque gourmet e beber cervejas nacionais e importadas. O cardápio caprichado reúne sugestões em pequenas porções. O caldinho de feijão é, na verdade, *cassoulet*, e o pastel de carne vem recheado de *boeuf bourguignon*.

A nice surprise in Laranjeiras. Small, simples and with an elegant touch. Yes, it looks like a boteco, *but with the young air that chef Gabriel Carvalho brings to the kitchen. On nights when it's full, the tiny hall counts on reinforcement from the sidewalk, where the clientele settle to taste tidbits with a gourmet touch and savor Brazilian and imported beers.*

The neat menu offers suggestions in small portions. The bean broth is actually a cassoulet, *and the beef* pastel *(deep-fried pastry's) filling is* boeuf bourguignon.

Rua das Laranjeiras, 486
Laranjeiras
+55 21 3486-2550
www.botecodoc.com
Terça a domingo para almoço e jantar. *Tuesdays to Sundays for lunch and dinner.*

BOTEQUIM INFORMAL

Botequim

A rede de botequins pés-limpos carioca é um daqueles pontos para comer, beber e bater papo com os amigos. Tem tudo em torno de petiscos, como o caldinho de feijão e as calabresas, o frango à passarinho e os bolinhos de bacalhau, regados a chopes que chamam de gourmet: a cerveja e a espuma vindas de torneiras diferentes.

This chain of pé-limpo botequins *is one of the spots for eating, drinking and chatting with friends. They've got everything related to tidbits, like bean broth and pepperoni sausages, chicken wings and codfish rolls, washed down with a draft beer called gourmet: the beer and the foam come from different taps.*

Avenida Afrânio de Melo Franco, 290, loja 402A
Shopping Leblon · Leblon
Ver demais endereços no final do capítulo. *See other addresses at the end of the chapter.*
+55 21 2529-2614
www.botequiminformal.com.br
Segunda a domingo para almoço e jantar. *Mondays to Sundays for lunch and dinner.*

BRACARENSE

Boteco

É uma grande tradição da cidade. Dizem que o Braca (para os íntimos) não é mais o mesmo, mas os frequentadores fiéis não arredam pé e juram que os comentários não passam de intriga da oposição. O mais famoso bar do Leblon ainda tem como carros-chefe a boa conversa na calçada, o chope nota dez e os petiscos legendários, como o bolinho de aipim com camarão e catupiry. O bar foi duas vezes eleito o melhor do Brasil pelo *New York Times*.

A great tradition in Rio. They say Braca (for those who are close) is not the same, but faithful regulars won't budge and swear that these comments are schemes plotted by the opposition. The most famous bar in Leblon still has its highlights in the conversation going on at the sidewalk, the grade A draft beer and legendary tidbits, like the manioc roll with shrimp and catupiry *cream cheese. This bar was elected twice by* The New York Times *as the best in Brazil.*

Rua José Linhares, 85 · Leblon
+55 21 2294-3549 / 2511-1496
Segunda a domingo para almoço e jantar. *Mondays to Sundays for lunch and dinner.*

BRASEIRO DA GÁVEA

Boteco

É um restaurante à moda antiga, que logo caiu no gosto dos jovens que frequentam o mais ruidoso Baixo do Rio. É daqueles casos de amor à primeira vista, que não têm explicação. O ambiente é despojado e a comida é corriqueira e simplíssima – basicamente carnes na brasa, embora os tira-gostos que acompanham o chope saiam sem parar. Nas noites de quinta-feira e tardes de sábado, pode-se esperar horas por uma mesa. Na realidade, muitos vão até lá só para isso mesmo: ficar na calçada de chope na mão, curtindo o vaivém. Quanto mais demorar, melhor!

An old-fashioned restaurant, that soon became popular with the young crowd going to the loud Baixo Gávea. It's one of those cases of love at first sight, that no one can explain. With a casual atmosphere, the food is trivial and quite simple – basically beef done over hot embers, while the appetizers to sample with the draft beer are served nonstop. On Thursday nights and Saturday afternoons, you may wait for hours to get a table. Actually, lots of people go there for this very reason: to hang out on the sidewalk, beer in hand, checking out the scene. The longer it takes, the better!

Praça Santos Dumont, 116 · Gávea
+55 21 2239-7494
www.braseirodagavea.com.br
Segunda a domingo para almoço e jantar. *Mondays to Sundays for lunch and dinner.*

O CARANGUEJO

Frutos do mar · *Seafood*

As empadas de camarão e as casquinhas de siri mais conceituadas da Zona Sul são dois motivos para ir a esse local com cara boêmia e clima de botequim em Copacabana. Menos conhecidos, porém igualmente interessantes, são os fartos pratos de frutos do mar. Antes deles, não deixe de pedir uma sopa Leão Veloso. A cara do lugar!

The best rated shrimp empada *pies and stuffed crab shells on Rio's South Side are two reasons to visit this place with a bohemian look and a* botequim *atmosphere in Copacabana. The plentiful seafood dishes are lesser known but equally interesting. Before ordering them, the Leão Veloso soup is a must. Totally in tune with this place!*

Rua Barata Ribeiro, 771
Copacabana

+55 21 2235-1249

www.restauranteocaranguejo.com.br

Segunda a domingo para almoço e jantar. *Mondays to Sundays for lunch and dinner.*

CASA MOMUS

Bar

Novidades · *Novelties*

Uma dupla de italianos acostumados a lidar com o bom gosto teve a ideia da casa, que homenageia o Café Momus, lugar de confluência de intelectuais em Paris. Costanza Assereto, em especial, foi relações-públicas de marcas como Armani e traz bom gosto ao ambiente jovial. Lá, há espaço para obras de jovens artistas e para o resgate de peças como uma antiga prateleira que iria para o lixo se não fosse arrematada da matriz do antigo Lidador. O cardápio traz receitas baseadas em massas e em frutos do mar no almoço e uma coleção de petiscos e drinques criativos para o fim de noite, quando divide a audiência com seu vizinho, o Rio Scenarium.

A couple of Italians used to dealing with good taste had the idea for this place, a tribute to Café Momus, where the intellectuals gathered in Paris. Costanza Assereto, specially, had been public relations for brands like Armani and brings good taste to the jovial atmosphere. There's a space to exhibit works by young artists and to recover items like an old shelf that would have been thrown away if it hadn't been bought from importer Ladder's former headquarters. The menu presents recipes based on pastry and seafood for lunch and a set of tidbits and creative drinks for late at night, when it shares its audience with its neighbor, Rio Scenarium.

Rua do Lavradio, 11 · Centro
+55 21 3852-8250
www.casamomus.com.br
Segunda para almoço. Terça a sábado para almoço e jantar. *Mondays for lunch. Tuesdays to Saturdays for lunch and dinner.*

CASA PALADINO

Boteco

Não diga que conhece o Centro do Rio se você nunca comeu um omelete ou um sanduíche trio do Paladino. Centenária, a casa guarda em seus dois salões as funções de bar e mercearia, como convinha às bodegas do começo do século XX. E preserva até hoje a decoração original, incluindo um imenso balcão de mármore, um inestimável relógio de madeira na parede e uma belíssima chopeira de bronze. O Paladino é uma imperdível viagem no tempo.

You can't say you know Downtown Rio if you've never eaten an omelet or a trio sandwich at Paladino. Over a hundred years old, the place maintains in its two halls the functions of bar and of grocery store, as befits the establishments of the early 20th century. And preserves to this day the original interior decoration, including a huge marble counter, a priceless wooden clock on the wall and a beautiful bronze draft beer machine. Paladino is a journey through time that you can't miss.

Rua Uruguaiana, 224 · Centro
+55 21 2263-2094 / 2263-1398
Segunda a sexta para café da manhã, almoço e jantar. Sábado para café da manhã. *Mondays to Fridays for breakfast, lunch and dinner. Saturdays for breakfast.*

CERVANTES

Sanduíches · ***Sandwiches***

O principal sanduíche do Cervantes é um daqueles mistérios insondáveis da natureza. Como um simples pãozinho recheado com pernil e com uma fatia de abacaxi – pasmem! – pode ser tão famoso?! Isso para ficar apenas no sabor mais tradicional, pois há também os amantes do filé com queijo, do patê de galinha e da carne assada, que atraem pessoas ecléticas para o autêntico Baixo – Baixo mesmo! – Copacabana.

Cervantes' main sandwich is one of those fathomless mysteries of nature. How can a simple piece of bread filled with pork ham and a slice of pineapple – astonishing! – be so famous? And this is just the most traditional flavor, for there are also those who love the steak with cheese, the roast and chicken spread, attracting people to the real Lower – and that part of town is pretty low – Copacabana.

Avenida Prado Júnior, 335
Copacabana

Ver demais endereços no final do capítulo. *See more addresses at the end of the chapter.*

+55 21 2275-6147 / 2542-9287

www.restaurantecervantes.com.br

Terça a domingo para almoço e jantar. *Tuesdays to Sundays for lunch and dinner.*

CINE BOTEQUIM

Boteco

Tudo ali já denuncia: os sócios do Cine Botequim são apaixonados pela sétima arte em todas as suas dimensões. O cardápio batiza pratos e drinques com títulos de filmes nacionais e estrangeiros; as luminárias são feitas com rolos de película; há projeções quase diárias na parede de grandes clássicos. Alia-se a tudo isso a generosidade dos petiscos (com destaque para as coxinhas recheadas, especialidade da casa) e temos um bar que é a maior diversão.

Everything there gives away that the partners owning Cine Botequim are crazy about movies in all their dimensions. The menu christens drinks and dishes with Brazilian and foreign movie titles; the lampshades are made of rolls of film; the great classics are projected almost daily upon the walls of the place. Add all this up with generous portions of tidbits (highlight is the stuffed coxinhas *– shredded chicken breaded with dough in the shape of drumsticks – a specialty of the house) and we have a bar that's entertainment.*

Rua Conselheiro Saraiva, 39 · Centro

+55 21 2253-1414

www.cinebotequim.com.br

Segunda a sexta para almoço e jantar. *Mondays to Fridays for lunch and dinner.*

CLIPPER

Boteco

Tradicional ponto de encontro da torcida do Flamengo, que costuma comemorar no boteco do Leblon as vitórias do time, o Clipper também é parada obrigatória para quem está indo ou voltando da praia do Leblon. O abre-alas da casa tocada por um português cujo nome parece de rua ou avenida – Antônio Vieira da Silva – é mesmo o chope, tirado de uma serpentina de 180 metros, uma das últimas do gênero na cidade. Para beliscar, não tem erro: o bolinho de bacalhau e o sanduíche de carne assada fazem a festa de qualquer torcida.

Traditional meeting place for supporters of Flamengo, who celebrate their team's victories in this Leblon boteco, *Clipper also is an obligatory stop for those coming from or going to the beach. The frontrunner of this place run by a Portuguese whose name seems like a street or avenue – Antônio Vieira da Silva – is the draft beer, drawn from a serpentine coil 180 meters long, one of the last of its kind in Rio. For a quick bite, no mistake: the codfish roll and the roast sandwich make any supporter feel like cheering.*

Rua Carlos Góis, 263, loja A · Leblon
Ver demais endereços no final do capítulo. *See more addresses at the end of the chapter.*
+55 21 2259-0148
Segunda a domingo para almoço e jantar. *Mondays to Sundays for lunch and dinner.*

CODORNA NA BRASA

Boteco

Resgataram a codorna, um gosto de infância pra muita gente – especialmente quando vem no espeto, coisa rara na Zona Sul. Ela está sempre presente nesse antigo boteco de beira de estrada em Jacarepaguá. É assada com um tempero puxado no alho e na pimenta, além de um toque de ervas secretíssimas. Para se lambuzar.

They brought back the quail, that tastes like childhood for many people – specially when it's on a stick, something rare on the South Side. This is something always present in this old roadside boteco *in Jacarepaguá. It's roasted in a sauce heavy on the garlic and the pepper, besides a touch of very secret herbs. Finger lickin' good.*

Estrada Coronel Pedro Corrêa, 1150 · Jacarepaguá
+55 21 3416-3359
Segunda a domingo para almoço e jantar. *Mondays to Sundays for lunch and dinner.*

ENTRETAPAS

Tapas / Espanhola · *Spanish*

Num belo casarão no Humaitá abriu, em março de 2011, uma das mais bem-sucedidas iniciativas de trazer as *tapas* espanholas ao Brasil. Jan Santos, mineiro, morou em Barcelona com o sócio Antonio Alcaraz, frequentou cozinhas de avós e trouxe receitas como as *chistorras* de entrada, temperos originais como as ervas da favada, extravagâncias como os *huevos rotos* e coisas simples e adoráveis como o *pan con tomate* e as deliciosas croquetas. Sem adaptações ou cópias, os sócios buscam sempre aquilo que viram e sentiram nas versões originais. Nada faz sucesso por acaso.

In a beautiful old house in Humaitá, one of the most successful initiatives in bringing Spanish tapas *to Brazil opened in March 2011. Jan Santos, from the state of Minas Gerais, lived in Barcelona with his partner Antonio Alcaraz, hung out in grandmothers' kitchens, and brought back recipes like the entrées of* chistorras *(minced pork sausage with salt, garlic and paprika), original spices like the* favada *herbs, extravagant dishes like* huevos rotos *(broken eggs), and simple and adorable things like* pan con tomate *and delicious croquettes. No adaptations, no copies, the partners always seek what they saw and felt in the original version. Nothing makes success by chance.*

Rua Conde de Irajá, 115 · Humaitá
+55 21 2537-0673
www.entretapas.com.br
Segunda a sexta para jantar. Sábado e domingo para almoço e jantar.
Mondays to Fridays for dinner. Saturdays and Sundays for lunch and dinner.

ESPÍRITO SANTA

Brasileira · *Brazilian*

Seja nos dois salões ou na simpática varanda com vista para o casario colonial de Santa Teresa, a proposta do Espírito Santa são os sabores do Norte com toque de alta gastronomia, agora em experiências sempre criativas da chef e pesquisadora da cultura amazônica Natacha Fink. As inovações, porém, não afastam velhos ícones da casa – o "namorado da viúva", que traz o peixe envolto numa crosta de castanha com palmito pupunha, é um deles.

Whether in the two halls or in the friendly varanda with a view to the colonial houses of Santa Teresa, Espírito Santa's thing are the flavors from the North of Brazil with a touch of high gastronomy, in the always creative experiments by Natacha Fink, chef and researcher of the Amazon culture. These innovations, however, don't replace the house's old icons. One of them is the "namorado da viúva" *(widow's boyfriend) – fish wrapped in a crust of cashew nuts and heart of palm.*

Rua Almirante Alexandrino, 264
Santa Teresa

+55 21 2507-4840

www.espiritosanta.com.br

Quarta a segunda para almoço e jantar. *Wednesdays to Mondays for lunch and dinner.*

GALETO SAT'S

Galeto · *Cockerel*

Escolher entre os molhos de limão, alho ou laranja – ou ainda um que misture os três – é diversão e sabor garantidos a quem experimenta o tenro franguinho na brasa do Sat's. Some a isso a simpatia do casal de donos, Sérgio e Elaine, uma premiada carta de cachaças com 120 rótulos e a rara vocação do lugar para manter-se aberto até quase de manhã.

Choosing between the lemon, garlic and orange flavors – or even one that mixes all three – is fun and delicious for those who try Sat's tender little chicken cooked over hot coals. Add to this the friendly couple who own the place – Sérgio and Elaine – an awarded cachaça *list with 120 labels and a rare vocation for staying open till it's almost daybreak.*

Rua Barata Ribeiro, 7,
loja D · Copacabana

+55 21 2275-6197

Segunda a domingo para almoço e jantar. *Mondays to Sundays for lunch and dinner.*

SÉRGIO RABELLO

GRACIOSO

Boteco

Recuperado de um incêndio que praticamente o destruiu em 2011, o Gracioso reabriu repaginado em 2013. Mas manteve a proposta que marca seus mais de cinquenta anos: comida farta de inspiração espanhola e ambiente despojado de botequim da zona portuária. Os novos tempos também trouxeram mudanças. Com uma extensa programação cultural, o bar se integrou à casa Pedra do Sal, ali ao lado, e assumiu de vez o flerte com a cachaça, oferecendo mais de cinquenta rótulos.

Recovered after a fire practically destroyed it in 2011, Gracioso reopened in 2013 with a new layout. But it maintained the proposal that marks its more than 50 years as a bar: plentiful dishes in a Spanish vein and the casual atmosphere of a botequim *in the portuary region. The new times also brought changes. With an extensive cultural agenda, the bar integrated with Pedra do Sal, next-door neighbor, and openly declared its thing with* cachaça, *offering over 50 labels.*

Rua Sacadura Cabral, 97 · Centro

+55 21 2263-5028

Segunda a sexta para almoço e jantar. *Mondays to Fridays for lunch and dinner.*

JOIA CARIOCA

Pé-limpo

"Joia" para os íntimos desde a época em que era um boteco dos mais simples, cultuado como autêntico pé-sujo, especialmente por artistas, que tinham o ponto como refúgio, quase esconderijo, quando as novelas da TV Globo eram gravadas em estúdios no Jardim Botânico. Em 2012, depois de uma reforma que lhe tirou as características originais, transformou-se num barzinho mais transado, o que chamamos de "pé-limpinho". Mas manteve sua aura, principalmente junto à vizinhança, que segue tendo no bar uma referência para o chope de fim de tarde e para a típica pizza carioca – massa grossa e muita mussarela.

"Joia" for those close to it, since the days when it was the most simples boteco, *an authentic dive that became a cult place, with lots of artists, who took up the bar as a refuge, almost a hideout, when TV Globo's soap operas were filmed in Jardim Botânico's nearby studios. In 2012, a makeover removed the original features and it became a more sophisticated bar, what we call a "*pé-limpo*" (clean feet). But it kept its aura, mostly for those in the neighborhood, who continue to have in this place their reference for an evening draft beer and the typical Carioca pizza: thick dough and lots of mozzarella.*

Rua Jardim Botânico, 594
Jardim Botânico

+55 21 2539-5613
www.joiacarioca.com.br
Segunda a domingo para almoço e jantar. *Mondays to Sundays for lunch and dinner.*

LEITERIA MINEIRA

Brasileira · *Brazilian*

É um lugar que se frequentava de chapéu, ainda no limiar do século XX. Dessa época, restam muitos itens do cardápio de laticínios que um antigo fazendeiro bolou. O resultado é o leite combinado com o melhor do *comfort food* e com sotaque mineiro, em opções como o mingau de aveia, o creme de maisena e a coalhada com ameixa. Há também outros itens para lanches e café da manhã dos quais quase não se ouve mais falar. No almoço, canja de galinha e carne moída com ovo ao melhor estilo "comida da mamãe".

This is a place where hats were part of the dress code, on the dawn of the 20th century. There are still many items from the same menu used back then, when an old farmer elaborated it based on dairy farm products. The result is milk combined with the best of comfort food, with an accent from the inland farming state of Minas Gerais. There are choices like oatmeal, corn starch cream, and curd with cream. There are also other items for breakfast and for snacks, things you hardly hear about nowadays. For lunch, chicken broth and minced meat with eggs in the best "food my mommy made" style.

Rua da Ajuda, 35, loja A · Centro
+55 21 2262-3725 / 2533-2931
Segunda a sexta para café da manhã e almoço. *Mondays to Fridays for breakfast and lunch.*

MEZA BAR

Noite · *Nightlife*

Se a noite carioca mudou de perfil, essa casa é um reflexo da nova ordem: ambiente moderno, mas com decoração retrô, uma carta de drinques sofisticados e um menu de pratos criativos servidos em potinhos. Sem falar na trilha sonora *cool*, que vai ficando mais animada à medida que avança a madrugada.

If Carioca nightlife has adopted a different profile, this place reflects the new order: a modern atmosphere, but with a retro vibe, a sophisticated list for beverages and a menu of creative dishes served in little pots. Not to mention the cool soundtrack, accelerating the beats as night moves forward.

FERNANDO BLOWER

Rua Capitão Salomão, 69 · Humaitá
+55 21 3239-1951
www.mezabar.com.br
Segunda a domingo para jantar. *Mondays to Sundays for dinner.*

NORDESTINO CARIOCA

Brasileira · *Brazilian*

Daqueles bares que valem a viagem a Jacarepaguá, na área dos casarões do bairro do Anil, com salão aberto e varanda para um canal. O lado pitoresco do restaurante já começa com o dono da casa, o impagável Roberto Araújo, soltando a voz de sandália de couro e chapéu de Lampião. Ele serve aos clientes uma coleção de pratos paraibanos, da farofa de cuscuz ao caldinho da caridade, passando pelo cabrito, a carne de sol e o baião de dois. O feijão mulatinho, preparado como feijoada, é dica para quem vai com a família.

One of those bars that's really worth the trip, out to Jacarepaguá, in the Anil neighborhood and the big houses, with an open hall and a varanda looking out on a canal. The picturesque side of this restaurant begins with the owner, the unforgettable Roberto Araújo, singing his heart out, wearing leather sandals and a hat like the one cangaceiro *bandit Lampião used to wear. He serves customers a collection of dishes from the Northeastern state of Paraíba, from corn-and-manioc cuscus flour to the* caldinho da caridade *(charity broth), made of manioc flour with herbs and spices, passing through the roasted kid goat, the sun-cured beef and the* baião de dois *(rice, beans and jerked beef). A tip for a family meal is the dish with brown beans, prepared as if they were a* feijoada.

Avenida Sargento Carlos Argemiro Camargo, 49 · Jacarepaguá

+55 21 3412-3353

www.nordestinocarioca.com.br

Terça a sábado para almoço e jantar. Domingo para almoço. *Tuesdays to Saturdays for lunch and dinner. Sundays for lunch.*

NOVA CAPELA

Brasileira · *Brazilian*

É daqueles restaurantes que guardam tesouros saudosistas da cozinha carioca tradicional. O cabrito com batatas e arroz de brócolis é só o melhor e mais famoso item do extenso cardápio de delícias boêmias do Capela. Fora este e outros ícones, como a rabada com agrião e o filé à milanesa servido à francesa, o restaurante mais conhecido da Lapa também guarda segredos como a língua com purê e a porção de gorgonzola com azeite. A cozinha ferve dia e noite, até quatro horas da manhã.

One of those restaurants that preserve nostalgic treasures of traditional Carioca cuisine. The goat with potatoes and rice with broccoli is just the best and most famous item in the vast menu of Capela's bohemian delights. Besides this and other icons, like the oxtail with watercress and the breaded steak served with peas, ham

and onions, this restaurant, the best-known in Lapa, also keeps secrets like the cow tongue with mashed potatoes and the portion of gorgonzola with olive oil. The kitchen is bustling day and night, till four in the morning.

Avenida Mem de Sá, 96 · Centro
+55 21 2252-6228 / 2508-8493
Segunda a domingo para almoço e jantar. *Mondays to Sundays for lunch and dinner.*

PAVÃO AZUL

Boteco

Não é bolinho, não, é patanisca de bacalhau – feita com ovo, sem batata –, a especialidade do pé-sujo mais cultuado de Copacabana. O ambiente apertado, de azulejos brancos e mesas na calçada, ganhou uma ampliação em 2012, do outro lado da rua. Também simples, porém mais amplo, o "Pavãozinho" permite que se saboreie com um pouquinho mais de conforto outras delícias da casa, como o arroz de camarão e a carne assada.

Not your regular rolls or tidbits, here it's the codfish patanisca *fingers – made with eggs, no potatoes – that's the speciality of Copacabana's most adored* pé-sujo. *The crowded space, with its white tiles and sidewalk tables, got an annex in 2012, across the street. "Pavãozinho" is also simple, but larger, allowing people to enjoy with a little more comfort other house treats, like the shrimp rice and the roast.*

Rua Hilário de Gouveia, 71
Copacabana
Ver demais endereços no final do capítulo. *See other addresses at the end of the chapter.*
+55 21 2236-2381
Segunda a domingo para almoço e jantar. *Mondays to Sundays for lunch and dinner.*

PIPO

Boteco descolado · *Trendy* boteco

A ideia do chef Felipe Bronze era criar um boteco ao mesmo tempo sofisticado e despojado, no ambiente e no menu, e onde a comida compartilhada fosse a linha mestra. Uma espécie de bar de *tapas* à brasileira, com atrações como

o pastel de bochecha de boi, as porções de *tartare*, os hambúrgueres de ostra e o caldinho de feijão com espuma de couve. Enfim, experiências do jovem chef mágico. A decoração é *clean*, neutra, sem excessos. Curiosamente, embora esteja na parte mais efervescente da rua Dias Ferreira, é um local calmo, sem pressão e com horários restritos.

Chef Felipe Bronze's idea was to create a boteco *that is casual and sophisticated at the same time, both in the menu and the atmosphere. And where shared food would be the guideline. A kind of tapas bar Brazilian style, with attractions like the beef cheek* pastel *(deep-fried pastry), the portions of* tartare, *the oyster hamburgers and the bean broth with kale foam. In short, the young magician chef's experiments. The décor is clean, neutral, nothing excessive. Curiously, though it's on the most ebullient stretch of Rua Dias Ferreira, this is a calm spot, with no pressures, and limited hours.*

Rua Dias Ferreira, 64 · Leblon

+55 21 2239-9322

www.piporestaurante.com

Segunda para jantar. Terça a sábado para almoço e jantar. Domingo para almoço. *Mondays for dinner. Tuesdays to Saturdays for lunch and dinner. Sundays for lunch.*

PUB ESCONDIDO, CA

Hambúrgueres · *Burgers*

Cervejas especiais · *Premium beer*

Hamburgueria assumida e atenta ao que acontece nesse segmento entre os americanos, com direito a sanduíches altos a ponto de exigir garfos e facas. Ou de condimentação forte, nos casos de misturas de tendências mexicanas. Para acompanhar, uma longa série de cervejas especiais, muitas saídas de 27 torneiras conectadas diretamente a barris refrigerados, sem necessidade de serpentina. Chope mais fresco impossível.

A burger joint proud of being one. Following what's happening in this segment among the Americans, with sandwiches so tall you'll need a knife and a fork. Or very spicy, when it's those that mix Mexican tendencies. For side orders, a long series of premium beer, with 27 taps connected directly to refrigerated barrels, dispensing with the serpentine coil. A cooler beer? Impossible.

Rua Aires Saldanha, 98, loja A
Copacabana
+55 21 2522-9800
Terça a domingo para jantar.
Tuesdays to Sundays for dinner.

REAL CHOPP

Boteco

Jogo da rodada na televisão, banquinhos de plástico, petiscos no pratinho e conversa animada. O clima típico de qualquer botequim de Copacabana tem uma de suas versões mais bem-acabadas no Real Chopp. Dentro do imenso balcão de vidro, dezenas de petiscos de inspiração portuguesa, espanhola e brasileira aguardam os fregueses. Da cozinha, saem outras tantas opções. O chope, tido como um dos mais bem-tirados do Rio, corre pelas mãos de clientes assíduos, que fazem do boteco uma espécie de ação entre amigos.

Soccer matches live on TV, plastic stools, morsels on a plate and lively conversation. The typical vibe of any botequim *in Copacabana has one of its most complete versions in Real Chopp. Inside the huge glass counter, dozens of tidbits inspired by Portuguese, Spanish and Brazilian cuisine, await the customers. Out of the kitchen come so many other options. Draft beer, considered to be one of the best drawn in Rio, reaches the hands of regular customers, who turn this* boteco *into a friendly communal spot.*

Rua Barata Ribeiro, 319
Copacabana
+55 21 2547-6673
Terça a domingo para almoço e jantar.
Tuesdays to Sundays for lunch and dinner.

RIO SCENARIUM

Noite · *Nightlife*

Misto de locadora de antiguidades e casa de shows num imenso sobrado de três andares na Lapa. É o bar brasileiro mais famoso no exterior, eleito pelo jornal *The Guardian* um dos dez melhores do mundo. Tudo graças à audaciosa decoração, que conta com centenas de obras de arte e antiguidades, e à excelente programação musical noturna. Há que se ter cuidado com as filas, sempre imensas. Plínio Fróes, proprietário e uma espécie de "rei da Lapa", abriu ao lado o Mangue Seco e o Santo Scenarium, que ajudaram muito na revitalização da área antes decadente.

A mix of antiques rental and concert hall in a big three-story colonial house in Lapa. Is the Brazilian bar most famous throughout the world, chosen by The Guardian *as one of the ten best in the world. All thanks to the bold interior decoration, displaying hundreds of antiques and works of art, and to the excellent music being played live at nights. You have to watch out for the queues, always long. Plínio Fróes, the owner and a sort of "King of Lapa", opened two new places, Mangue Seco and Santo Scenarium, in front and next door, that have really played a part in revitalizing this area formerly so decadent.*

Rua do Lavradio, 20 · Centro
+55 21 3147-9000
www.rioscenarium.com.br
Terça a sábado para jantar.
Tuesdays to Saturdays for dinner.

SANTO SCENARIUM

Noite · *Nightlife*

O nome não é coincidência: o Santo Scenarium e o famoso Rio Scenarium são do mesmo Plínio Fróes, que revitalizou a Rua do Lavradio unindo arte, antiguidades e entretenimento noturno. A diferença entre os dois Scenariuns é que, no Santo, quase todas as peças à venda são de arte sacra. E a programação musical, mais focada no jazz e em ritmos contemporâneos, deixando o samba para seu irmão maior e mais popular.

The name is not a coincidence: Santo Scenarium and the famous Rio Scenarium belong to the same Plínio Fróes, who revitalized Rua do Lavradio joining Art, Antiques and Entertainment. The difference between the two Scenariums in that in Santo almost all the items on sale are of sacred art. And the musical programming is more focused on jazz and contemporary rhythms, leaving the samba shows for its bigger and more popular brother.

Rua do Lavradio, 36 · Centro
+55 21 3147-9007
www.santoscenarium.com.br
Segunda para almoço. Terça a sábado para almoço e jantar. *Mondays for lunch. Tuesdays to Saturdays for lunch and dinner.*

SENTAÍ

Boteco

Escondidinho atrás da Central do Brasil, o Sentaí é lugar para quem quer experimentar um pouco do sabor do Centro antigo, de velhos sobrados e ruas estreitas. Tradicional nos frutos do mar feitos à maneira portuguesa, a casa simples, quase espartana, tem nas lagostas as estrelas do cardápio. São oito receitas com o crustáceo, mas convém não se perder nas opções: a moqueca e a versão ao termidor são as melhores.

Hidden behind the Central do Brasil train station, Sentaí is a place for those who want to try a bit of the old Downtown, with ancient colonial two-story houses and narrow streets. The seafood is traditional, made in the Portuguese style, but the stars of this simple, almost Spartan place, are the lobsters. There are eight recipes with this crustacean, but you don't need to lose yourself among such options: the moqueca *stew and the thermidor are the best choices.*

Rua Barão de São Félix, 76 · Centro
+55 21 2223-4419
www.sentai.com.br
Terça a domingo para almoço.
Tuesdays to Sundays for lunch.

VILLARINO

Boteco

Sentar-se naquela mesinha colada à parede, onde Vinicius de Moraes e Tom Jobim passaram tardes regadas a uísque, é motivo mais do que suficiente para conhecer o Villarino. Foi ali, nesse misto de uisqueria,

bistrô e delicatéssen de ambiente sóbrio, paredes de madeira e pequenas mesas de mármore, que nasceu a mais famosa parceria da MPB. O cardápio é simples, mas conta com boas opções de acompanhamentos, como os salgadinhos servidos de entrada e os frios típicos de armazém, que o freguês pode escolher diretamente no balcão.

To sit at that table close to the wall, where Vinicius de Moraes and Tom Jobim spent their afternoons downing whisky, is more than enough reason to visit Villarino. It was there, in this mixture of bistro, deli and whiskey bar, with its sober atmosphere, wood-paneled walls and small marble tables, that the most famous partnership of Brazilian music was born. The menu is simple but relies on nice choices for side orders, like the pastry served as entrée and the coldcuts so typical of warehouses, that the customer can choose straight from the counter.

Avenida Calógeras, 6 B · Centro
+55 21 2240-1627 / 2240-9634
Segunda a sexta para almoço e jantar.
Mondays to Fridays for lunch and dinner.

VIZTA

Boteco descolado · *Trendy* boteco

Localizado no segundo andar do hotel Marina, aposta num triunvirato quase imbatível de prazeres: o vinho, a música e a visão deslumbrante da praia do Leblon ali em frente. Com um cardápio de releituras regulares da cozinha contemporânea, o que inspira mesmo no Vizta é a extensa programação musical. Graças ao programa "Bossa, Jazz e Muito Mais", idealizado por um trio de músicos e produtores, grandes expoentes da bossa-nova e do samba-jazz fazem apresentações exclusivas todos os fins de semana. Com direito ao grande oftalmologista André Cechinel no teclado.

Located on Hotel Marina's second floor, it bets on a practically unbeatable triumvirate of pleasures: the wine, the music and an amazing view of Leblon Beach right in front. With a menu redoing regulars of contemporary cuisine, what really inspires at Vizta is the extensive music programming. Thanks to the series "Bossa, Jazz and Much More", conceived by a trio of musicians and producers, great figureheads of bossanova and sambajazz do exclusive presentations every weekend. With the famous ophthalmologist André Cechinel on keyboards.

Avenida Delfim Moreira, 630
Hotel Marina Palace · Leblon
+55 21 2172-1000
www.hoteismarina.com.br
Quarta a domingo para jantar.
Wednesdays to Sundays for dinner.

ENDEREÇOS ADICIONAIS

BOTECOS, BARES & AFINS

DESTAQUES

VENGA!
Rua Garcia D'Ávila, 147, loja B · Ipanema
+55 21 2247-0234
www.venga.com.br
Segunda a domingo para almoço e jantar.
Mondays to Sundays for lunch and dinner.

BOTECOS, BARES & AFINS

ACADEMIA DA CACHAÇA
Avenida Armando Lombardi, 800, loja 65L
Condomínio Condado de Cascais · Barra da Tijuca
+55 21 2492-1159 / 2493-7956
www.academiadacachaca.com.br
Segunda a domingo para almoço e jantar.
Mondays to Sundays for lunch and dinner.

ADEGA DO PIMENTA
www.adegadopimenta.com.br
Praça Tiradentes, 6 · Centro
+55 21 2507-5293
Segunda a sexta para almoço e jantar. Sábado para almoço. *Mondays to Fridays for lunch and dinner. Saturdays for lunch.*

Estrada União Indústria, 11811 · Shopping Provence · Itaipava · Petrópolis
+55 24 2222-3252
Quarta a sexta para jantar. Sábado e domingo para almoço e jantar.
Wednesdays to Fridays for dinner. Saturdays and Sundays for lunch and dinner.

BELMONTE
Segunda a domingo para almoço e jantar em todos os endereços. *Mondays to Sundays for lunch and dinner in all addresses.*
Rua Dias Ferreira, 521 · Leblon
+55 21 2294-2849

Rua Teixeira de Melo, 53, loja B · Ipanema
+55 21 2267-9909 / 2523-7826

Rua Jardim Botânico, 617 · Jardim Botânico
+55 21 2239-1649 / 2239-4507

Rua Domingos Ferreira, 242 · Copacabana
+55 21 2255-9696 / 2255-0785

Avenida Portugal, 986 · Urca
+55 21 2543-1268

Rua Armando de Almeida Lima, 8 · Vidigal
+55 21 3323-4774

Avenida Mem de Sá, 82 · Lapa
+55 21 2224-2169

BOTEQUIM INFORMAL
www.botequiminformal.com.br
Segunda a domingo para almoço e jantar em todos os endereços. *Mondays to Sundays for lunch and dinner in all addresses.*
Rua Conde Bernadote, 26 · Leblon
+55 21 2540-5504

Avenida Nossa Senhora de Copacabana, 434
Copacabana
+55 21 2547-2871

Rua Domingos Ferreira, 215 · Copacabana
+55 21 3816-0909

Praia de Botafogo, 400, loja 810
Botafogo Praia Shopping · Botafogo
+55 21 3171-6442

Rua Visconde de Caravelas, 123 · Humaitá
+55 21 2537-2164

Avenida das Américas, 5000, lojas 119/120
New York City Center · Barra da Tijuca
+55 21 2408-3105

Avenida Dom Hélder Câmara, 5080, loja 4702 · Norte Shopping · Pilares
+55 21 2229-3145

Rua Itapera, 500 · Irajá
+55 21 2471-7039

CERVANTES
www.restaurantecervantes.com.br
Avenida Ayrton Senna, 3000, loja 2068
Via Parque · Barra da Tijuca
+55 21 2421-1068
Segunda a domingo para almoço e jantar. *Mondays to Sundays for lunch and dinner.*

Avenida das Américas, 5777, loja 112
Barra da Tijuca
+55 21 2438-1458
Terça a domingo para almoço e jantar.
Tuesdays to Sundays for lunch and dinner.

CLIPPER
Rua Cambaúba, 725, loja A
Ilha do Governador
+55 21 3281-4575
Terça a domingo para almoço e jantar.
Segunda para jantar.
Tuesdays to Sundays for lunch and dinner.
Mondays for dinner.

PAVÃO AZUL
Rua Barata Ribeiro, 348 · Copacabana
+55 21 2236-2381
Terça a domingo para jantar.
Tuesdays to Sundays for dinner.

LA PREFERIDA
Taco Shells
CASA CARANDAÍ
RIO DE JANEIRO

BONI & AMARAL

O RIO É UMA FESTA!

COMIDINHAS & OUTROS

CARIOQUISMO EM CADA BOCADO

PETISCAR É UMA INSTITUIÇÃO carioquíssima, histórica, que mostra como uma cidade aberta para as calçadas desenvolve o irresistível sabor da descontração e apura o paladar pela convivência. É assim nos botequins, nas docerias, nos balcões de sucos, nas mesinhas para comer sanduíches. Em todos eles, um duelo divertido entre criatividade e tradição, mas sem a ditadura da mesa posta. É o que vamos mostrar nessa seção bem diversificada.

Temos casas de serviço tradicional e de culinária absolutamente clássica, como a **Confeitaria Colombo** e a **Casa Cavé**, que servem doces portugueses, e confeitarias francesas com o mesmo sabor de um século atrás. Ou mesmo sabores do século XIX, se considerarmos a época em que paçocas, cocadas e quindins brilhavam nos tabuleiros dos "escravos de ganho", que saíam pela cidade vendendo guloseimas para ajudar seus próprios donos a mantê-los. O sabor das ruas começou exatamente assim, com petiscos de mão. O *fingerfood* tropical tupiniquim!

Toda essa tradição divide preferências com os mais modernos sanduíches e os mais refinados sorvetes. Veja o caso do hambúrguer inventado na Alemanha no século XVII, recriado nos Estados Unidos, que ganhou aqui versões verde-amarelas. E com soluções nossas – como o queijo coalho, que se derrete com a mesma elegância de um cheddar sobre outra exclusividade patriótica, a picanha, corte de gado inventado no Brasil. Depois que Daniel Boulud criou seu cheeseburguer chique, em Nova York, ficou fácil para a família **Troisgros** e **Roberta Sudbrack** também assinarem suas versões por aqui.

Encontramos o mesmo refinamento em sanduíches que fizeram a fama de casas insuspeitas, como padarias (caso do **La Bicyclette**) e até açougues (lembram-se do antigo **Talho Capixaba**?). As casas de sanduíches cresceram e se multiplicaram, por ordem divina e em proporções bíblicas, com a instituição dos sanduíches a metro.

Enfim, a comidinha, no balcão e na rua, é uma festa – melhor ainda, é uma festa sem fim. Mesmo nos sorvetes, o carioca mostra todo o frescor de uma coleção internacional de frutas. E a valorização de chocolates mais finos e de cremes mais nobres e a queda de ingredientes como açúcares e gorduras hidrogenadas tornaram os paladares cada vez mais exigentes. É uma filosofia de bem-estar em cada bocado. Ou em cada gole dos sucos que se multiplicam em sabores nossos e de outros mundos. Afinal, quem tinha ouvido falar, uma década atrás, de novidades hoje tão comuns, como o açaí?

De comidinha em comidinha, daquelas que estalam no paladar e brilham na memória, a gula deixou de ser pecado. É o que vamos conferir.

— Pedro Mello e Souza

IN EVERY BITE A BIT OF RIO

TIDBITS ARE A REAL *Carioca institution, a historical habit, that shows how a city open to sidewalks develops the irresistible flavor of casualness and refines its taste for coexistence. That's how it is in botequins, sweets shops, on the counters of juice joints, on the tables of sandwich diners. In all of them, an amusing duel between creativity and tradition, but under no dictatorship of the set table. This is what we will show in this much diversified chapter.*

We have restaurants with a traditional service and an absolutely classic cuisine, such as **Confeitaria Colombo** *and* **Casa Cavé***, offering Portuguese sweets, and French confectionaries with the same flavor as a century ago. Or even flavors from the 19th century, if we consider the age in which* paçocas, cocadas *and* quindins *glowed on the platters of the "paid slaves" who went around town selling treats to help the owners with their upkeep. That's exactly how flavor started on the streets, with tidbits. Tropical* tupiniquim *finger food!*

All this tradition shares preferences with the most modern sandwiches and the daintiest ice cream. Consider the case of hamburgers, invented in Germany in the 17th century, recreated in the USA, and gaining here Brazilian versions. And with solutions of our own – like the coalho *cheese, that melts with the same elegance as cheddar over another patriotic exclusive,* picanha, *a livestock cut invented in Brazil. After Daniel Boulud created his chic cheeseburger, in New York, it was easy for* **Roberta Sudbrack** *and the* **Troisgros** *family to put out versions here with their signatures.*

We find the same refinement in sandwiches that made famous unsuspected places like bakeries (as in the case of **La Bicyclette***) and even butcher shops (remember the old* **Talho Capixaba***?). Sandwich shops became fruitful and multiplied, by divine order and in biblical portions, with the institution of sandwiches by the meter.*

In short, having a snack, on the counter and on the street, is having a party – better yet, an endless party. Even in ice cream, the Carioca displays all the coolness of an international collection of fruits. And the appreciation of finer chocolates and noble creams and the decline of ingredients like sugar and hydrogenated fats made tastes more demanding. It's a philosophy of well-being in every bite. Or in each swallow of the juices that have more and more flavors, ours and from other worlds. After all, a decade ago, who had heard of novelties so commonplace now, such as açaí*?*

From snack to snack, going snap on our palate and twinkling in memory, gluttony is no longer a sin. That's what we'll see here.

— Pedro Mello e Souza

REFERÊNCIA CARIOCA A CARIOCA REFERENCE

LA BICYCLETTE

Pães · *Bread*

Estar dentro ou mesmo ao lado do parque do Jardim Botânico já é um luxo e só isto bastaria. Mas as comidinhas também são deliciosas, com várias fornadas diárias de pães artesanais assados na pedra, como o de *campagne* e o *pain au chocolat*, croissants e brioches, entre outros, e de sanduíches como o de *caponata* de legumes, que leva mussarela de búfala e rúcula. Vale experimentar também os combinados de café da manhã, com iogurtes, granolas e queijo cottage e outros produtos predominantemente orgânicos.

Being inside or even beside the Jardim Botânico park is a luxury in itself. But the food there is also a treat, with several batches a day of homemade bread baked on a stone, like the campagne *and the* pain au chocolat, croissants *and* brioches, *among other delicacies, and sandwiches like the vegetable* caponata, *with arugula and buffalo mozzarella. The breakfast combos are also worth trying, with yogurts, granolas, cottage cheese and other mostly organic products.*

Rua Pacheco Leão, 320, loja D
Jardim Botânico
Ver demais endereços no final do capítulo. *See other addresses at the end of the chapter.*
+55 21 3256-9052 / 99531-5010

www.labicyclette.com.br
Segunda a sexta das 8h30 às 21h. Sábados e domingos das 8h30 às 20h. *Mondays to Fridays from 8:30 am to 9 pm. Saturdays and Sundays from 8:30 am to 8 pm.*

RECOMENDADO RECOMMENDED

CASA CARANDAÍ

Pães e delis · *Bread & Delis*

Delicatéssen com ar de empório, sabor de bistrô e cheiro de *boulangerie*, a Casa Carandaí não é somente um ponto para encontrar produtos de primeira. O restaurante nos fundos da simpática casa tombada pelo Patrimônio Histórico, e decorada por Chicô Gouvêa, oferece massas e uma linha de sanduíches com pães feitos ali mesmo. João Luiz Garcia, o Janjão, recriou ali a saudosa Garcia & Rodrigues revista e melhorada. A localização, na Lopes Quintas ao lado da TV Globo, é *premium* e a região está se tornando polo de um comércio descolado, sofisticado e interessante.

A deli with an air of emporium, a taste of bistro and a hint of boulangerie, *Casa Carandaí isn't just* the *place to find top rate products. The restaurant in the back of a house preserved by the Historical Heritage, and with interior decoration by Chicô Gouvêa, offers pastry and a line of sandwiches with bread made right there. João Luiz*

Garcia, a.k.a. Janjão, recreated there the late and lamented Garcia & Rodrigues, but in a better and revised version. The location is premium, on Lopes Quintas right beside TV Globo, and the area is turning into a center for trendy, sophisticated and interesting shops.

Rua Lopes Quintas, 165
Jardim Botânico

+55 21 3114-0179

www.casacarandai.com.br

Segunda a sábado das 9h às 21h. Domingo das 9h às 17h.
Mondays to Saturdays from 9 am to 9 pm.
Sundays from 9 am to 5 pm.

INSTITUIÇÃO CARIOCA A CARIOCA INSTITUTION

CONFEITARIA COLOMBO

Mais de 100 anos de vida! Lanchinhos à moda antiga e cozinha idem. O ambiente art nouveau, os vitrais, as claraboias, os espelhos belgas. Elementos de uma viagem à Belle Époque que fazem da Confeitaria Colombo um dos mais belos cafés do mundo. Sempre vale uma ida especial ao Centro da cidade. E, enquanto admira o esplendor do lugar, atraque-se à clássica coxinha de creme de galinha, aos sanduichinhos de pão de miga ou ao camarão empanado, que já inspiraram de Olavo Bilac a Villa-Lobos. Para finalizar, o quindim de camisola. Você pode se deliciar com os mesmos quitutes na filial do Forte de Copacabana, debruçado numa das mais lindas vistas da praia.

More than one hundred years old! Old-time snacks and old-time kitchen. Art nouveau atmosphere, stained-glass windows, skylights, Belgian mirrors. Elements of a journey to the Belle Époque that make Confeitaria Colombo one of the most beautiful cafés in the world. It's always worth a special visit Downtown. And, while you admire the splendor of the place, get acquainted with the classic chicken cream coxinha *pastry, the little* miga *crustless sandwiches or the battered shrimp, which have inspired artists from poet Olavo Bilac to composer Villa-Lobos. To top it all off,* quindim de camisola *(eggyolk, sugar and ground coconut pudding "dressed" in a flaky pastry dough). You can feast on these same delicacies at the Forte de Copacabana branch, admiring one of the most beautiful views of the beach.*

Rua Gonçalves Dias, 32 · Centro
Ver demais endereços no final do capítulo. *See other addresses at the end of the chapter.*
+55 21 2505-1500
www.confeitariacolombo.com.br
Segunda a sexta das 9h às 19h30. Sábado das 9h às 19h. *Mondays to Fridays from 9 am to 7:30 pm. Saturdays from 9 am to 7 pm.*

REFERÊNCIA CARIOCA A CARIOCA REFERENCE

ESCOLA DO PÃO

Pães · *Bread*

José Lins do Rego ficaria contente: os "meninos de engenho" dentro de todos nós ainda podem sentir o cheirinho de pão fresco e de bolo quente. Na antiga casa do escritor, está a Escola do Pão, café e padaria durante o dia e bistrô à noite. Fazer pão é a atividade diária da casa da chef Clécia Casagrande e sua filha, Elen, mas são as manhãs de sábado e domingo que fazem a fama do lugar. É quando ela oferece um dos mais tentadores e fartos cafés da manhã do Rio, tão concorridos que não convém ir até lá sem fazer reserva.

ELEN E CLÉCIA CASAGRANDE

Author José Lins do Rego would be glad: the "sugar mill boys" in all of us can still feel the smell of fresh bread and warm cake, as in his book. In the writer's old house is the Escola do Pão (Bread School), café and bakery by day, bistro by night. Baking bread is the a daily thing at chef Clécia Casagrande and her daughter Elen's place, but the Saturday and Sundays mornings are its claim to fame. That's when it offers one of the most tempting and plentiful breakfasts in Rio, so in demand it won't do to go there without a reservation.

Rua General Garzon, 10 · Lagoa
+55 21 2294-0027 / 3205-7275
www.escoladopao.com.br
Terça a sexta das 8h a 0h. Sábado e domingo das 9h às 13h. *Tuesdays to Fridays, from 8 am to 12 pm. Saturdays and Sundays, from 9 am to 1 pm.*

RECOMENDADO RECOMMENDED

MOMO GELATO

Sorvetes · *Ice Cream*

Aberta em 2013, a Momo já começou fazendo barulho graças à alta qualidade dos produtos e a um simpático conceito "comunitário" de servir: no meio do salão, uma grande mesa de madeira convida os clientes a saborearem juntos seus sorvetes. Entre eles há sabores clássicos, extremamente cremosos, e misturas ousadas, do limão siciliano com manjericão ao Whey, a proteína dos malhadores. O sucesso é tão grande que o empresário Walter Mattos já está pensando em mais filhotes.

Opened in 2013, Momo started raising waves thanks to the high quality of its products and a friendly "communitarian" concept of service: in the middle of the hall a large wooden table invites guests to enjoy their ice cream together. There are classic flavors, extremely creamy flavors and bold mixes, from lemon with basil

to Whey, the protein of bodybuilders. It's such a great hit that businessman Walter Mattos is already thinking of branching out even more.

Rua Dias Ferreira, 147, lojas A/B · Leblon

Ver demais endereços no final do capítulo. *See other addresses at the end of the chapter.*

+55 21 2294-1965

www.momogelato.com.br

Segunda a quinta das 11h às 23h. Sexta e sábado das 11h a 0h. *Mondays to Thursdays from 11 am to 11 pm. Fridays and Saturdays from 11 pm to midnight.*

REFERÊNCIA CARIOCA A CARIOCA REFERENCE

POLIS SUCOS

Sucos · *Juices*

Casas de sucos com o colorido das frutas expostas são marca do Rio. Nascida em Ipanema, a Polis é a mais antiga em funcionamento na cidade e passou por uma transformação há alguns anos. Em 2009, com o surgimento da primeira filial, no Jardim Botânico, somou ao tradicional serviço de sucos, sanduíches e salgados no balcão a oferta de refeições mais consistentes. Além das bebidas, que podem ser pedidas em misturas ao gosto do freguês, as grandes estrelas da casa ainda são os clássicos sanduíches de filé com queijo palmira.

Colorful juice joints with the fruits on display are one of Rio's trademarks. Born in Ipanema, Polis is the oldest still open in town. A few years ago it went through some changes. In 2009, with the appearance of its first

branch, in Jardim Botânico, it added the choice of more solid meals to the traditional juices, sandwiches and morsels being served. Not to mention the beverages, that can be ordered mixed according to the customer's taste. The big stars of the house are still the classic steak sandwiches with palmira *cheese.*

Rua Maria Quitéria, 70, loja A · Ipanema

Ver demais endereços no final do capítulo. *See other addresses at the end of the chapter.*

+55 21 2247-2518

www.polissucos.com.br

Segunda a sexta das 7h a 0h. Sábado e domingo das 7h às 2h. *Mondays to Fridays from 7 am to midnight. Saturdays and Sundays from 7 am to 2 am.*

REFERÊNCIA CARIOCA A CARIOCA REFERENCE

QUEIJARIA ESCOLA SUÍÇA

Queijos · *Cheeses*

Por inspiração dos imigrantes suíços que chegaram no fim do século XIX, Friburgo tornou-se referência em queijos, e o surgimento da Queijaria Escola Suíça, em 1987, foi natural. Lá são preparados laticínios seguindo os preceitos dos antigos mestres alpinos. Quem visita pode degustar e também acompanhar os processos de produção de tipos tão diferentes quanto os *gruyère*, os *sbrinz*, os *moleson* e os *emmenthal*.

Inspired by the Swiss immigrants who arrived in the late 19th century, the city of Friburgo became a reference in cheese, so the appearance of the Queijaria Escola Suíça, in 1987, was something natural. Dairy products are prepared there according to the precepts of the old Alpine masters. Visitors may savor and also follow the production process of so many different types, like gruyère, sbrinz, moleson *and* emmenthal.

Estrada Friburgo · Teresópolis, Km 49 · Conquista · Nova Friburgo
+55 22 2529-4358
www.casasuica.info
Segunda a domingo das 9h às 18h.
Mondays to Sundays from 9 am to 6 pm.

RECOMENDADO RECOMMENDED

T.T. BURGER

Hambúrgueres · ***Burgers***

Sanduíches · ***Sandwiches***

Primeira empreitada independente do chef Thomas Troisgros, filho de Claude Troisgros, em parceria com o empresário Rony Meisler, da badalada loja Reserva, o T.T. Burger foi inaugurado no começo de 2014, no Arpoador, com uma proposta inovadora: apenas uma opção de sanduíche no cardápio, com ingredientes exclusivos que incluem um *blend* de acém, fraldinha e contrafilé, um ketchup de goiabada e um pão de batata-doce feito no Complexo do Alemão. Em julho de 2014, a inauguração da filial no Leblon trouxe outras duas opções para o cardápio, mas a filosofia da simplicidade de escolha, num ambiente moderninho e despojado, continua dando as cartas.

The first independent enterprise by chef Thomas Troisgros, son of Claude Troisgros, in partnership with businessman Rony Meisler, from the

THOMAS TROISGROS

hyped Reserva shop. T.T. Burger opened in early 2014, in Arpoador, with an innovative proposal: just one choice of sandwich in the menu, made with exclusive ingredients that include a blend of brisket, sirloin and flank steak, guava ketchup and sweet potato bread made in the Complexo do Alemão favela. *In June 2014, a new branch in Leblon included two other options in the menu, but the philosophy of a simple choice, in a modern and casual atmosphere, still rules.*

Rua Francisco Otaviano, 67
Arpoador · Ipanema
Ver demais endereços no final do capítulo. *See other addresses at the end of the chapter.*
+55 21 2227-1192
Segunda a domingo de 12h a 0h. *Mondays to Sundays from noon to midnight.*

RECOMENDADO RECOMMENDED

REFERÊNCIA CARIOCA A CARIOCA REFERENCE

TALHO CAPIXABA

Sanduíches · *Sandwiches*
Delicatéssen · *Deli*

É uma referência da cidade! Em Portugal, talho é açougue e foi assim que o português Alberto Abrantes começou: vendendo carnes. Depois, seu filho, também Alberto, foi estudar na Europa e voltou especialista em pães, arranjando um pequeno cantinho próprio, que não parou de crescer. Com os pães vieram os frios, as empadinhas, as conservas, as pastas, os sanduíches criativos, o cuscuz paulista... O resultado está aí: a mais carioca das delicatéssens, nascida naturalmente, despojada, charmosa e deliciosa. As mesas na calçada, disputadíssimas, são conhecidas como a *conciergerie* do Leblon, onde você acompanha o entra e sai do que há de mais representativo no bairro. O sucesso a fez expandir-se para a Gávea, ao lado do shopping.

It's a reference in this city! In Portugal, talho *is a butcher shop and that's how Portuguese Alberto Abrantes started out: as a butcher. Later his son, also named Alberto, went to study in Europe and returned as a bread expert. He arranged himself a small corner that never stopped growing. With the bread there came coldcuts,* empada *pies, preserves, spreads, creative sandwiches,* cuscus

paulista *(moistened grains with sardines, shrimp, peas and olives)... Here's the result: the most Carioca of delicatessens, born naturally, casual, charming and delicious. Sidewalk tables are much requested and are known as Leblon's* conciergerie*, where you follow a who's who of who's coming in and who's going out.*

Avenida Ataulfo de Paiva, 1022, lojas A/B · Leblon
Ver demais endereços no final do capítulo. *See other addresses at the end of the chapter.*
+55 21 2512-8760 / 2259-5895
www.talhocapixaba.com.br
Segunda a sábado das 7h às 22h. Domingo das 7h às 21h. *Mondays to Saturdays from 7 am to 10 pm. Sundays from 7 am to 9 pm.*

PRA QUEM QUER SER FELIZ
AS OPÇÕES DO CARDÁPIO
SÃO MARAVILHOSAS.

Foto Pão de Açúcar: Felipe Varanda
Foto Lagoa Rodrigo de Freitas: Marco Terranova

RIO 450

AMARENA

Sorvetes · *Ice Cream*

Para quem ainda não conhece a marca, saiba que alguns de seus sabores são usados por Thomas Troisgros no preparo de seus "sacodes", os milk-shakes que serve no T.T. Burger. Entre os sorvetes, há o de Nutella, que chega esparramado, com calda farta, abundante. Ou o de doce de leite, que tem aparência ainda mais sensual e morena do que o doce original – no caso, o argentino. Ou o de tapioca, estrela do estande da Amarena na Feira Hype. Ou ainda os de chocolate com menta, que parecem até cenográficos de tão brilhantes. E atenção, gordos! Há três sabores sem açúcar: pistache, chocolate amargo e *nocciola*. Delícias!

For those not familiar with this brand, please know that some of its flavors are used by Thomas Troisgros in preparing his "sacodes"*, the milk-shakes he serves at T.T. Burger. Among these ice creams, there's the Nutella, abundant, spreading itself out with lots of syrup. Or the* dulce de leche, *that has an appearance even more brown and sensual than the original Argentina sweet. Or the manioc* tapioca, *the star of Amarena's stand at Feira Hype. Or even the mint and chocolate, so shiny it seems like props. And for the overweight, there are three sugarless flavors: pistachio, bitter chocolate and* nicciola. *Delicious!*

Rua Barata Ribeiro, 516 · Copacabana

Ver demais endereços no final do capítulo. *See other addresses at the end of the chapter.*

+55 21 2236-1706

www.amarena.com.br

Segunda a domingo das 10h às 23h. *Mondays to Sundays from 10 am to 11 pm.*

BALADA MIX

Sanduíches · *Sandwiches*

Sucos · *Juices*

Famosa por levantar a bandeira da alimentação saudável, a marca conta com saborosas e diversificadas opções de sucos e suas combinações com ingredientes como mel, gengibre, água de coco e clorofila. Sem falar no açaí, que se tornou uma febre! Saladas e sanduíches como o de filé com cheddar acompanham os copos. Conhecida também pela animação e azaração!

R I O D E J A N E I R O

A Cidade Maravilhosa é uma mistura irresistível de encantos naturais, riqueza cultural e hospitalidade. Alguns de seus cartões-postais, como o Cristo Redentor e a Praia de Copacabana, são famosos mundialmente. Mas o Rio vai muito além. Esse encontro de mar, montanha e florestas oferece ainda uma vida noturna incansável e tem a História do Brasil representada em sua arquitetura e em seus museus. Para completar, a cidade ainda se prepara para receber as Olimpíadas e as Paralimpíadas de 2016. Imperdível.

ATRAÇÕES

- Jardim Botânico
- Museu de Arte do Rio - MAR
- Estádio do Maracanã

The Wonderful City is an irresistible mixture of natural beauty, cultural wealth and hospitality. Some of the city's postcards, Copacabana Beach and the statue of Christ the Redeemer are famous worldwide. But Rio goes way beyond that. The city that joins ocean, mountains and forests also offers relentless nightlife and exhibits Brazil's history and culture in its architecture and museums. In addition, the city is preparing to host the 2016 Olympic and Paralympic Games. Not to be missed.

ATTRACTIONS

- *Botanical Garden*
- *Rio Art Museum - MAR*
- *Maracanã Stadium*

INFORMAÇÕES TURÍSTICAS / TOURIST INFORMATION

rioguiaoficial.com.br / cidadesmaravilhosas.rj.gov.br

RJ **Rio de Janeiro**
Marca Registrada do Brasil

Famous for raising the health food flag, this brand presents tasty and diversified choices in juices and their combinations with ingredients like honey, ginger, chlorophyll and coconut water. Not to mention the açaí berry, which has become quite the fad! Side orders include salads and sandwiches like the steak-and-cheddar. This place is also a great spot for scoping out the action and chatting up interesting people.

Avenida Erico Verissimo, 843 · Jardim Oceânico · Barra da Tijuca

Ver demais endereços no final do capítulo. *See other addresses at the end of the chapter.*

+55 21 2491-6222

www.baladamixrestaurante.com.br

Segunda a domingo das 8h às 2h. *Mondays to Sundays from 8 am to 2 am.*

BB LANCHES

Sanduíches · *Sandwiches*

Sucos · *Juices*

Pioneira do Baixo Leblon, a casa de sucos que traz no nome uma sutil homenagem à musa Brigitte Bardot foi a primeira a entender a vocação da juventude carioca para misturar saúde com boemia. O cardápio oferece mais de quarenta opções de sucos de frutas feitos na hora, mas também destaca sanduíches e salgados carregados de calorias, que fazem sucesso principalmente nas madrugadas do bairro. Ou seja, é para quem acorda cedo ou para quem dorme tarde.

A pioneer of Baixo Leblon, this juice joint, whose name is a subtle tribute to the muse Brigitte Bardot, was the first to understand the vocation of Carioca youth to mix health and bohemia. The menu offers more than 40 choices of fruit juices made on the spot, but there are also sandwiches and pastries full of calories, big hits especially in the middle of the night. It's a place for those who wake up early or for those who go to bed late.

Rua Aristides Espínola, 64, loja A · Leblon

+55 21 2294-1397

Segunda a domingo das 9h30 às 3h. *Mondays to Sundays from 9:30 am to 3 am.*

BIBI SUCOS

Sanduíches · *Sandwiches*

Sucos · *Juices*

O Bibi Sucos assume explicitamente, em suas dez filiais, o espírito praiano do carioca: em vez de frutas expostas no balcão, cores e fotos da cidade, com referências a surfe, skate e outros esportes ao ar livre.

O cardápio acompanha essa filosofia: oferece mais de quarenta sabores de sucos de frutas, vitaminas com compostos alimentares para atletas e uma seção inteira dedicada ao açaí. Garoto-propaganda da marca, o surfista Carlos Burle chancela os pratos da linha saudável, que incluem saladas, grelhados e sopas.

In its 10 branches, Bibi Sucos adopts up front the beach spirit of Cariocas: instead of fruits displayed over the counter, colors and pictures of the city, with references to surfing, skating and other outdoor sports. The menu follows this philosophy: it offers more than 40 flavors with fruit juices, smoothies with food compounds for the athletes and a whole section dedicated to the açaí *berry. Surfer Carlos Burle is a pitchman for the house's line of health food dishes, including salads, soups, and grilled fish and meat.*

Avenida Ataulfo de Paiva, 591, loja A · Leblon
Ver demais endereços no final do capítulo. *See other addresses at the end of the chapter.*
+55 21 2259-0000
www.bibisucos.com.br
Segunda a quinta e domingo das 8h à 1h. Sexta e sábado das 8h às 2h. *Mondays to Thursdays from 8 am to 1 am. Fridays and Saturdays from 8 am to 2 am.*

LE BLÉ NOIR

Crepes

No Le Blé Noir você vai descobrir os sabores da Bretanha: as crepes e *galletes* de *sarrasin*, o trigo sarraceno, e a sidra Val de Rance, símbolos dessa região da França. Mas, se chamam a atenção pela massa, os pratos desse bistrô simples e iluminado à luz de velas em Copacabana satisfazem mesmo pelos recheios, sempre delicados e plenos de sabor, criados pelo chef Alain Caro.

At Le Blé Noir, by candlelight, in Copacabana, you'll discover the flavors of Brittany: crepes and sarrasin galletes, *made with buckwheat, and Val de Rance cider, symbols of this French region. But if the pasta there draws attention, what's really satisfactory about the dishes of this simple bistro, are the fillings, always so delicate and flavorful, created by Chef Alain Caro.*

Rua Xavier da Silveira, 19, loja A · Copacabana
+55 21 2267-6969
Segunda a sábado das 19h a 0h.
Mondays to Fridays from 7 pm to midnight.

BOULANGERIE GUERIN

Doces · *Sweets*
Pães · *Bread*

Por doze anos, o francês Dominique Guerin assinou o serviço de pâtisserie do restaurante Le Pré Catelan, do Sofitel. Desde 2012 à frente de sua própria marca, Dominique oferece a quem passa pelas portas envidraçadas de sua *boulangerie* com ares de confeitaria toda a linha de baguetes, brioches, mil-folhas, *pains au chocolat* e outras delícias da fermentação natural que fizeram a sua fama.

For 12 years, Frenchman Dominique Guerin was the name running the pâtisserie *service at Le Pré Catelan, Sofitel's restaurant. In 2012 he opened his own place. All those who pass through the glass doors of his* boulangerie *with an air of confectionery are offered a complete line of baguettes, brioches, napoleons,* pains au chocolat *and other treats of natural fermentation that made this place's reputation.*

DOMINIQUE GUERIN

Avenida Nossa Senhora de Copacabana, 920 · Copacabana
+55 21 2143-9553
www.padariaguerin.com.br
Segunda a domingo das 8h às 21h. *Mondays to Sundays from 8 am to 9 pm.*

CAFÉ DO ALTO

Brasileira · *Brazilian*

Tudo começou com os cafés da manhã de final de semana do Clube Campestre, no Leblon. Dali, pulou para um espaço permanente em Santa Teresa. Essa foi a trajetória simples, mas consistente, da chef Mariana Villas-Bôas. Agora, o local é um entreposto permanente de especialidades nordestinas, do desjejum matinal à ceia da tarde. A famosa tapioca, servida em inúmeras opções, é só uma fração da miríade de sabores oferecidos pelo local.

It all started with the weekend breakfasts at Clube Campestre, in Leblon. From there, it jumped to a permanent spot in Santa Teresa. This was the simple but consistent path of Chef Mariana Villas-Bôas. Now the place is a permanent warehouse of specialities from the Northeast, from morning meals to evening dining. The famous manioc tapioca, *available in several different choices, is just a fraction of the myriad of treats this place offers.*

Rua Paschoal Carlos Magno, 143 Santa Teresa
+55 21 2507-3172
www.cafedoalto.com.br
Terça a sexta das 12h às 22h. Sábado e domingo das 9h às 22h. *Tuesdays to Fridays from noon to 10 pm. Saturdays and Sundays from 9 am to 10 pm.*

CASA CAVÉ

Confeitaria · *Confectionery*

Fundada em 1860, a mais antiga confeitaria da cidade preserva só em parte a admirável arquitetura art nouveau de outros carnavais. Porém, tanto a matriz na rua Sete de Setembro quanto a filial da rua Uruguaiana, bem próxima, ainda honram o passado, oferecendo doces, salgados, biscoitos e tortas que não envergam sob o peso da tradição, principalmente os doces portugueses, que há mais de 150 anos são os principais destaques da loja.

Founded in 1860, the oldest confectionery in town has only partially preserved the admirable art nouveau architecture of older times. Even so, both the main ship on Rua Sete de Setembro as the branch on Rua Uruguaiana, nearby, still honor the past, offering sweets, pastries, biscuits and pies that bear well the weight of tradition, mainly the Portuguese sweets, which for over 150 years have been the shop's flagship.

P E T R Ó P O L I S

Quem conhece a exuberância da Serra dos Órgãos, em meio à Mata Atlântica, entende perfeitamente por que o Imperador Dom Pedro II fundou ali a cidade de Petrópolis, em 1843. Uma visita a seus palácios e monumentos explica por que a família imperial passava quase metade do ano na cidade e por que colonos alemães decidiram se estabelecer ali, deixando sua marca na arquitetura e na gastronomia. Esta combinação de história e natureza faz da cidade imperial um destino obrigatório.

ATRAÇÕES

- Visita guiada ao Centro Histórico
- Trilha do Caminho do Ouro
- Museu da Cervejaria Bohemia

Anyone who knows the exuberant Serra dos Órgãos in the middle of the rainforest understands immediately why emperor Dom Pedro II founded the city of Petrópolis there in 1843. Visiting the city´s palaces and monuments, we learn why the imperial family used to spend so much time in the city and why German colonists settled there, influencing the city´s architecture and cuisine. The blend of history and nature makes the Imperial City a must-go destination.

ATTRACTIONS

- *Guided visit to the Historical Town*
- *Caminho do Ouro Trail*
- *Bohemia Brewery Museum*

INFORMAÇÕES TURÍSTICAS / TOURIST INFORMATION

destinopetropolis.com.br / cidadesmaravilhosas.rj.gov.br

Rua Sete de Setembro, 137 · Centro
Ver demais endereços no final do capítulo. *See other addresses at the end of the chapter.*
+55 21 2222-2358 / 2221-0533
www.confeitariacave.com.br
Segunda a sexta das 8h30 às 19h30. Sábado das 8h30 às 13h30. *Mondays to Fridays from 8:30 am to 7:30 pm. Saturdays from 8:30 am to 1:30 pm.*

CASA DO ALEMÃO

Alemã · *German*

Por décadas, foi a parada clássica de quem ia ou voltava da Região Serrana, para fazer um lanche que valia por uma refeição. Começava-se com o croquete de carne e passava-se para o sanduíche de linguiça – duas em cada pão, para os mais gulosos – ou para o cachorro-quente com queijo. E a tradição continua. Só que hoje, espalhada em diversos pontos do Rio, da Barra ao Leblon, a casa vai além, contando sempre com uma seleção de embutidos e carnes curadas de produção local, pães, biscoitos, doces e tortas para consumir na hora ou para levar pra casa.

For decades, this was the classic stop for those going or coming to Rio's mountain region, pausing for a snack worth a meal. You started off with the beef croquette and then moved on to the sausage sandwich – two on each bread, for the greedy – or on to the hot dog with cheese on it. And this tradition continues. The difference is that today, spread all over Rio, from Barra to Leblon, the house has expanded, always offering a selection of sausages and cured meat of its own fabrication, besides bread, biscuits, sweets and pies, to be savoured there or taken home.

Avenida Ayrton Senna, 927 · Petrópolis
Ver demais endereços no final do capítulo. *See other addresses at the end of the chapter.*
+55 24 2291-4291
www.casadoalemao.com.br
Segunda a quinta das 6h45 às 21h20. Sexta das 6h45 às 23h30. Domingo das 7h às 21h20. *Mondays to Thursdays from 6:45 am to 9:20 pm. Fridays from 6:45 am to 11:30 pm. Sundays from 7 am to 9:20 pm.*

CASAS PEDRO

Delicatéssen · *Deli*

O momento da gastronomia carioca é de ebulição. E, como as influências vêm de todos os pontos do mundo, as Casas Pedro cumprem seu papel nos fornecendo as especiarias necessárias para uma extravagância nacional e internacional. São várias unidades espalhadas pela cidade, uma delas agora em Ipanema. Mas tudo começou no Saara, com a vocação para temperos e grãos do Oriente Médio e o repertório que vai do *zaatar* à pimenta síria, do feno-grego à pasta de gergelim. Um verdadeiro empório, aonde muitos vão não para vasculhar a mercearia, mas para provar as esfirras, expostas em balcões aquecidos junto à porta.

Carioca gastronomy is living a bustling moment. And, as influences come from all over the world, Casa Pedro plays its part supplying the necessary spices for a Brazilian or international extravaganza. There are several units spread around town, with one now in Ipanema. But it all started in Saara, with a calling for grains and seasonings, and a repertory ranging from zaatar *– a blend of herbs, sesame and salt - to Aleppo pepper, from fenugreek to sesame paste. A true emporium, where many go not to shop at the warehouse, but to taste the* sfihas, *displayed on heated counters near the door.*

Rua Tomé de Sousa, 113 · Centro
Ver demais endereços no final do capítulo. *See other addresses at the end of the chapter.*
+55 21 2224-9819
www.casaspedro.com.br
Segunda a sexta das 8h às 19h. Sábado das 8h às 16h. *Mondays to Fridays from 8 am to 7 pm. Saturdays from 8 am to 4 pm.*

CHEZ MICHOU

Crepes

Creperia que é a cara de Búzios, tão tradicional quanto o vaivém da Rua das Pedras, da qual é o epicentro. Seu balcão exposto e as mesinhas ao relento abrigam, trabalhando, um batalhão de mais de cem pessoas. O ambiente é o mesmo de trinta anos atrás, quando foi inaugurado por um grupo de amigos, os belgas Philippe Nys (o Tiff) e sua irmã Françoise Nys e o argentino Mário Fernandes. Tiff levou ao lugar o espírito do Club Med, onde trabalhou como G.O. No cardápio, mais de cinquenta tipos de crepes e uma trilha sonora tomada pelos videoclipes de rock, pop e reggae que passam nos monitores da casa. Tem filiais no Rio, em Botafogo e na Barra.

A crepe place that is totally Buzios, as traditional as the movement along Rua das Pedras, of which it is the epicenter. Its open counter and the outdoors tables hold a battalion of over a hundred people. The atmosphere is the same as 30 years ago, when it was inaugurated by a group of friends, Belgians Philippe Nys (aka Tiff), his sister Françoise Nys and Argentine Mário Fernandes. Tiff took to the place the spirit of Club Med, where he had worked before. On the menu, over 50 kinds of crepes and a soundtrack with the rock, pop and reggae clips rolling on the house's monitors. It has branches in Rio, in Botafogo and in Barra.

Avenida José Bento Ribeiro Dantas, 90 · Búzios

Ver demais endereços no final do capítulo. *See other addresses at the end of the chapter.*

+55 22 2623-2169

www.chezmichou.com.br

Segunda a domingo das 12h às 3h. *Mondays to Sundays from noon to 3 am.*

CHOCOLATE Q

Chocolates

O país do cacau, quem diria, está aprendendo a fazer chocolate. E a conhecer a diferença entre os bons e os ótimos com as degustações da coleção de preparados da família Aquim.

O bombom escolhido pode chegar com um café ou com uma saborosa explanação que os atendentes dão para cada barra, desde o cacau escolhido ao design da embalagem, algumas delas disputadas e exclusivas edições especiais.

How about that: the country of cocoa is learning to make chocolate! And to tell the difference between good and great chocolate with the tastings from the Aquim family's collection. The chosen bonbon may arrive with a cup of coffee or with a flavorful explanation of each type by the attendants, discussing from the cocoa involved to the packaging design. Some of them are very much in demand, with exclusive special editions.

Rua Garcia d'Avila, 149
Ipanema
Ver demais endereços no final do capítulo. *See other addresses at the end of the chapter.*
+55 21 2523-5090
www.chocolateq.com
Segunda a sábado das 10h às 22h. Domingo das 15h às 21h. *Mondays to Saturdays from 10 am to 10 pm. Sundays from 3 pm to 9 pm.*

COLHER DE PAU

Doces · *Sweets*

Brigadeiro ainda era só coisa de festa de criança quando a doceira Lucy Kaner abriu o seu primeiro Colher de Pau, no Leblon, em 1974. Até hoje, o brigadeiro e as tortas à base do doce são o que há de melhor, mas o espírito de vanguarda de Lucy ainda fala alto.

The brigadeiro *chocolate fudge was only seen at kiddie parties when confectioner Lucy Kaner opened the first Colher de Pau, in Leblon, in 1974. The* brigadeiro *and the sweet pies are still the best, but it's Lucy's pioneer spirit that rings loud and proud.*

Rua Rita Ludolf, 90, loja A
Leblon
+55 21 2274-8295
Segunda a domingo das 10h às 19h. *Mondays to Sundays from 10 am to 7 pm.*

CONFRARIA CARIOCA

Casa de vinhos · *Wine*

Uma loja de vinhos que virou bar. Ou vice-versa, ao gosto do freguês. Ou, melhor ainda, do proprietário, Duda Zagari, que organiza degustações temáticas todas as semanas, para vários tipos de público, de sommeliers graduados a leigos que querem dar aos amigos um gole de erudição. Para acompanhar, drinques e belisquetes à base de queijos, frios e pastinhas sofisticadas, algumas feitas no local, suaves o suficiente para não interferirem no paladar dos mais de setecentos rótulos da casa, muitos deles de importação exclusiva.

A wine shop that became a bar. Or the other way around, depending on the customer's taste. Or better yet, the owner's taste. Duda Zagari organizes thematic tastings every week, for all kinds of audiences, from graduated sommeliers to laymen who want to show some erudition to their friends. All accompanied by drinks and nibbles with cheese, coldcuts and sophisticated spreads, some made on the spot, light enough to not interfere in the taste of the over 700 labels in the house, many of them imported exclusively.

Rua General Severiano, 97, loja 35
Casa & Gourmet Shopping · Botafogo
+55 21 2244-2286
www.confrariacarioca.com.br/empresa.php
Segunda a sábado das 10h às 22h. Domingo das 15h às 21h. *Mondays to Saturdays from 10 am to 10 pm. Sundays from 3 pm to 9 pm.*

DA CASA DA TÁTA

Café · *Cafe*

É um daqueles locais que fazem do Rio um ótimo lugar para amanhecer diante de uma boa mesa. E não é só o trivial do café da manhã, com o croissant e os brioches quentinhos deixando cheiro de forno no ar. Tem também o gostinho mineiro da pamonha doce ou salgada, dos pães de queijo e dos bolos, como o formigueiro ou o de fubá, para acompanhar o café.

This is one of those spots that make Rio a great place to start off a day at a nice table. And it's not just the breakfast fare, with the warm croissants and brioches leaving a smell of baking in the air. There's also the taste of the sweet or salt pamonhas *(a corn paste wrapped in corn husks), of the cheesebread rolls and the cakes, like the* fubá *and* formigueiro *cakes, to savor with the coffee.*

Rua Professor Manoel Ferreira, 89, lojas N e O · Gávea
+55 21 2511-0947
www.dacasadatata.com.br
Segunda a sexta das 8h às 20h. Sábado das 8h às 18h30. Domingo das 9h às 14h. *Mondays to Fridays from 8 am to 8 pm. Saturdays from 8 am to 6:30 pm. Sundays from 9 am to 2 pm.*

RODOVIA 111 KM 130 - ACESSO DIRETO SEM PASSAR P

BO FRIO E BÚZIOS.

COSTA do PERÓ

Destino de Charme

DEPÓSITO GOURMET

Delicatéssen · ***Deli***
Variados · ***Diversified***

Criativo e aconchegante, esse é um daqueles lugares para comer e aproveitar as prateleiras repletas de produtos para fazer umas comprinhas, espécie de restaurante e loja de bebidas. Uma dica é começar pelo *steak tartare* com ovo pochê. Na seção principal, a picanha maturada chega à mesa com palmito pupunha assado na manteiga de garrafa. Para terminar, há carpaccio de chocolate com cupuaçu e sorvete de tapioca.

Cozy and creative, this is one of those places where you can eat and also shop along shelves filled with articles, for this is a kind of restaurant and liquor store. One tip is to start off with the steak tartare *with poached eggs. As for a main course, the matured sirloin cap reaches the table joined by heart of palm cooked in bottled butter. To top it off, there's chocolate* carpaccio *with* cupuaçu *fruit and tapioca ice cream.*

Avenida das Américas, 7777, loja 318
Rio Design Barra · Barra da Tijuca
+55 21 3388-0986
www.depositogourmet.com.br
Segunda a sábado das 10h às 22h. Domingo das 15h às 21h. *Mondays to Saturdays from 10 am to 10 pm. Sundays from 3 pm to 9 pm.*

EMPÓRIO JARDIM

Delicatéssen · ***Deli***

Fica no ponto do antigo Fazendola, bem conhecido dos cariocas que já buscavam as primeiras cozinhas saudáveis da cidade. Tornou-se um misto de delicatéssen, padaria e bistrô, com comidinhas servidas desde o café da manhã e assinadas por Paula Prandini, do Stuzzi, e Iona Rothstein, que já andou pelo Quadrucci e pelo Le Pré Catelan. Tudo com sotaque francês, das baguetes aos *éclairs*, passando pelos *steak tartares* do cardápio principal.

It's at the same spot as the former Fazendola, a place well known to

Cariocas, already seeking back then the first healthy cuisine in town. It became a mix of deli, bakery and bistro, with nibbles served from breakfast on and signed by Paula Prandini, from Stuzzi, and Iona Rothstein, who has been through Quadrucci and Le Pré Catelan. All with a French accent, from the baguettes to the eclairs, *passing through the steak tartar on the main menu.*

Rua Visconde da Graça, 51
Jardim Botânico
+55 21 2535-9862
Segunda a domingo das 8h às 22h.
Mondays to Sundays from 8 am to 10 pm.

ENVIDIA

Doces / Chocolates · *Sweets*

Uma espécie de oásis lembrando o passado na movimentada Dias Ferreira. O sofazinho cor-de-rosa e as cadeiras de madeira almofadadas dão o clima de casa de vó ideal para se saborear qualquer uma das mais de sessenta opções de trufas, pirulitos, bombons, barras e tortas de chocolate, a maioria feita com o belga Callebaut. Para os adeptos de misturas, a mais interessante está na torta que leva o nome da casa e traz uma combinação cirúrgica de chocolate com maracujá. Para comer gemendo.

A kind of oasis on busy Dias Ferreira reminding people of the past. The pink sofa and the wooden chairs with cushions makes this feel like your grandmother's house, an ideal place to try any one of the over 60 choices of truffles, lollipops, bonbons, chocolate bars and pies, most of them made by Belgian Callebaut. For those into mixed flavors, the most interesting is the pie that carries the house's name and brings a surgical combination of chocolate with passion fruit. So delicious you will moan while eating it.

Rua Dias Ferreira, 106, loja A · Leblon
+55 21 2512-1313
www.envidia.com.br
Terça a domingo das 12h às 20h.
Tuesdays to Sundays from noon to 8 pm.

ESPAÇO 7ZERO6

Novidades · *Novelties*

É uma vista extraordinária da orla carioca, no alto do hotel Praia Ipanema, onde a piscina dos turistas torna-se um *lounge* refinado, com direito a serviço de pratos frugais do chef francês Patrick Bolle. Há opções bem atuais, como os ceviches e os *fish and chips*, e criativas, como os nacos de namorado e o *minute* de salmão semicru. E um sortimento de drinques que

brindam com dignidade a imagem do Morro Dois Irmãos ao fundo.

An extraordinary view of Rio's shoreline, from atop Praia Ipanema Hotel, where the tourist's pool becomes a fine lounge, *with frugal dishes by Patrick Bolle, a French chef, being served. There are contemporary options, like the ceviche and the fish and chips, and creative, like the slabs of sandperch and the half-cooked salmon* minute. *And an assortment of drinks to toast with dignity to the sight of Morro Dois Irmãos in the background.*

Avenida Vieira Souto, 706, 16º andar
Hotel Praia Ipanema · Ipanema
+55 21 2141-4990 / 2141-4991
www.espaco7zero6.com.br
Segunda a sexta das 12h a 0h. Sábado e domingo das 9h30 a 0h. *Mondays to Fridays from noon to midnight. Saturdays and Sundays from 9:30 am to midnight.*

THE FIFTIES

Hambúrgueres · *Burgers*

Franquia americana que se espalhou por todo o Brasil, é um ambiente que lembra as antigas lanchonetes americanas dos anos 1950. O carro-chefe é o hambúrguer com milk-shake e um hot dog com queijo, mas há opções como os wraps, as saladas e os sanduíches frios ou quentes. E petiscos como a torre de cebolas e a batata frita coroada com queijo parmesão. A garotada adora!

This American franchise has spread all over Brazil. The décor is remindful of those old American diners from the 50s. Main attractions are the hamburger with a milkshake and a hot dog with cheese, but there are choices like the wraps, the salads and the hot and cold sandwiches. And tidbits like the onion towers and French fries crowned by parmesan cheese. Kids love it!

Avenida Afrânio de Melo Franco, 290, loja 404B · Shopping Leblon · Leblon
Ver demais endereços no final do capítulo. *See other addresses at the end of the chapter.*
+55 21 3344-0628
www.thefifties.com.br
Segunda a sábado das 10h às 22h. Domingo das 13h às 21h. *Mondays to Saturdays from 10 am to 10 pm. Sundays from 1 pm to 9 pm.*

JAEÉ

Sucos · ***Juices***
Novidades · ***Novelties***

Nada mais contemporâneo que comida totalmente natural e balanceada. É um balcão e grande armário frigorífico onde se encontram saladas, sopas, wraps e sucos. Todo o pedigree exigido pelos naturebas. Ideal para comer no local ou levar para casa ou escritório. Formulazinha inspirada em experiências inglesas e americanas de sucesso feitas para se multiplicar. A vizinhança no Leblon, com o T.T. Burger, dá a chance dos amigos se dividirem e depois comerem lado a lado.

Nothing more contemporary than some totally balanced health food. There's a counter and a cold-storage here where you can find salads, soups, wraps and juices. The whole pedigree required by greenies. The food is ideal for consumption on the spot or for taking home or to the office. A little formula inspired by English and American success cases with a tendency to multiply. Being in Leblon beside all those restaurants, like T.T. Burger, gives friends a chance to split up and then come back here to eat together.

Avenida Ataulfo de Paiva, 1228, loja B · Leblon
+55 21 2143-6940
www.jaee.com
Segunda a domingo das 9h à 1h30. *Mondays to Sundays from 9 am to 1:30 am.*

JOE & LEO'S

Hambúrgueres · *Burgers*
Sanduíches · *Sandwiches*

As duas filiais na Zona Sul ainda trazem o charme da decoração de um autêntico *sports bar*. O hambúrguer é tratado como uma iguaria especial – o Joe & Leo's foi a primeira hamburgueria a trazer a picanha para o bifão, o formato de sanduíche alto e, um passo além, a assinatura de chefs em diferentes versões do sanduíche mais popular do mundo. Também há pizzas, massas e saladas para honrar companhias menos carnívoras.

The two branches on Rio's South Side still display the charm of being decorated as an authentic sports bar. Burgers are treated there as a special delicacy – Joe & Leo's was the first hamburger place to include rump cap in the big beef, a tall sandwich, and, going further, to have chefs signing different versions of the world's most popular sandwich. There are also pizzas, pasta and salads in honor of less carnivorous visitors.

Avenida Ataulfo de Paiva, 270, loja 101 Rio Design Leblon · Leblon
Ver demais endereços no final do capítulo. *See other addresses at the end of the chapter.*
+55 21 3204-9347 / 3204-9354
www.joeleos.com.br
Segunda a quinta e domingo das 12h às 23h. Sexta e sábado das 12h a 0h. *Mondays to Thursdays from noon to 11 pm. Fridays and Saturdays from noon to midnight. Sundays from noon to 11 pm.*

JUICE & CO.

Sucos · *Juices*
Variados · *Diversified*

O nome não engana, mas também não conta tudo. É porque vai muito além dos sucos orgânicos (oferecidos em mais de sessenta sabores de frutas e misturas inusitadas) a proposta do Juice & Co. A casa oferece, em ambiente de restaurante contemporâneo, um cardápio focado na alimentação natural, porém requintada, que lhe valeu o título de "restaurante mais estiloso do Rio" no guia *Lonely Planet*.

The name tells the story, but not the whole story. Juice & Co. aim to serve organic juices (offered in more than 60 flavors of fruit and unusual mixes) but also goes way beyond that. This place offers a menu focused on health food, but in a refined style, in a contemporary restaurant atmosphere, and this awarded it the title of "most stylish restaurant in Rio" according to the Lonely Planet *guide.*

Avenida General San Martin, 889
Leblon
+55 21 2294-0048
www.juiceco.com.br
Segunda a quinta e domingo das 12h a 0h. Sexta e sábado das 12h à 1h. Domingo das 12h a 0h. *Mondays to Thursdays from noon to midnight. Fridays and Saturdays from noon to 1 am. Sundays from noon to midnight.*

KURT

Doces · *Sweets*

Feita de creme de baunilha com cobertura crocante de mel, a lendária torta "Picada de Abelha" é o eterno carro-chefe da loja que o alemão Kurt Deichmann fundou no Leblon quando chegou ao Brasil, em 1942. Hoje, sob o comando de sua sobrinha Evelyn, a confeitaria Kurt ganhou ares sofisticados, mas preserva a tradição dos sabores clássicos criados pelo seu fundador, além de manter as duas cláusulas pétreas da casa: renovar diariamente os produtos na vitrine e jamais vender refrigerante, para não alterar o sabor dos doces.

Made of vanilla cream with a crunchy honey top, the legendary "Picada de Abelha" (Bee Sting) pie is the eternal flagship of the shop that German Kurt Deichmann founded in Leblon when he arrived in Brazil in 1942. Today, run by his niece Evelyn, the confectionery gained a sophisticated air, but preserves the tradition of the classic flavors created by its founder, and also maintains the house's two clauses written in stone: renew every day the items on display and never sell soft drinks, so as to not alter the taste of the sweets.

Rua General Urquiza, 117,
loja B · Leblon
+55 21 2294-0599 / 2512-4943
www.confeitariakurt.com.br
Segunda a sexta das 8h às 19h. Sábado das 8h às 17h. *Mondays to Fridays from 8 am to 7 pm. Saturdays from 8 am to 5 pm.*

MIL FRUTAS

Sorvetes · *Ice Cream*

De ascendência francesa, mas com tecnologia 100% carioca (a fábrica fica em Benfica, na Zona Norte), o Mil Frutas guarda seu maior trunfo nos sabores brasileiros, como a jabuticaba, que encantou o príncipe Charles, a paçoca, o quindim, a pitanga e a goiabada com queijo, todos transformados em sorvete pela empresária Renata Saboya. Ao lado das filhas, Paula e Juliana, ela conduz seis lojas no Rio

e filiais em Búzios e São Paulo. Com ingredientes frescos e naturais, sem gordura hidrogenada, o Mil Frutas é um pioneiro dos sorvetes gourmet, que já foram chamados pelo *New York Times* de "pequenas obras-primas brasileiras".

Of French ascendancy, but with a technology 100% Carioca (the factory is in Benfica, on Rio's North Side), Mil Frutas saves its greatest triumph for the Brazilian flavors, like jabuticaba, that charmed Prince Charles, paçoca *peanut brittle,* quindim *(egg yolk and ground coconut),* pitanga *berry, and guava & cheese, all made into ice cream by businesswoman Renata Saboya. Along with her daughters, Paula and Juliana, she runs six shops in Rio and branches in Búzios and São Paulo. With fresh and natural ingredients, and no hydrogenated fat, Mil Frutas is a pioneer of gourmet ice cream, considered by* The New York Times *as "little Brazilian masterpieces".*

Rua J. J. Seabra, s/nº · Jardim Botânico

Ver demais endereços no final do capítulo. *See other addresses at the end of the chapter.*

+55 21 2511-2550

www.milfrutas.com.br

Segunda a sexta das 10h30 a 0h30. Sábado e domingo das 10h30 à 1h. *Mondays to Fridays from 10:30 am to 0:30 am. Saturdays and Sundays from 10:30 am to 1 am.*

OFFICINA DEL GELATO

Sorvetes · *Ice Cream*

Fruto da criação dos *gelatai* Luca Fagioli e Roberto Falleti, a Officina del Gelato é, literalmente, uma fábrica de sorvetes italianos artesanais em pleno coração de Copacabana. Da rua, pode-se observar parte do processo de fabricação da casa, que se orgulha de não usar gordura hidrogenada nem conservantes em nenhum de seus sabores de fruta, que chegam ao copinho (ou à casquinha) como autênticos *sorbets*, extremamente refrescantes e saborosos.

Created by gelatai *Luca Fagioli and Roberto Falleti, Officina del Gelato is, literally, a factory for homemade Italian ice cream in the heart of Copacabana. From the street you can watch part of its production process, boasting the non-use of hydrogenated fat and neither of preservatives in any of its fruit flavors. They arrive in cups (or cones) as authentic* sorbets, *extremely tasty and refreshing.*

Avenida Nossa Senhora de Copacabana, 903 · Copacabana
+55 21 3256-4480 / 3256-4481
Segunda a domingo das 10h30 às 23h.
Mondays to Sundays from 10:30 am to 11 pm.

P.J. CLARKE'S

Hambúrgueres · *Burgers*

Se você for a Nova York e bater saudades do Brasil, não hesite e vá até o P.J. Clarke's da Madison Ave, que vive cheio de brasileiros. Agora, se for o contrário e você ficar com saudades do seu hamburguerzinho de Nova York, não perca tempo: uma das pouquíssimas franquias do restaurante fora dos EUA fica no Rio - a terceira no país, depois das duas pioneiras de São Paulo. Há quase um século, o P.J. Clarke's é um ícone dos hambúrgueres de Nova York, com seu formato clássico de hambúrguer à moda antiga, servido em muffin inglês e com direito a molho *béarnaise*. Aqui aconteceram adaptações, fugindo um pouco do original.

If you go to New York and get homesick for Brazil, don't hesitate and go straight to P.J. Clarke's on Madison Avenue, where it's always full of Brazilians. Now, if you're in the opposite situation and you're missing the New York burger, don't waste any time: one of the very few franchises of this restaurant outside of the USA is in Rio – it's the third one in Brazil, after the two pioneers in São Paulo.

For almost a century, P.J. Clarke has been one of New York's burger icons. Hamburgers there follow the classic old-fashioned format, served in an English muffin and with béarnaise *sauce. There have been some adaptations here in Brazil, and the original is a little bit different.*

Avenida General San Martin, 1227
Leblon

+55 21 3547-4704
www.pjclarkes.com.br
Segunda a quinta e domingo das 12h a 0h. Sexta e sábado das 12h à 1h.
Mondays to Thursdays from noon to midnight. Fridays and Saturdays from noon to 1 am. Sundays from noon to midnight.

PADARIA BASSIL

Pães · *Bread*

A portinha discreta no meio da confusão do Saara, no Centro, mal deixa transparecer que ali funciona a padaria mais antiga da cidade. Os pães são de inspiração árabe, vendidos quase sempre para viagem, dado o tamanho reduzido da Bassil. As filas, contudo, são sempre enormes, principalmente na hora do almoço, quando saem fornadas novas de esfirras de carne, quibes e *manuches* (espécie de pizza árabe).

The discreet little door in the middle of Saara's hubbub, in Downtown Rio, hardly indicates that there's the spot for the oldest bakery in town. The bread has an Arab inspiration, and usually is sold as a takeaway, for there's not much space inside Bassil. The queues, however, are always long, especially during lunch hours, when new batches come out with sfihas, kibbeh *and* manuches *(a kind of Arab pizza).*

Rua Senhor dos Passos, 235 · Centro

+55 21 3970-1673
Segunda a sexta das 8h às 18h.
Mondays to Fridays from 8 am to 6 pm.

LE PAIN DU LAPIN

Pães · *Bread*

Mistura de *boulangerie* com bistrô, o Le Pain du Lapin fez fama no Jardim Botânico e, desde 2013, ganhou uma filial na Gávea. Em ambas, uma profusão de pães feitos com farinha francesa e doces criados pelo chef Zelmar Riccetto, servidos nas mesinhas em sanduíches ou em tábuas especiais. O café da manhã é servido o dia inteiro, e, durante o inverno, à noite, há um cardápio de sopas exclusivas.

A mix of boulangerie *and bistro, Le Pain du Lapin made its reputation in Jardim Botânico and, since 2013, has also a branch in Gávea. In both places, there's an abundance of bread made with French flour, and sweets created by Chef Zelmar Riccetto, served on the tables as sandwiches or on special platters. Breakfast is served all day long, and during winters, at night, there's a special menu with exclusive soups.*

Rua Maria Angélica, 19
Jardim Botânico
Ver demais endereços no final do capítulo. *See other addresses at the end of the chapter.*
+55 21 2527-1503
Segunda a sábado das 7h às 22h. Domingo das 8h às 20h. *Mondays to Saturdays from 7 am to 10 pm. Sundays from 8 am to 8 pm.*

PAVELKA

Alemã · *German*

A paradinha para um croquete é praticamente obrigatória. Há sessenta anos, a Pavelka atrasa a viagem de quem sobe a serra de Petrópolis nos finais de semana. O croquete de carne – crocante por fora e cremoso por dentro – é só o cartão de visitas de um cardápio repleto de sanduíches de frios e embutidos, servidos num ambiente quase folclórico, recheado de motivos germânicos, e que há dez anos também pode ser encontrado em dois endereços do Rio.

Stopping here to have a croquette is practically mandatory. For 60 years, Pavelka delays the trips of those going up the Petrópolis mountain range for weekends. The beef croquette – crunchy on the outside and creamy on the inside – is just the calling card for a menu filled with coldcuts and sausages sandwiches, served in an atmosphere that's quite folksy, full of German motifs, and that for the last ten years can also be found in two addresses in Rio.

Avenida Ayrton Senna, 999
Quitandinha · Petrópolis
Ver demais endereços no final do capítulo. *See other addresses at the end of the chapter.*
+55 24 2249-4654
www.pavelka.com.br
Segunda a domingo das 8h às 21h. *Mondays to Sundays from 8 am to 9 pm.*

PRIMA BRUSCHETTERIA

Italiana · *Italian*

Primeira casa especializada em bruschettas a abrir no Rio, a Prima oferece, em seu ambiente despojado, próximo à praia do Leblon, mais de vinte sabores da tradicional entrada italiana. Outras tradições mediterrâneas, como caldos e *arancinis*, compõem as variadas opções desse lugar que mistura como poucos a gastronomia italiana e o espírito carioca dos botequins.

The first place specialized in bruschettas *to open in Rio. In its casual environment, close to the beach in Leblon, Prima offers more than 20 flavors of this traditional Italian entrée. Other Mediterranean traditions, like broths and* arancinis *(breaded stuffed rice balls), make up the diverse choices in this spot that blends like few others Italian gastronomy and the Carioca spirit of* botequins.

Rua Rainha Guilhermina, 95, loja C · Leblon
+55 21 3592-0881
www.primabruschetteria.com.br
Segunda a sexta das 12h a 0h. Sábado e domingo das 11h a 0h.
Mondays to Fridays from noon to midnight. Saturdays and Sundays from 11 am to midnight.

ROTISSERIA SÍRIO E LIBANESA

Árabe · *Arab*

Símbolo de um Rio em extinção – o das galerias –, essa lanchonete árabe oferece as melhores esfirras da cidade, sempre servidas em ritmo frenético, para serem consumidas ali mesmo, de pé ou recostando-se em banquinhos junto ao grande balcão em U. As esfirras de queijo branco, levíssimas, e as de carne temperada são obrigatórias, mas o cardápio esconde outras tentações em formas de cafta, lentilhas e folha de uva.

A symbol of a Rio in extinction – a city with shopping galleries – this Arab snackbar offers the best sfihas *in town, always served at a frantic speed, to be eaten on the spot, standing or reclining on stools next to the large U-shaped counter. The white cheese* sfihas, *so very light, and the seasoned meat* sfihas *are mandatory, but the menu conceals other temptations under the guise of* koftas, *lentils and grape leaves.*

Largo do Machado, 29, lojas 16 a 19, 32 e 33 · Largo do Machado
+55 21 2557-2377 / 2205-2047
www.rotisseriasl.com.br
Segunda a sábado das 8h30 às 23h.
Mondays to Saturdays from 8:30 am to 11 pm.

SORVETE BRASIL

Sorvetes · *Ice Cream*

Os mais de sessenta sabores expostos nos freezers que a Sorvete Brasil mantém em cinco endereços são frutos de uma parceria inusitada entre a

França e o nordeste brasileiro. Depois de aprender a técnica de fabricação com um chef francês, o paraibano Severino Aragão pôs a mão na massa (artesanal, sem gordura hidrogenada e com pura polpa de fruta) e, em dez anos, transformou um pequeno negócio de fundo de quintal numa das marcas mais reconhecidas e premiadas de sorvete do Rio.

More than 60 flavors on display in the freezers that Sorvete Brasil keeps in five addresses are fruit of an unusual partnership between France and the Northeast of Brazil. After learning the production techniques from a French chef, Severino Aragão, from the northeastern state of Paraíba, started churning his cream (homemade, with no hydrogenated fat and with the pure pulp of fruits) and, in ten years, transformed a small backyard business into one of the most acknowledged and awarded ice creams in Rio.

Rua Maria Quitéria, 74, loja C
Ipanema
Ver demais endereços no final do capítulo. *See other addresses at the end of the chapter.*
+55 21 2247-8404
www.sorvetebrasil.com.br
Segunda a domingo das 9h às 21h. *Mondays to Sundays from 9 am to 9 pm.*

SORVETE ITÁLIA

Sorvetes · *Ice Cream*

A história da casa dos irmãos italianos Salvatore e Orazio Rametta confunde-se com um dos símbolos da Zona Sul: o Bar 20. Foi na lendária galeria de Ipanema que a dupla abriu a primeira loja do Sorvete Itália, mas o sucesso veio mesmo nas areias da praia, onde picolés como os de chocolate africano, coco, manga e tangerina viraram ícones cariocas. Hoje, com mais de cinquenta sabores no cardápio, a marca tem 25 franquias espalhadas por toda a cidade, e a loja do Bar 20 transferiu-se para a rua Henrique Dumont, logo em frente.

The story of this place belonging to Italian brothers Salvatore and Orazio Rametta blends in with one of the South Side's symbols: Bar 20. This is a legendary shopping gallery in Ipanema, where the brothers opened the first Sorvete Itália ice cream parlor. But they really found success on the sands of Ipanema beach, where their popsicles became icons of Rio, in the coconut, mango, tangerine and African chocolate (with crunchy peanuts) and other flavors. Now, with over 50 flavors on the menu, the brand has 25 franchises spread over town, and the Bar 20 parlor moved nearby to Rua Henrique Dumont.

Rua Henrique Dumont, 71, loja C · Ipanema

Ver demais endereços no final do capítulo. *See other addresses at the end of the chapter.*

+55 21 2239-1396

www.sorveteitalia.com

Segunda a quinta das 9h às 21h. Sexta, sábado e domingo das 9h às 22h. *Mondays to Thursdays from 9 am to 9 pm. Fridays, Saturdays and Sundays from 9 pm to 10 pm.*

VERO

Sorvetes · *Ice Cream*

Uma gelateria italiana, com certeza, mas inteiramente adaptada ao gosto dos brasileiros e, principalmente, à sazonalidade de nossas frutas. São mais de trinta sabores de fabricação própria, todos feitos com ingredientes frescos, do creme de leite às frutas, e você ainda pode encomendar um sabor diferente. O cuidado no preparo de suas criações tornou a Vero a única sorveteria da cidade a receber uma certificação da Accademia della Gelateria Italiana, entidade máxima do assunto.

An Italian gelateria, *for sure, but entirely adapted to Brazilian's tastes, and, mainly, to the seasonality of our fruits. There are more than 30 homemade flavors, all done with fresh ingredients, from the whipped cream to the fruits, and you can even order a different flavor. The care she takes preparing her creations lead Vero to be the only ice cream parlor in town to receive a certificate from the Accademia della Gelateria Italiana, the top organism on this matter.*

Rua Visconde de Pirajá, 260 · Ipanema

+55 21 3497-8754

www.gelatovero.com.br

Segunda a sábado das 10h30 às 22h30. Domingo das 11h30 às 22h30. *Mondays to Saturdays from 10:30 am to 10:30 pm. Sundays from 11:30 am to 10:30 pm.*

ENDEREÇOS ADICIONAIS

COMIDINHAS & OUTROS DESTAQUES

LA BICYCLETTE
Rua Jardim Botânico, 1008 · Espaço Tom Jobim · Jardim Botânico
+55 21 3594-2589
www.labicyclette.com.br
Segunda das 12h às 18h. Terça a domingo das 8h30 às 18h. *Mondays from noon to 6 pm. Tuesdays to Sundays from 8:30 am to 6 pm.*

CONFEITARIA COLOMBO
Praça Coronel Eugênio Franco, 1
Forte de Copacabana · Copacabana
+55 21 3201-4049 / 3201-4060
www.confeitariacolombo.com.br/site/cafe-do-forte
Terça a domingo das 10h às 20h.
Tuesdays to Sundays from 10 am to 8 pm.

MOMO GELATO
Rua Marquês de São Vicente, 52, loja 236
Shopping da Gávea · Gávea
www.momogelato.com.br
Segunda a sábado das 10h às 22h.
Domingo das 11h às 22h.
Mondays to Saturdays from 10 am to 10 pm.
Sundays from 11 am to 10 pm.

POLIS SUCOS
Rua Jardim Botânico, 605
Jardim Botânico
+55 21 3114-6668
www.polissucosjb.com.br
Segunda a domingo das 9h a 0h.
Mondays to Sundays from 9 am to midnight.

Avenida das Américas, 4666, quiosque 141
Barra Shopping · Barra da Tijuca
+55 21 3089-1380
www.polissucos.com.br
Segunda a domingo das 10h às 23h
Mondays to Sundays from 10 am to 11 pm.

Avenida das Américas, 500, loja 110
Downtown · Barra da Tijuca
+55 21 2496-0677
www.polissucos.com.br
Segunda a domingo das 9h às 23h.
Mondays to Sundays from 9 am to 11 pm.

T.T. BURGER
Avenida Ataulfo de Paiva, 1240 · Leblon
+55 21 2244-0035
Segunda a domingo das 12h a 0h.
Mondays to Sundays from noon to midnight.

TALHO CAPIXABA
Rua Marquês de São Vicente, 10 · Gávea
+55 21 2249-1652
www.talhocapixaba.com.br
Segunda a domingo das 7h às 22h.
Mondays to Sundays from 7 am to 10 pm.

COMIDINHAS & OUTROS

AMARENA
Avenida Ataulfo de Paiva, 209, loja F
Leblon
+55 21 2511-5546
www.amarena.com.br
Segunda a domingo das 10h às 22h.
Mondays to Sundays from 10 am to 10 pm.

BALADA MIX
www.baladamixrestaurante.com.br
Avenida Ataulfo de Paiva, 620 · Leblon
+55 21 2239-2699
Sexta e sábado das 8h às 2h.
Domingo a quinta das 8h à 1h.
Fridays and Saturdays from 8 am to 2 am.
Sundays to Thursdays from 8 am to 1 am.

Rua Aníbal de Mendonça, 31 · Ipanema
+55 21 2147-0111
Segunda a sexta das 12h a 0h. Sábado e domingo das 9h à 1h.
Mondays to Fridays from noon to midnight.
Saturdays and Sundays from 9 am to 1 am.

Rua Marquês de São Vicente, 52, loja 128h
Shopping da Gávea · Gávea
+55 21 3449-6557
Segunda a sábado das 10h às 22h.
Domingo das 12h às 21h.
Mondays to Saturdays from 10 am to 10 pm.
Sundays from noon to 9 pm.

Avenida das Américas, 7777, lojas 141/142
Rio Design Barra · Barra da Tijuca
+55 21 2148-2900
Segunda a sábado das 10h às 22h.
Domingo das 15h às 21h.
Mondays to Saturdays from 10 am to 10 pm.
Sundays from 3 pm to 9 pm.

Avenida das Américas, 5000, loja 201
New York City Center · Barra da Tijuca
+55 21 2431-9594
Segunda a domingo das 10h às 23h.
Mondays to Sundays from 10 am to 11 pm.

Estrada Benvindo de Novais, 1878
Recreio
+55 21 3259-5697
Segunda a sexta das 12h à 1h.
Sábado e domingo das 8h30 à 1h.
Mondays to Fridays from noon to 1 am.
Saturdays and Sundays from 8:30 am to 1 am.

Rua General Roca, 949 · Tijuca
+55 21 2264-8634
Segunda a sexta das 9h a 0h. Sábado e domingo das 9h à 1h.
Mondays to Fridays from 9 am to midnight.
Saturdays and Sundays from 9 am to 1 am.

Avenida Pastor Martin Luther King Jr., 126, loja 529 · Shopping Nova América
Del Castilho
+55 21 2303-2030
Segunda a sexta das 11h30 às 23h. Sábado e domingo das 12h às 23h.
Mondays to Fridays from 11:30 am to 11 pm.
Saturdays and Sundays from noon to 11 pm.

Rua Pastor Tavares de Macedo, 240 · Niterói
+55 21 3254-2354
Segunda a domingo das 11h às 23h.
Mondays to Sundays from 11 am to 11 pm.

BIBI SUCOS
www.bibisucos.com.br
Rua Cupertino Durão, 81, loja A · Leblon
+55 21 2259-4948
Segunda a quinta e domingo das 12h à 1h.
Sexta e sábado das 12h às 2h.
Mondays to Thursday from noon to 1 am.
Fridays and Saturdays from noon to 2 am.
Sundays from noon to 1 am.

Avenida Afrânio de Melo Franco, 290, loja 405 E · Shopping Leblon · Leblon
+55 21 3875-6566
Segunda a sábado das 10h às 22h.
Domingo das 13h às 21h.
Mondays to Saturdays from 10 am to 10 pm.
Sundays from 1 pm to 9 pm.

Rua Miguel Lemos, 31, loja A
Copacabana
+55 21 2513-6000
Segunda a quinta e domingo das 8h à 1h.
Sexta e sábado das 8h às 2h.
Mondays to Thursdays from 8 am to 1 am.
Fridays and Saturdays from 8 am to 2 am.
Sundays from 8 am to 1 am.

Rua Santa Clara, 36 · Copacabana
+55 21 2255-5000
Segunda a quinta e domingo das 8h à 1h. Sexta e sábado das 8h às 2h.
Mondays to Thursdays from 8 am to 1 am. Fridays and Saturdays from 8 am to 2 am. Sundays from 8 am to 1 am.

Rua Lauro Müller, 116, loja 55 · Shopping Rio Sul · Botafogo
+55 21 2542-3000
Segunda a sábado das 10h às 22h. Domingo das 15h às 21h.
Mondays to Saturdays from 10 am to 10 pm. Sundays from 3 pm to 9 pm.

Avenida Olegário Maciel, 440 · Barra da Tijuca
+55 21 2493-3000
Segunda a quinta e domingo das 8h à 1h. Sexta e sábado das 8h às 2h.
Mondays to Thursdays from 8 am to 1 am. Fridays and Saturdays from 8 am to 2 am. Sundays from 8 am to 1 am.

Avenida das Américas, 4666, loja 106/P09 Barra Shopping · Barra da Tijuca
+55 21 3411-8000
Segunda a domingo das 10h às 22:30h.
Mondays to Sundays from 10 am to 10:30 pm.

Avenida Dom Hélder Câmara, 5474, loja 4703 · Norte Shopping · Pilares
+55 21 2595-3200
Segunda a domingo das 11h às 23h.
Mondays to Sundays from 11 am to 11 pm.

Rua Mariz e Barros, 90 · Icaraí
+55 21 2722-5000
Segunda a quinta e domingo das 8h à 1h. Sexta e sábado das 8h às 2h.
Mondays to Thursdays from 8 am to 1 am. Fridays and Saturdays from 8 am to 2 am. Sundays from 8 am to 1 am.

CASA CAVÉ
Rua Uruguaiana, 11 · Centro
+55 21 2222-2358 / 2221-0533
www.confeitariacave.com.br
Segunda a sexta das 8h30 às 19h30. Sábado das 9h às 13h30.
Mondays to Fridays from 8:30 am to 7:30 pm. Saturdays from 9 am to 1:30 pm.

CASA DO ALEMÃO
www.casadoalemao.com.br
Avenida Ataulfo de Paiva, 644 · Leblon
+55 21 2540-7900 / 2540-5992
Segunda a quarta das 8h30 a 0h. Quinta e domingo das 8h30 à 1h. Sexta e sábado das 8h30 às 2h.
Mondays to Wednesdays from 8:30 am to midnight. Thursdays and Sundays from 8:30 am to 1 am. Fridays and Saturdays from 8:30 am to 2 am.

Avenida das Américas, 1699, loja C · Barra da Tijuca
+55 21 2497-2629 / 2499-4657
Segunda a sexta das 11h a 0h40. Sábado e domingo das 10h30 a 0h40. *Mondays to Fridays from 11 am to 0:40 am. Saturdays and Sundays from 10:30 am to 0:40 am.*

Rua 16 de Março, 138 · Petrópolis
+55 24 2242-4533
Segunda a sábado das 7h30 às 21h30
Mondays to Saturdays from 7:30 am to 9:30 pm.

Estrada União e Indústria, 9500, lojas 1, 2 e 3 · Petrópolis
+55 24 2222-7268 / 2222-4333
Domingo a quinta das 8h às 22h20. Sexta e sábado das 8h às 23h.
Sundays to Thursdays from 8 am to 10:20 pm. Fridays and Saturdays from 8 am to 11 pm.

Rodovia Washington Luiz, Km 13
Duque de Caxias
+55 21 2676-1292
Segunda a quinta das 7h às 21h30. Sexta a domingo das 7h às 22h30. *Mondays to Thursdays from 7 am to 9:30 pm. Fridays to Sundays from 7 am to 10:30 pm.*

Rodovia BR101, Km 284 (Posto Shell)
Itaboraí
+55 21 3637-3836
Segunda a domingo das 7 às 22h. *Mondays to Sundays from 7 am to 10 pm.*

CASAS PEDRO
www.casaspedro.com.br
Rua Visconde de Pirajá, 234 · Ipanema
+55 21 3217-9050
Segunda a sexta das 8h às 19h30. Sábado das 8h às 17h. *Mondays to Fridays to 8 am to 7:30 pm. Saturdays from 8 am to 5 pm.*

Avenida Nossa Senhora de Copacabana, 1066 · Copacabana
+55 21 2287-0046
Segunda a sexta das 8h às 19h30. Sábado das 8h às 18h. *Mondays to Fridays from 8 am to 7:30 pm. Saturdays from 8 am to 6 pm.*

Rua Barata Ribeiro, 370 · Copacabana
+55 21 2235-3836
Segunda a sexta das 8h às 19h30. Sábado das 8h às 18h. *Mondays to Fridays from 8 am to 7:30 pm. Saturdays from 8 am to 6 pm.*

Avenida Olegário Maciel, 554 · Barra da Tijuca
+55 21 3147-2000
Segunda a sexta das 8h às 20h. Sábado das 8h às 17h. *Mondays to Fridays from 8 am to 8 pm. Saturdays from 8 am to 5 pm.*

Rua da Alfândega, 104 · Centro
+55 21 2252-6075
Segunda a sexta das 8h às 19h. Sábado das 8h às 15h. *Mondays to Fridays from 8 am to 7 pm. Saturdays from 8 am to 3 pm.*

Rua Senhor dos Passos, 110 · Centro
+55 21 3852-0866
Segunda a sexta das 8h às 19h. Sábado das 8h às 15h. *Mondays to Fridays from 8 am to 7 pm. Saturdays from 8 am to 3 pm.*

Rua Buenos Aires, 271 · Centro
+55 21 2221-5933
Segunda a sexta das 8h às 19h. Sábado das 8h às 15h. *Mondays to Fridays from 8 am to 7 pm. Saturdays from 8 am to 3 pm.*

Rua Buenos Aires, 346 · Centro
+55 21 3861-9040
Segunda a sexta das 8h às 19h. Sábado das 8h às 15h. *Mondays to Fridays from 8 am to 7 pm. Saturdays from 8 am to 3 pm.*

Rua Conde de Bonfim, 480 · Tijuca
+55 21 2278-2098
Segunda a sexta das 8h às 19h. Sábado e domingo das 8h às 16h30. *Mondays to Fridays from 8 am to 7 pm. Saturdays to Sundays from 8 am to 4:30 pm.*

CHEZ MICHOU
www.chezmichou.com.br
Rua Lauro Müller, 116, D18 · Shopping Rio Sul · Botafogo
+55 21 2275-7947
Segunda a sábado das 10h às 22h. Domingo das 12h às 21h. *Mondays to Saturdays from 10 am to 10 pm. Sundays from noon to 9 pm.*

Avenida Erico Verissimo, 805 · Barra da Tijuca
+55 21 2266-2423
Terça a quinta das 12h a 0h. Sexta e sábado das 12h à 1h. *Tuesdays to Thursdays from noon to midnight. Fridays and Saturdays from noon to 1 am.*

CHOCOLATE Q
www.chocolateq.com
Avenida Ataulfo de Paiva, 270, térreo
Rio Design Leblon · Leblon

+55 21 2540-7242
Segunda a sábado das 10h às 22h.
Domingo das 15h às 21h.
Mondays to Saturdays from 10 am to 10 pm. Sundays from 3 pm to 9 pm.

Avenida das Américas, 3900, piso L1, Loja 107 · VillageMall · Barra da Tijuca
+55 21 3252-2630
Segunda a sábado das 11h às 23h. Domingo das 13h às 21h. *Mondays to Saturdays from 11 am to 11 pm. Sundays from 1 pm to 9 pm.*

Avenida Vinte de Janeiro, eixo 26, linha B 2º piso · Aeroporto Galeão
+55 21 3398-2127
Segunda a domingo das 6h às 23h30
Mondays to Sundays from 6 am to 11:30 pm.

THE FIFTIES
www.thefifties.com.br
Rua Lauro Müller, 116, lojas B46/47
Shopping Rio Sul · Botafogo
+55 21 2295-3725
Segunda a sábado das 10h às 22h.
Domingo das 12h às 21h.
Mondays to Saturdays from 10 am to 10 pm. Sundays from noon to 9 pm.

Avenida das Américas, 4666, lojas 153/154
Barra Shopping · Barra da Tijuca
+55 21 3486-6970
Segunda a domingo das 10h às 23h
Mondays to Sundays from 10 am to 11 pm.

Avenida das Américas, 3900, loja 307
VillageMall · Barra da Tijuca
+55 21 3252-2677
Segunda a sábado das 11h às 23h. Domingo das 12h às 21h. *Mondays to Saturdays from 11 am to 11 pm. Sundays from noon to 9 pm.*

JOE & LEO'S
www.joeleos.com.br
Rua General Severiano, 97 · Casa & Gourmet Shopping · Botafogo
+55 21 2295-2706
Segunda a quinta das 12h às 23h30. Sexta e sábado das 12h à 1h30. Domingo das 12h a 0h. *Mondays to Thursdays from noon to 11:30 pm. Fridays and Saturdays from noon to 1:30 am. Sundays from noon to midnight.*

Avenida das Américas, 5000, loja 210
New York City Center · Barra da Tijuca
+55 21 2432-4882/2432-4883
Segunda a domingo das 10h às 23h.
Mondays to Sundays from 10 am to 11 pm.

MIL FRUTAS
www.milfrutas.com.br
Avenida Afrânio de Melo Franco, 290, loja 405/C · Shopping Leblon · Leblon
+55 21 3875-1829
Segunda a sábado das 10h às 22h.
Domingo das 13h às 21h.
Mondays to Saturdays from 10 am to 10 pm. Sundays from 1 pm to 9 pm.

Rua Garcia D'Ávila, 134 · Ipanema
+55 21 2521-1384
Segunda a quinta e domingo das 10h a 0h. Sexta e sábado das 10h à 1h. *Mondays to Thursdays from 10 am to midnight. Fridays and Saturdays from 10 am to 1 am. Sundays from 10 am to midnight.*

Estrada da Gávea, 899 · Fashion Mall
São Conrado
+55 21 3322-5417
Segunda a sábado das 10h às 23h.
Domingo das 12h às 23h.
Mondays to Saturdays from 10 am to 11 pm. Sundays from noon to 11 pm.

Avenida das Américas, 7777 · Rio Design Barra · Barra da Tijuca
+55 21 3328-2513
Segunda a quinta das 10h às 22h. Sexta e sábado das 10h às 23h. Domingo das 13h às 22h.
Mondays to Thursdays from 10 am to 10 pm. Fridays and Saturdays from 10 am to 11 pm. Sundays from 11 am to 10 pm.

Avenida das Américas, 3900 · VillageMall
Barra da Tijuca
+55 21 3252-2773
Segunda a sábado das 11h às 23h.
Domingo das 12h às 21h.
Mondays to Saturdays from 11 am to 11 pm.
Sundays from noon to 9 pm.

Avenida José Bento Ribeiro Dantas, 362, loja 5 · Búzios
+55 22 2623-6436
Segunda a sexta das 11h a 0h.
Sábado e domingo das 11h à 1h.
Mondays to Fridays from 11 am to midnight.
Saturdays and Sundays from 11 am to 1 am.

LE PAIN DU LAPIN
Rua Marquês de São Vicente, 86 · Gávea
+55 21 2422-1213
Segunda a domingo das 7h às 22h.
Mondays to Sundays from 7 am to 10 pm.

PAVELKA
www.deli43.com.br
Rua João Lira, 97, loja B · Leblon
+55 21 2294-1745
Segunda a domingo das 8h30 às 23h.
Mondays to Sundays from 8:30 am to 11 pm.

Rua Gonçalves Dias, 43 · Centro
+55 21 2222-1163
Segunda a sexta das 9h às 19h.
Mondays to Fridays from 9 am to 7 pm.

SORVETE BRASIL
www.sorvetebrasil.com.br
Avenida Borges de Medeiros, 1424
Lagoon · Lagoa
+55 21 2529-6387
Segunda a domingo das 12h a 0h.
Mondays to Sundays from noon to midnight.

Rua do Humaitá, 92 · Humaitá
+55 21 2286-5993
Segunda a sábado das 8h às 23h. Domingo das 11h às 20h. *Mondays to Saturdays from 8 am to 11 pm. Sundays from 11 am to 8 pm.*

Avenida das Américas, 4666, loja 125
Barra Shopping · Barra da Tijuca
+55 21 2408-3216
Segunda a domingo das 10h às 23h.
Mondays to Sundays from 10 am to 11 pm.

Estrada União e Indústria, 11000, loja 36
Itaipava
+55 24 2222-6271
Terça das 14h às 20h. Quarta e quinta das 10h às 20h. Sexta, sábado e domingo das 10h às 22h.
Tuesdays from 2 pm to 8 pm. Wednesdays and Thursdays from 10 am to 8 pm. Fridays, Saturdays and Sundays from 10 am to 10 pm.

SORVETE ITÁLIA
www.sorveteitalia.com
Rua Ataulfo de Paiva, 1327, loja A · Leblon
+55 21 2239-3537
Segunda a quinta e domingo das 10h às 22h. Sexta e sábado das 10h a 0h.
Mondays to Thursdays from 10 am to 10 pm. Fridays and Saturdays from 10 am to midnight. Sundays from 10 am to 10 pm.

Rua Almirante Guilhem, 317, loja A
Leblon
+55 21 2540-9954
Segunda a quinta das 10h às 21h.
Sexta a domingo das 11h às 22h.
Mondays to Thursdays from 10 am to 9 pm.
Fridays to Sundays from 11 am to 10 pm.

Rua Visconde Pirajá, 187, loja A · Ipanema
+55 21 2247-2842
Segunda a quinta das 9h às 21h. Sexta e sábado das 9h às 22h. Domingo das 10h às 22h.
Mondays to Thursdays from 9 am to 9 pm.
Fridays and Saturdays from 9 am to 10 pm.
Sundays from 10 am to 10 pm.

Rua Visconde Pirajá, 395 · Ipanema
+55 21 2247-5364
Segunda a sábado das 9h às 22h. Domingo

das 10h às 22h. *Mondays to Saturdays from 9 am to 10 pm. Sundays from 10 am to 10 pm.*

Rua Francisco Otaviano, 55, loja F
Arpoador · Ipanema
+55 21 2523-7376
Segunda a domingo das 10h às 22h.
Mondays to Sundays from 10 am to 10 pm.

Rua Constante Ramos, 44, loja A
Copacabana
+55 21 2256-6139
Segunda a quinta das 9h às 21h. Sexta e sábado das 9h às 22h. Domingo das 10h às 22h. *Mondays to Thursdays from 9 am to 9 pm. Fridays and Saturdays from 9 am to 10 pm. Sundays from 10 am to 10 pm.*

Rua Figueiredo de Magalhães, 147, loja D
Copacabana
+55 21 2255-0373
Segunda a quinta das 9h às 21h. Sexta e sábado das 9h às 22h. Domingo das 10h às 22h. *Mondays to Thursdays from 9 am to 9 pm. Fridays and Saturdays from 9 am to 10 pm. Sundays from 10 am to 10 pm.*

Rua Nossa Senhora de Copacabana, 1033
Copacabana
+55 21 2247-0707
Segunda a quinta das 9h às 21h. Sexta e sábado das 10h às 23h. Domingo das 10h às 22h. *Mondays to Thursdays from 9 am to 9 pm. Fridays and Saturdays from 9 am to 11 pm. Sundays from 10 am to 10 pm.*

Rua Marquês de São Vicente, 52, loja 111
Shopping da Gávea · Gávea
+55 21 2274-0469
Segunda a sábado das 10h às 22h.
Domingo das 11h às 22h.
Mondays to Saturdays from 10 am to 10 pm.
Sundays from 11 am to 10 pm.

Rua Lauro Müller, 116, loja 401 · Rio Sul
Botafogo
+55 21 2542-5353
Segunda a sábado das 10h às 22h.
Domingos das 12h às 21h.
Mondays to Saturdays from 10 am to 10 pm.
Sundays from noon to 9 pm.

Rua do Catete, 274, loja A · Largo do Machado
+55 21 2556-8595
Segunda a domingo das 9h às 21h.
Mondays to Sundays from 9 am to 9 pm.

Avenida Olegário Maciel, 366, loja A
Barra da Tijuca
+55 21 2491-8666
Segunda a quinta das 10h às 19h. Sexta das 10h às 20h. Sábado e domingo das 10h às 21h. *Mondays to Thursdays from 10 am to 7 pm. Fridays from 10 am to 8 pm. Saturdays and Sundays from 10 am to 9 pm.*

Avenida das Américas, 500, bloco 16, loja 116 · Shopping Downtown · Barra da Tijuca
+55 21 3982-8630
Segunda a quinta das 10h às 21h. Sexta a sábado das 10h às 22h. Domingo das 11h às 22h. *Mondays to Thursdays from 10 am to 9 pm. Fridays and Saturdays from 10 am to 10 pm. Sundays from 11 am to 10 pm.*

Avenida das Américas, 4666, loja 106/P18
Barra Shopping · Barra da Tijuca
+55 21 3089-1120
Segunda a domingo das 10h às 23h.
Mondays to Sundays from 10 am to 11 pm.

Rua São José, 35, térreo · Centro
+55 21 2240-5849
Segunda a sexta das 9h às 20h.
Mondays to Fridays from 9 am to 8 pm.

Avenida Maracanã, 987, quiosque 302
Shopping Tijuca · Tijuca
+55 21 2176-6090
Segunda a sábado das 10h às 22h.
Domingos das 12h às 21h. *Mondays to Saturdays from 10 am to 10 pm.*
Sundays from noon to 9 pm.

Rua Santo Afonso, 216, loja E · Tijuca
+55 21 2568-6088
Segunda a sábado das 9h às 20h.
Domingos das 10h às 19h.
Mondays to Saturdays from 9 am to 8 pm.
Sundays from 10 am to 7 pm.

Avenida Dom Helder Câmara, 5080, loja 4501 · Norte Shopping · Pilares
+55 21 3738-2249
Segunda a sábado das 10h às 22h.
Domingo das 13h às 21h.
Mondays to Saturdays from 10 am to 10 pm.
Sundays from 1 pm to 9 pm.

Avenida Martin Luther King, 126
Nova América Shopping · Del Castilho
+55 21 2583-1234
Segunda a domingo das 10 às 22h.
Mondays to Sundays from 10 am to 10 pm.

Rua Fonseca, 240 · quiosque · Bangu Shopping · Bangu
+55 21 3423-9316
Segunda a sábado das 10 às 22h.
Domingo das 12h às 21h.
Mondays to Saturdays from 10 am to 10 pm.
Sundays from noon to 9 pm.

Estrada do Monteiro, 1200, loja 203 · R Park Shopping Campo Grande
Campo Grande
Segunda a sábado das 10 às 22h. Domingo das 12h às 21h.
Mondays to Saturdays from 10 am to 10 pm.
Sundays from 10 am to 9 pm.

Rua Gavião Peixoto, 92 · Icaraí · Niterói
+55 21 2704-2285
Segunda a domingo das 10h às 21h.
Mondays to Sundays from 10 am to 9 pm.

Avenida José Bento Ribeiro Dantas, 233, loja A · Búzios
+55 22 2623-6515
Segunda a domingo das 11h às 23h.
Mondays to Sundays from 11 am to 11 pm.

Avenida Aluísio da Silva Gomes, 800
Granja dos Cavaleiros · Shopping Plaza
Macaé
Segunda a sábado das 10h às 22h.
Domingo das 11h ás 22h.
Mondays to Saturdays from 10 am to 10 pm.
Sundays from 11 am to 10 pm.

CRÉDITOS FOTOGRÁFICOS

Todos os esforços foram envidados no sentido de garantir o devido crédito aos detentores de direitos autorais e de imagem. No caso de um detentor se identificar, faremos com prazer constar o crédito nas impressões e edições seguintes.

RESTAURANTES

DESTAQUES

© Berg Silva, pp. 46, 47, 49, 50, 55, 56, 57, 58, 59, 60, 61, 62, 63, 64, 65, 66, 67, 68, 69, 72, 73, 74, 75, 76, 77, 88/89, 90, 91, 92, 93, 95, (foto do prato), 96, 97, 98, 99, 100, 101,104, 105, 106, 107, 108, 109, 110, 111, 112, 113, 114, 115, 116, 117, 118, 119, 124, 125, 128, 129, 130, 131, 120 (foto do prato), 52; © Joaquim Nabuco, p. 53; © Ricardo Bhering, pp. 70, 71; © Simone Marinho, p. 48.

RESTAURANTES

© Berg Silva, pp. 141, 142, 144, 145, 147, 152, 156, 157, 159, 160, 161, 162, 164, 165, 168, 173, 174, 175, 178, 181, 191, 196, 198, 200, 203, 205, 207, 208, 212, 213, 214, 215, 217, 221, 224, 225, 229, 232; © Bruno Agostini, pp. 189, 220; © Ale Vidal, p. 223; © Ana Branco, p. 180; © Elisa Correa, p. 182; © Gustavo Camilo, p. 201; © Leo Martins, p. 193; © Rodrigo Azevedo, p. 178; © Tomas Rangel, p. 149; © Vera Donato, p. 197.

BOTECOS, BARES & AFINS

DESTAQUES

© Berg Silva, pp. 248, 249, 250, 251, 252, 253, 254, 255, 256, 257, 258, 259, 260, 261, 262, 263, 264, 265, 266, 267, 268, 269, 270, 271, 272, 273, 274, 275, 276, 277, 278, 280, 281, 282, 283, 284, 285.

BOTECOS, BARES & AFINS

© Berg Silva, pp. 288, 289, 291, 292, 293, 294, 296, 298, 301, 303, 304, 305, 306, 307, 308, 310, 311, 312, 313, 314, 316.

COMIDINHAS & OUTROS

DESTAQUES

© Berg Silva, pp. 326, 327, 328, 329, 331, 332, 333, 334, 335, 336, 337, 338, 339, 340, 341, 342, 343.

COMIDINHAS & OUTROS

© Alexander Landau, p. 350; © Berg Silva, pp. 346, 348, 349, 353, 354, 355, 356, 357, 362, 364, 366, 367, 369, 370, 371, 372.

CIP-BRASIL. CATALOGAÇÃO NA PUBLICAÇÃO
SINDICATO NACIONAL DOS EDITORES DE LIVROS, RJ

O511g

Oliveira Sobrinho, J. B. de (José Bonifácio), 1935-

Guia Boni & Amaral : o rio é uma festa! / José Bonifácio de Oliveira Sobrinho, Ricardo Amaral. - 1. ed. - Rio de Janeiro : Casa da Palavra, 2015.

384 p. : il. ; 21 cm.

Inclui índice

ISBN 978-85-7734-518-2

1. Gastronomia. 2. Rio de Janeiro (RJ) - Usos e costumes. I. Amaral, Ricardo. II. Título.

14-17831 CDD: 641
CDU: 641

PRIMEIRA EDIÇÃO *Janeiro 2015*
PAPEL *Couché fosco 120g/m²*
TIPOGRAFIAS *Brown, Lyon, Stag & Tungsten*

Foto: Felipe Varanda